Entre *na* RODA!

A Coleção Roda & Registro reúne livros escritos por Cecília Warschauer a partir de reflexões e pesquisas sobre aprendizagem e formação e de práticas de desenvolvimento pessoal e profissional em diferentes contextos. É o desdobramento natural da aplicação, em escolas e corporações, da metodologia de mesmo nome, reconhecida pela capacidade de colaborar com instituições educacionais e assessorar organizações nos processos de mudança e no desenvolvimento pessoal e profissional de seus parceiros e colaboradores.

Os conceitos de Roda, Registro e Autoformação são a base dessa metodologia. As Rodas alimentam um círculo virtuoso: quanto mais as pessoas conhecem a si mesmas, na interação com os outros e com o meio, mais podem agir em benefício do todo. O Registro concretiza experiências e reflexões sobre as Rodas e tem como focos refletir, por meio da escrita sistemática, sobre a própria situação profissional e pessoal, evidenciar a diversidade e fazer a criatividade coletiva emergir. A Autoformação é um trabalho sobre si mesmo, mas partilhado com outros que vivem o mesmo processo.

Assim, por meio da análise das práticas, o sujeito é capaz de perceber a própria complexidade, compreender a complexidade dos outros e mudar a maneira de pensar, sentir e agir. Então será capaz de estabelecer ciclos de confiança, que podem transformar positivamente os indivíduos e a maneira como se relacionam, além do espaço que compartilham.

CECÍLIA WARSCHAUER

Entre *na* RODA!

A formação humana nas
escolas e nas organizações

1ª edição

Paz & Terra

Rio de Janeiro | São Paulo
2017

© Cecília Warschauer, 2017

Capa e projeto gráfico de miolo
Miriam Lerner | Equatorium Design

Todos os direitos reservados. É proibido reproduzir, armazenar ou transmitir partes deste livro, através de quaisquer meios, sem prévia autorização por escrito.

Texto revisado segundo o novo Acordo Ortográfico da Língua Portuguesa.

Direitos desta edição adquiridos pela
EDITORA PAZ & TERRA
Rua do Paraíso, 139, 10º andar, conjunto 101 – Paraíso
São Paulo, SP – 04103000
http://www.record.com.br

Seja um leitor preferencial Record.
Cadastre-se e receba informações sobre nossos lançamentos e nossas promoções.

Atendimento e venda direta ao leitor:
mdireto@record.com.br ou (21) 2585-2002

CIP-BRASIL. CATALOGAÇÃO NA PUBLICAÇÃO
SINDICATO NACIONAL DOS EDITORES DE LIVROS, RJ

W261e Warschauer, Cecília
Entre na Roda! A formação humana nas escolas e nas organizações/Cecília Warschauer. – 1. ed. – Rio de Janeiro/São Paulo: Paz e Terra, 2017.

350p.

ISBN 978-85-7753-352-7

1. Educação – Metodologia de formação. 2. Histórias de vida. 3. Aprendizagem organizacional. 4. Educação permanente.

16-36047
CDD: 155
CDU: 152.92

Impresso no Brasil
2017

Sumário

Prefácio — ANTÓNIO NÓVOA **9**

Introdução **13**

PARTE I – Formação e ciclos de vida

1. A vida como espaço de formação **19**
2. "Como será o futuro desses seus alunos?" **23**
   As crianças de A *Roda e o Registro* trinta anos depois **25**
3. Formação de educadores centrada na escola **41**
   A escola de *Rodas em Rede* vinte anos depois **41**
4. Aprender sempre, também na velhice **71**
   Estratégia 1 – Linha da Vida: a história no tempo **74**
   Estratégia 2 – Álbum de Fotos: a história em imagens **76**
   Estratégia 3 – a Rede de Formação das cuidadoras **78**
   O luto **82**

PARTE II – A metodologia Roda & Registro

5. A história de Roda & Registro **91**

6. A Autoformação como base **97**

7. O que é a Roda **103**

    Construindo confiança **109**

    Alguns tipos de Roda **116**

    Os três momentos da Roda **119**

    Rodas em continuidade **123**

    Algumas dificuldades para entrar na Roda **128**

    O coordenador de Roda e sua formação **133**

8. O que é o Registro **143**

    Alguns tipos de Registro **144**

    Os três momentos do Registro **151**

    Escritas que curam **156**

    Portfólios de aprendizagem e de formação **160**

    Portfólios na escola **163**

    Portfólios na universidade **173**

    Portfólios na vida profissional **179**

9. Atividades psicopedagógicas a serviço da Autoformação **183**

    A Linha da Vida **183**

    A Quem Pertence o Meu Tempo? **187**

    O Brasão **192**

    A arte de escutar **197**

PARTE III – Uma empresa em (trans)formação

10. Um ambiente formativo: apesar dos antagonismos e graças a eles **207**
11. O começo da história **215**
12. As cinco estações da formação: da acolhida à certificação **219**
13. Os cinco "s": sensibilidade, subjetividade, socialização, saber e sabor **225**
14. A estrutura hierárquica e a Rede de Formação **231**
15. O poder na Rede de Formação **245**
16. As cinco estações na prática: o caso da área de TI **253**
17. Das resistências iniciais à prática de R&R: o caso da área de estatística **261**
18. Motivação e ambiente formativo **275**
19. Outras oportunidades formativas **289**
    Encontros de líderes **290**
    PDIs e *feedbacks* **294**
    Meu gestor interno **306**
    Comitê das T!s **313**
    Grupos de afinidades **314**
20. Uma história sem fim **321**

Posfácio – MARIE-CHRISTINE JOSSO **339**

Agradecimentos **347**

Prefácio

ANTÓNIO NÓVOA[1]

O livro de Cecília Warschauer organiza-se em três partes: na primeira, retoma as suas obras anteriores, *A Roda e o Registro*, que resulta de um trabalho com crianças, e *Rodas em Rede*, fruto de uma ação com educadores, que acrescenta uma nova experiência relacionada com o processo de envelhecimento. Na segunda, apresenta a metodologia Roda & Registro, que vem elaborando há cerca de três décadas. Na terceira, reflete sobre a fase mais recente do seu trabalho, com a aplicação das histórias de vida na formação em contexto empresarial.

Estamos perante um livro excepcional, que traduz uma reflexão pessoal amadurecida, um balanço de trinta anos de trabalho em ambientes muito diversos, mas trilhando sempre um caminho próprio na utilização das histórias de vida na formação.

É este o primeiro aspecto que quero realçar: *este é mais do que um livro; é a história de vida da sua autora.*

Cecília Warschauer adota uma forma de escrita coerente com o conteúdo do seu trabalho. Propõe-nos uma reflexão sobre as histórias de vida na formação, que se organiza com base no seu próprio percurso pessoal e profissional.

---

1. Professor catedrático do Instituto de Educação e reitor honorário da Universidade de Lisboa.

Não é fácil expormo-nos assim, construirmos uma análise sobre os outros que é também sobre nós, incluirmo-nos como parte do processo de formação que vamos conduzindo com os outros. Mas é essa capacidade de pensar o vivido, e também o nosso próprio vivido, de refletir sobre a experiência, que dá espessura a este livro.

Em 1993, Cecília Warschauer publicou a sua primeira obra, *A Roda e o Registro*, fruto de Rodas de conversa com crianças numa escola de São Paulo. Cerca de uma década mais tarde, em 2001, publicou *Rodas em Rede*, na sequência de um trabalho com educadores. *Entre na Roda!* completa uma trilogia rara, pela capacidade de dar profundidade a uma reflexão amadurecida pelo tempo.

Este é o segundo aspecto que quero realçar: *este livro é feito pelo tempo, uma vez que é escrito, em grande parte, a partir do reencontro da autora com as crianças da década de 1980 e os educadores da década de 1990.*

No campo da educação, todos os que procuram novos métodos ou processos pedagógicos vivem a mesma angústia: como saber o que aconteceu às crianças ou aos adultos com quem trabalhamos? Como avaliar, em longo prazo, as consequências da nossa ação?

Na verdade, se é possível conhecer resultados no curto prazo, já é mais difícil acompanhar um grupo de alunos ao longo da sua escolaridade. Mas há exemplos de investigadores que o conseguiram fazer. Raro, muito raro mesmo, é ter a possibilidade de reencontrar os nossos educandos décadas mais tarde e poder fazer com eles uma retrospectiva sobre as marcas deixadas pela nossa ação.

Cecília Warschauer consegue essa proeza. Para preparar este livro, reuniu as crianças que estiveram na base do seu primeiro livro. Trinta anos depois. E também conseguiu reunir os adultos que trabalharam com ela e que deram origem ao seu segundo livro. Vinte anos depois. A uns e a outros, propõe novas Rodas e Registros. Procura reações, interpretações. Suscita a escrita, a partilha. Transforma esses encontros em novos espaços de formação.

Vale a pena sublinhar devidamente este feito. Sabemos todos que "a viagem" é a melhor metáfora educativa, mas quase nunca conhecemos as viagens que as pessoas fizeram depois de as deixarmos. Fica sempre uma interrogação, aqui e ali cortada por algum encontro ocasional com um antigo aluno ou formando, mas é insuficiente para fazer um balanço significativo.

É por isso que, ao possibilitar a compreensão de itinerários pessoais num tempo longo e identificar a importância que neles tiveram certos momentos educativos, este livro traz um contributo maior, único, não só às abordagens autobiográficas, mas também ao conjunto da pesquisa educacional.

Quero realçar um terceiro aspecto marcante na reflexão que Cecília Warschauer nos apresenta: *este livro traz vários alargamentos ao campo das histórias de vida na formação.*

O subtítulo do livro explica o seu conteúdo, fruto da evolução profissional da autora: *A formação humana nas escolas e organizações*. Estamos, também aqui, perante um percurso pouco habitual, de uma formadora que transita entre diferentes contextos e consegue adaptar-se a realidades muito distintas, sem nunca perder a sua identidade e a sua linha de coerência.

Na segunda parte do livro, "A Metodologia Roda & Registro", procede-se a um aprofundamento metodológico. Cecília Warschauer revela uma grande maturidade no modo como constrói as situações de formação-investigação. É justo sublinhar este ponto, pois a expansão do campo das histórias de vida tem levado a práticas de grande superficialidade, de interesse muito limitado quer para a formação, quer para a investigação. Este livro é um exemplo brilhante de como estas abordagens podem ser utilizadas com inteligência e profundidade.

Na terceira parte, "Uma empresa em (trans)formação", apresenta-se o trabalho realizado nos últimos anos em contexto empresarial. É certo que outros autores já aplicaram essas abordagens em situações profissional e empresarial. Mas Cecília Warschauer consegue aqui um importante alargamento, ao entrelaçar e interligar as diferentes experiências que foi realizando ao longo da vida com o trabalho na empresa, o que torna a sua reflexão mais elaborada e complexa.

Tenho dificuldade em falar de um último alargamento, que adquire um papel central na estrutura do livro e que se prende com a utilização das histórias de vida junto de pessoas idosas. Ao facilitar Rodas e Registros numa idade avançada, a autora sugere balanços e retrospectivas, compreensões, que podem ajudar-nos a lidar com o processo de envelhecimento. Também aqui há novidade neste livro.

Cecília Warschauer adota uma atitude autorreflexiva em todo o seu trabalho. Interroga-se. Põe em causa. Põe-se em causa. Procura sentidos. Faz lembrar o escritor português Vergílio Ferreira: "O presente sou eu no ato de me pensar a ser. E fora disso não há mais nada."

A sua ação é marcada por uma grande capacidade de escuta, tanto com as crianças como com os adultos. Sem Rodas, sem Registros, sem redes, não há formação, porque a formação pertence a cada um, mas precisa dos outros para se realizar plenamente.

Como formadora, está sempre atenta a si e aos outros. Como investigadora, procura os registros, cuidadosos, sistemáticos, as interpretações. Com esta obra, com esta trilogia, Cecília Warschauer assume-se, definitivamente, como uma das principais autoras no campo das "histórias de vida na formação".

Introdução

Sim, este é um convite! Convite para entrar em Rodas de conversa centradas na formação humana. Muitos de vocês, leitores, talvez tenham estado em algumas delas, pois foram muitos anos e muitas Rodas até aqui. Inicialmente eu atuava como professora de crianças, jovens e adultos, professora universitária, formadora de formadores e pesquisadores. Depois, com empresários e executivos procurando desenvolver suas equipes, carreiras e negócios. E, por fim, reinventando a Roda com meu pai, em idade já avançada no final de sua vida, quando eu tentava ajudá-lo a se desenvolver, apesar das limitações que a idade e as doenças lhe impunham.

Este é o terceiro livro da Coleção Roda & Registro. Essa sequência não foi planejada desde o início, quando, em 1987, pensei pela primeira vez que seria interessante registrar em forma de livro o que tinha vivido em uma escola com as crianças. A emoção que vivera naqueles anos e o interesse despertado quando eu contava o que fazíamos me impulsionavam. Foi então que decidi retomar os vários registros – diários de reflexões sobre o dia a dia da sala de aula, textos e desenhos dos alunos – em um curso de mestrado. Queria pesquisar o que havia possibilitado aquele tipo de motivação, dos alunos e minha, e descobrir o que nos emocionava. A dissertação foi publicada, evidenciando os dois instrumentos metodológicos daquela prática pedagógica: *A Roda e o Registro: uma parceria entre professor, alunos e conhecimento.*

O segundo livro, *Rodas em Rede: oportunidades formativas na escola e fora dela*, é a publicação da tese de doutorado, na qual pesquisei a formação humana em um sentido mais amplo, não restrita à formal, escolar, acadêmica ou técnica. Formação entendida não como um somatório de cursos e diplomas, mas como um processo no qual aquele que se forma tem função ativa, em que atribui sentidos próprios às suas experiências com os outros, com os ambientes e consigo mesmo, e que se estende por toda a sua vida, nos diferentes espaços e tempos. Um processo dinâmico, que inclui rever sentidos ao abordá-los de novas perspectivas e contextos de vida, aproveitando de forma mais consciente as diversas experiências que vive como oportunidades de formação, inclusive as do seu ambiente de trabalho.

Este terceiro livro, *Entre na Roda! A formação humana nas escolas e nas organizações*, dá continuidade aos anteriores, uma vez que retoma os dois instrumentos metodológicos – a Roda e o Registro –, descritos no primeiro livro, e a concepção de Autoformação, desenvolvida no segundo. Ele os reapresenta em diferentes contextos de vida e de trabalho, com narrativas que explicitam sua utilização como metodologia ampla favorecedora da formação humana, que inclui a formação profissional, nas escolas e nas empresas.

Este livro pode ser visto também como um portfólio reflexivo não cronológico, no qual retomo experiências nos campos profissionais e de vida dos últimos 15 anos, desde a escrita de *Rodas em Rede*, colocando-as em relação umas às outras, e tendo como eixo organizador os elementos e processos da Metodologia Roda & Registro, que foi sendo sistematizada durante esse percurso.

A Metodologia R&R está a serviço do humano, que é sempre específico, e se revela por suas histórias. Não é possível determinar de súbito como uma pessoa ou como grupos de pessoas devem se comportar, pensar ou sentir. O comportamento é *sempre* fruto de suas histórias, como seres únicos e como pessoas inseridas em coletividades desde que nasceram.

Neste livro destaco diferentes aspectos, possibilidades e dificuldades na utilização dessa metodologia de formação, assim como variadas aplicações. Dessa maneira, pretendo auxiliar seu uso pelos leitores, seja em escolas, em empresas ou em outros espaços de encontro e convivência.

Por se tratar de uma metodologia genérica, que ganha contornos específicos a cada contexto, sua compreensão fica ampliada à medida que percebemos como funcionou com pessoas, ambientes e objetivos também específicos. Acredito que o contato com experiências singulares permite nos aproximarmos do espírito que as animou e norteou as escolhas feitas a cada momento. É também por essa razão que incluí, junto às narrativas, nos vários contextos de sua aplicação, a voz de quem os viveu, revelando o seu ponto de vista e o sentido que atribuiu àquelas experiências.

Espero que este livro possa auxiliar na criação de condições favoráveis à formação em diferentes contextos de vida e de trabalho. Condições que favoreçam a convivência, o respeito e a inclusão das diferenças na construção de ambientes mais saudáveis e sustentáveis para se viver e trabalhar.

PARTE I

Formação e ciclos de vida

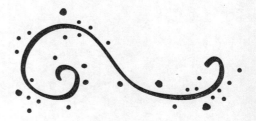

"Num mundo altamente tecnológico, podemos esquecer nossa própria bondade e passar a valorizar nossas habilidades e proficiência. Mas não é isso que vai reconstruir o mundo. O futuro pode depender menos de nossas habilidades e mais de nossa lealdade à vida."

Rachel Naomi Remen

1.
A vida como espaço de formação

Conceber a vida como espaço de formação implica colocar-se em situação de aprendizagem onde quer que estejamos, durante todas as suas fases. Tradicionalmente nos referimos à formação como o período em que frequentamos instituições de ensino por tempo limitado. A proposta de tomar a vida como espaço de formação é assumir, como adultos, que todas as experiências, tanto as que tivemos nas instituições de ensino quanto fora delas, são potenciais oportunidades de formação. E que não se restringe, portanto, aos anos de escola ou àqueles em que nos dedicamos a "aprender uma profissão". A formação a ser entendida como "dar-se uma forma", como se dá ao barro ou à pedra moldados por um artista, a partir de como os manipula, das ferramentas que utiliza, dos movimentos que faz. "Dar-se uma forma" durante a vida depende da flexibilidade e da resistência com que recebemos e de como reagimos aos movimentos vindos "de fora" e àqueles vindos "de dentro" – nossas emoções, mais ou menos conscientes, nossas reflexões sobre o vivido, a interpretação e os sentidos que lhes atribuímos.

O processo de "dar-se uma forma" durante toda a vida é favorecido por uma postura ativa de reflexão, tomadas de consciência e proposição interna de aprender e de se desenvolver nos vários contextos de vida, aproveitando e/ou criando oportunidades de reflexão, partilhas e até treino de valores e habilidades que não tivemos chance de desenvolver em nossa história de vida, e que agora identificamos como importantes, senão vitais. O cientista, monge e escritor Matthieu Ricard, por exemplo, fala da possibilidade de aprendermos o altruísmo.

> Temos a capacidade de nos familiarizar com novas maneiras de pensar e com qualidades presentes em nós em estado embrionário mas que desenvolveremos graças a um treinamento. Contemplar os benefícios do altruísmo nos encoraja a engajarmo-nos nesse processo. Além do mais, a melhor compreensão dos mecanismos desse treinamento permite-nos perceber toda a dimensão do nosso potencial de mudança.[1]

A "metodologia das histórias de vida em formação" tem sido cada vez mais conhecida no Brasil e utilizada em vários países da Europa para dar suporte a práticas e pesquisas no campo da formação de adultos a partir dessa concepção de formação. Em *Rodas em Rede* tratei dessa metodologia do ponto de vista teórico e prático, a partir dos grupos de formação nos quais cada participante fazia uma narrativa de sua história de vida e o grupo o auxiliava nesse trabalho interno de análise e atribuição de sentido no contexto geral de sua história de vida. Esses grupos ora eram ligados a uma instituição de formação, ora eram independentes. Em *Entre na Roda!*, faço o relato de outros contextos nos quais essa metodologia foi utilizada, entre eles uma empresa com vários grupos de profissionais a pesquisar a própria história como meio de abrir-se para as histórias, projetos de vida e desafios das equipes de trabalho, suas motivações e diferenças.

Nessa empresa, foram cinco anos elaborando atividades de diferentes níveis de profundidade, a partir das necessidades e da abertura encontrada. Tanto por intermédio das narrativas das histórias de vida propriamente ditas, quando o grupo era acolhedor a esse ponto, quanto por meio de outras atividades autoformativas, os vários grupos avançavam em ritmo

---

1. Ricard, Matthieu. *A revolução do altruísmo.* São Paulo: Palas Athena, 2015, p. 57.

próprio, acolhendo os demais e constituindo um "ambiente formativo". Esse ambiente torna-se promotor de novas atividades que favoreçam o processo de "dar-se uma forma" na medida em que seus gestores compreendem essa concepção de formação, vivenciada por eles próprios.

As vivências nesses diferentes grupos de formação, desde os mais formais aos informais, e em diferentes contextos de vida e de trabalho evidenciam que a capacidade de "dar-se uma forma" independe de espaços específicos, mesmo que sejam favorecidos por ambientes nos quais haja espaço para a criatividade, para o "erro", para a surpresa, para a partilha de experiências e dos sentidos atribuídos a elas. Além de alargar os *espaços* de formação, incluindo todos aqueles em que temos experiências significativas, essa concepção de formação alarga também os *tempos* de formação: qualquer etapa de vida é entendida como momento de formação, inclusive a velhice, ou quando a morte se aproxima, como mostra a médica Rachel Naomi Remen no livro *Histórias que curam*.[2]

A "formação ao longo de toda a vida" é cada vez mais estudada graças ao aumento da expectativa de vida. E é cada vez mais relevante para as novas gerações que, ao se aposentarem ou reduzirem progressivamente suas atividades profissionais, necessitarão de novos referenciais, diferentes dos que até então eram constitutivos de grande parte de sua identidade.

Se a capacidade de se maravilhar com a vida e de se surpreender com novas descobertas é natural na infância, pode ser uma ferramenta para jovens e adultos continuarem a se desenvolver nas dimensões de vida que lhes são possíveis a cada momento. Enquanto as possibilidades da dimensão corporal decaem, outras podem se ampliar, como a cognitiva, a emocional, a afetiva ou mesmo a espiritual, em uma abertura ao mistério, à transcendência. Como sublinha a psicanalista Mireille Cifali Bega, "trata-se de um trabalho paciente, para o qual é preciso sensibili-

---

2. Remen, Rachel Naomi. *Histórias que curam: conversas sábias ao pé do fogão*. São Paulo: Ágora, 1998.

dade e aceitar que não se trata de puro exercício intelectual, mas que é também emoção, às vezes viva demais para se partilhar ou se declarar".[3] Um trabalho a ser feito o quanto antes, quando ainda podemos observar, como que a distância, nossas próprias emoções e as capacidades cognitivas e intelectuais de que dispomos. Um processo contínuo de amadurecimento emocional, assim como de tomadas de consciência de si, de nossa própria incompletude e de singularidades. De certa forma, uma reaprendizagem do maravilhar-se com a vida.

E, se "é a partir dessa capacidade de se surpreender que os profissionais encontram força para tirar aqueles com quem trabalham de sua letargia",[4] este é um trabalho importante para gestores nas empresas, ou para pais e educadores nos diferentes níveis de ensino.

Nos próximos capítulos, apresento (ou reapresento) alguns episódios de minha história de vida profissional e pessoal, fazendo um retrospecto a partir do olhar do presente. Um trabalho sobre minha história em busca de sentidos, tanto para mim quanto para aqueles que tiveram esses episódios como parte de suas histórias de vida. Tivemos novas conversas, muitas delas via internet. Novas Rodas que puderam revelar olhares diferentes sobre esses episódios, muitos deles complementares. Trinta anos depois, no caso dos alunos das 4ªˢ séries, de que trato em *A Roda e o Registro*.[5] Vinte anos depois, no caso da escola, cuja história conto em *Rodas em Rede*. E os últimos sete anos de vida de meu pai, que acompanhei de perto e com quem pude discutir sobre a metodologia das histórias de vida na formação enquanto descobríamos jeitos de refletir sobre a sua própria.

---

[3]. Cifali Bega, Mireille. "Une clinicièenne saisie d'étonnement", *Éducation Permanente*, nº 200, 2014, p. 148.

[4]. *Idem*, p. 149.

[5]. Optei por manter neste livro a denominação da época. A antiga 4ª série corresponde, atualmente, ao 5º ano do Ensino Fundamental, composto de nove anos.

2.
"Como será o futuro desses seus alunos?"

"É preciso a gente tentar se reunir. É preciso a gente fazer um esforço para se comunicar com algumas dessas luzes que brilham, de longe em longe, ao longo da planura."

Antoine de Saint-Exupéry

Este capítulo é, de certa forma, resposta à questão que me foi feita várias vezes após a defesa da dissertação de mestrado, e repetida após sua publicação em livro, *A Roda e o Registro*, em 1993, no qual narrei as experiências com três classes de alunos de 4ª série do Ensino Fundamental, evidenciando alguns aspectos pouco comuns de uma prática pedagógica para aquela faixa etária. Um primeiro aspecto é o fato de que não havia provas ou notas. Um segundo, a conversa diária com os alunos, nas Rodas, inclusive para a definição do rumo das pesquisas e dos conteúdos. Um terceiro era o meu diário, onde registrava não só as conversas das Rodas, mas também a reação das crianças às atividades e, em seguida, refletia sobre os próximos passos.

Mas ao apresentar à academia, na forma de dissertação, e a fóruns de educadores, as questões apareciam. "Como será o futuro desses seus alunos?" "Como vão se adaptar ao sistema tradicional de ensino a partir da 5ª série?" Questões que também apareceram entre os leitores do livro, anos depois. E que ainda podem surgir de leitores atuais, pois o livro está na 4ª edição e é adotado em vários cursos de Pedagogia.

A Roda e o Registro evidenciava uma prática inovadora, por um lado, e insegura, por outro, se comparada à segurança, ao menos aparente, oferecida por uma prática escolar repetida há gerações pelo sistema oficial de ensino. De fato, é difícil pensar na padronização daquela prática pedagógica, elaborada a partir das questões e dos significados particulares de um grupo específico de alunos. Como controlar a prática? Que resultados a tal prática oferece? Que certezas podemos ter?

Minhas certezas também eram poucas, mas suficientes para mim naquele momento, pois via significado no processo de construção de conhecimentos e da afetividade que permeava nosso relacionamento, apesar dos muitos momentos de quase desespero e de, no primeiro ano, sair por vezes chorando no final do dia por não saber o que fazer com a agressividade de alguns alunos e com os conflitos entre eles.

A "certeza" de que seguia o caminho "certo" era construída diariamente, inclusive pela parceria com os pais. Eles acompanhavam a vida escolar de seus filhos não só por meio dos textos bimestrais, que relatavam as pesquisas da classe de seu filho, e falavam do processo individual deles em termos das aprendizagens e das dificuldades demonstradas. Mas também por meio das reuniões na escola, com os educadores e Rodas de pais.

Atualmente, temos uma certeza: a escola precisa mudar. E não se pautar mais pela *transmissão* de conhecimentos, que hoje estão amplamente disponíveis na internet, além de abdicar da busca de controle pelas notas e provas, que não certificam nada. Mais do que nunca, precisamos ajudar a criar oportunidades de formação de pessoas autônomas, para que sejam capazes de desenhar, a cada dia, seus projetos profissionais e de vida, num mundo em mutação. Precisamos trabalhar na formação de pessoas amorosas, com pensamento aberto para o desconhecido e com capacidade de colaboração. Reflexão crítica. Autonomia. Flexibilidade e assombro, no sentido a que se referiu Popper: "O que importa não são os métodos e as técnicas, mas a sensibilidade para os problemas e a ardente paixão por eles, ou, como diziam os gregos, o dom do assombro."[1]

E essa escola já está a se desenhar, com as várias experiências pedagógicas registradas, como a da Escola da Ponte, em Portugal, hoje amplamente divulgada pelo mundo, ainda mais radical do que as experiências narradas em *A Roda e o Registro*. Seu idealizador, José Pacheco, diz que os brasileiros não precisam ir ao exterior para procurar soluções para a escola, pois o Brasil teve os projetos educacionais mais avançados no século XX, mas que poucos os conhecem. Assim como pouco se vê de Paulo Freire nas escolas. José Pacheco é mentor do recém-lançado "Manifesto pela Educação", o terceiro da história do Brasil. E também está por trás (para não dizer pela frente) da escola do Projeto Âncora, da qual um daqueles alunos da 4ª série, o Marcellinho, tornou-se professor.

A seguir, algumas pistas do futuro daqueles alunos. Infelizmente, ainda não reencontrei todos. Mas, para os que encontrei, pude dar *A Roda e o Registro* e contar sobre o reencontro de alguns anos depois, registrado em *Rodas em Rede*. E agora, neste terceiro livro, muitos puderam participar como adultos, vários deles atualmente pais e mães. A vida segue seu ciclo.

As crianças de *A Roda e o Registro* trinta anos depois

Durante esse longo período, acompanhei o percurso de alguns daqueles alunos, mesmo de longe. Mas perdi contato com muitos outros, que agora, pela via das redes sociais, pude localizar e entrar em contato.

---

[1]. Este trecho de Popper foi tema de minha prova para entrada no curso de mestrado. O texto que produzi naquela ocasião acabou por assinalar o caminho que seguiria nas várias pesquisas e práticas de formação. Trechos desse texto estão em *Rodas em Rede*, no capítulo "Por que o doutorado?".

Só não imaginava a receptividade e o desejo que expressavam de saber uns dos outros. Falei do projeto de escrita deste livro no qual contaria um pouco do "futuro". Vários manifestaram o desejo de reencontro com os colegas, o que me estimulou a continuar a busca pelos que eu ainda não havia localizado.

De fato, eu não poderia falar da vida deles neste capítulo sem consultá-los e convidá-los a participar dessa escrita. Afinal, havia sido essa a nossa prática naqueles anos, com as conversas na Roda e os Registros de nossas histórias. O reencontro com as "crianças" da 4ª série de 1985 concretizou-se após o diálogo entre eles, pela internet, para ajustar data, local e outros acordos, como levar ou não os filhos, que tipo de "comes e bebes" etc. Com filhos pequenos e vida profissional agitada, não era algo simples, inclusive para um deles que viria do Rio de Janeiro. "Assisti" a esse diálogo, que se deu no Facebook, procurando interferir o mínimo possível. E assim os (re)conhecia em seus vários pontos de vista e jogos de cintura. Foi emocionante vê-los lidar uns com os outros nesses preparativos.

Esse reencontro virou uma Roda, com pauta e tudo, na qual cada um contou sua história nos últimos trinta anos. Talvez haja outros encontros, com os ex-alunos das classes de 1986 e de 1987. Por ora pretendo apenas registrar algumas pistas do "futuro" desses alunos, e deixar outras em aberto para reflexão.

Os textos a seguir, sobre as histórias de vida, foram escritos por mim e apresentados a cada um para revisões e alterações, retomando assim a prática de escrita coletiva na escola: textos que vão e voltam, sendo transformados no processo. Mesmo tanto tempo depois surgiam lembranças de episódios daquela época e se evidenciava a maneira como alguns deles afetaram a vida de muitos de nós. Mostrou-se claro como nós, professores, alunos ou colegas, deixamos marcas uns nos outros. Marcas por vezes profundas, e que podem perdurar por muitos anos. Uma grande responsabilidade.

Histórias de vida

Visitei a sala de aula do Marcellinho quando ele era professor de música no Projeto Âncora, em Cotia, SP. Seus alunos tinham 8 anos. Na parede, havia um enorme Registro de uma partitura que estudavam, com símbolos e desenhos, introduzindo os pequenos no universo desses códigos e dessa arte. Foi emocionante quando ele me apresentou, com todos sentados na Roda, dizendo que fui sua professora. As crianças, assombradas, foram logo fazendo as contas para descobrir quantos anos eu tinha quando fui professora dele, usando os dedos das mãos. Os dedos acabavam, e eram naturalmente "emendados" com os da criança sentada ao lado. Uma mão de muuuuitos dedos.

Só tive notícias do Sami recentemente, por meio de seu pai, que reencontrei por acaso, numa reunião profissional. Nessa reunião, fiquei sabendo que ele próprio tinha sido aluno de meu pai na Escola Politécnica da USP. Além dos ciclos, a vida tem costuras assombrosas. Ao levar *A Roda e o Registro* para o filho, hoje juiz de direito na Bahia, este se surpreendeu ao ler um texto seu ali publicado,[2] de quando tinha apenas 9 anos, e no qual registrava suas reflexões sobre a briga no jogo de futebol na hora do recreio, amplamente discutida na Roda que se seguiu. Ele falava sobre quem teria o direito de permanecer na quadra e por quê. Será possível que o juiz já estava lá presente? Recentemente, Sami recebeu um prêmio sobre seu trabalho de conciliação de conflitos via Constelações Familiares na Justiça.[3] "Oi, Cecília! Bom te reencontrar. Fiquei muito feliz quando meu pai me falou do encontro de vocês e recuperou aquela minha redação, que anunciava minha vocação para

---

2. Cf. capítulo "Segundo ato" de *A Roda e o Registro*.
3. Divulgado em 13/12/2013.

trabalhar na Justiça. Um beijo!" E eu, mais uma vez, imensamente feliz ao constatar o pai que ele se tornou, com seus quatro filhos, e também participativo na escola deles, como foi o seu pai. E o meu.

Isabella, Bia e Carol continuam amigas até hoje, e marcamos um encontro, no qual conversamos sobre educação, agora que são mães e vivem o desafio de escolher escola para os filhos, cinco ao todo, pelo menos por enquanto. Da Isa, tenho alguns colares lindos: é designer de joias formada em Londres. Carol é bióloga, mestre e doutora pela USP. Bia é tradutora e intérprete. Soube que traduziu, ao vivo, o discurso de posse do Obama para uma TV a cabo. Uma experiência realmente marcante na vida? Foram unânimes: a maternidade.

Que capacidade a Âmata desenvolveu para superar dificuldades na vida! Foi isso o que mais me impressionou ao ler sua história, enviada por e-mail. Eu não poderia imaginar o que ela passava em casa quando fui sua professora, nem o que viria depois... Continuo admirada como Âmata usa essa capacidade para lidar com as pedras (e perdas) do caminho, que em seu caso não faltaram. Seus amigos comentam: "Você tem que escrever um livro, tudo acontece com você!" É surpreendente como ela conseguiu transformar os obstáculos que se apresentaram, desde muito cedo, numa vida familiar estruturada e acolhedora como a que tem hoje. Só para citar alguns episódios: foi adotada por uma mãe alcoólatra, de quem apanhava, e se viu na rua muito cedo, tendo que se virar sozinha, pois o pai já saíra de casa. Caiu no mundo: "Fui vendedora das mais variadas coisas, recreadora infantil, trabalhei com entretenimento de navio por várias temporadas, morei em Londres para estudar inglês, fui professora em uma escola de artes em San Diego, montei minha própria empresa de festas e eventos, fiz curso de comissária de voo..." e outras experiências pouco comuns. Como se não bastasse, perdeu cinco bebês na tentativa de ser mãe. Por isso, foi trabalhar como voluntária num orfanato de bebês, que apoia até hoje, já com seus dois filhos. Também cuidou do pai com câncer por oito anos e cuida da mãe, adoentada por consequências do vício em álcool. Âmata entrega ao universo o que não recebeu. Isso é que é transformar a vida numa grande OBRA, tecida pelo ato de cuidar. "Me lembro como se fosse hoje de nossas Rodas e da fabricação do livro sobre elas. Me lembro de como esperava aquele momento do dia e até de alguns assuntos discutidos. [...] Bom, quase escrevi um livro, mas foi para te mostrar tudo que aprendi com você, quando menina, naquela Roda. Não importa o assunto, se era o cometa Halley ou coisa assim, mas aprendi a ser uma pessoa melhor, humana, responsável, e acima de tudo a acreditar que os sonhos são possíveis se correr atrás deles." Quanto orgulho daquela menina que se tornou essa forte e linda mulher!

Nesses tempos de internet, achei algumas notícias açucaradas do "futuro" da LUANA. Lá estava ela na capa de uma revista. Publicitária por formação, Luana largou o departamento de marketing de um banco e se tornou confeiteira, quando foi para Paris estudar *pâtisserie* e para Londres, onde fez vários cursos. Quando voltou, abriu um ateliê em São Paulo. Em nosso reencontro, Luana contou que casou e tem um filho de 4 anos, cujo nascimento fez sua vida virar de cabeça para baixo, mudar seus conceitos, valores, e a vontade de ser uma mãe mais presente acabou falando mais alto: deixou a confeitaria por uns tempos para se dedicar ao seu pequeno. Porém, inquieta, já sonha em voltar a trabalhar. "A vida é cheia de mudanças e descobertas."

JIDDÚ foi aluno da Cedibra, a personagem que criei para conseguir quebrar o ciclo vicioso de relacionamento que eu estabelecia com sua classe. Cedibra era a "professora substituta" que tinha a mesma cara da Cecília, mas fazia tudo às avessas, além de criticar a professora titular, sobretudo por sua braveza, no "palco" da sala de aula. E foi também através da escrita, da encenação e da "produção" de uma peça de teatro que abordamos os vários conteúdos curriculares com sua classe, como narrei em *A Roda e o Registro*. Aliás, quando estava com 14 anos, Jiddú aceitou meu convite para ilustrar as "capas" dos capítulos daquele primeiro livro. Atualmente, Jiddú é ator de cinema, teatro e TV.

Yan já desenhava muito com 10 anos. Estudou psicologia e fez formação em psicanálise. Numa das vezes em que nos encontramos, ele, já adulto, contou-me que nas nossas Rodas, recém-chegado do Pará, ressentia-se de ter que falar, pois seu sotaque era alvo de gozações. Coisa que eu não sabia, nem desconfiava. Mas superou. E como! Encontrei-o no YouTube, dando entrevistas ao vivo! Continuou desenhando e, em 2015, contou-me que estava finalizando um livro com suas tirinhas do personagem Lato. Em 2006, fundou o Centro Cultural O B_arco com seus irmãos. Jiddú é um deles.

Otto contou-me que com 18 anos foi morar sozinho em Vitória para cuidar de uma filial da empresa do pai. Lidou com a área de compras e a parte financeira. Depois foi para Angra, fazer uma reestruturação no hotel de lá, que estava dando prejuízo. "Apesar de eu ser filho do chefe, não tive moleza. Mas foi a melhor escola que poderia ter feito. Na época, li muito sobre administração moderna e hoteleira. Mas o segredo de qualquer administrador é, além de tudo, o *bom senso*. Quanto a lidar com funcionários, nunca tive problemas. Depois de cinco anos e dezenas de demissões e admissões, nunca tive uma ação trabalhista, o que, em regime de hotel, é supercomplicado. Talvez, agora relembrando a minha infância, tenha aprendido a ter este diálogo na escola." Otto era uma criança que estava bem acima do peso. Mora no Rio, onde nasceu, e hoje é maratonista, no que os colegas custaram a crer. Além de pai da Marina e do Pedro.

༄

Tive algumas notícias do THIAGO nesses trinta anos. Soube que foi atuar no campo da mídia audiovisual. Quando lhe escrevi, contando deste livro e perguntando se eu poderia contar algo de sua história, respondeu-me prontamente que sim. E, rapidamente, enviou-me um texto, estabelecendo diversas relações entre o que viveu nas várias etapas de vida e como vê e vive as relações pessoais no campo profissional hoje. Diz que ainda guarda o *Livro da 4ª série* e revela que para ele "a forma escrita da história e seu desenvolvimento contam mais que uma foto". Essa frase chegou a mim com uma força singular, sobretudo por ter vindo de um profissional da área de audiovisual. E também porque Thiago fala de sua alfabetização traumática e de ser "tolerado na instituição escolar" durante alguns anos por causa de sua escrita. Resolvi incluir seu texto na íntegra, deixando-o narrar sua própria história, pois um texto, como ele diz, conta mais que uma foto.

A Roda há trinta anos

Lembrar da sala de aula de trinta anos atrás é lembrar de um mundo diferente, com expectativas diferentes e visões do estar e do ser diferentes.

Vou divagar sobre minhas lembranças para podermos ter um conjunto de impressões do passado que fazem sentido nesse presente...

Eu sou disléxico, mas só fui diagnosticado muito tempo depois da alfabetização. Por outro lado, sou extremamente comunicativo. Então a impressão que as pessoas tinham e têm, em algumas circunstâncias, é a de que apresento certo desleixo na maneira formal de escrita, como se desse pouca importância, ou que eu sou arrogante.

Minha alfabetização foi um pouco traumática, fui sendo tolerado na instituição escolar, assim percebia meu estar ali. Era uma escola tradicional no bairro de Perdizes, em São Paulo. Não havia muita tolerância à individualidade. Essa ambiguidade de deixar passar de ano aliada à rigidez institucional da escola teve o ápice na reprovação da 3ª série do antigo primário. Lembro daqueles dias solitários em meus pensamentos, sem compreender tudo que estava acontecendo, era levado pelos meus pais a professoras particulares, a consultórios de pedagogas, e por fim houve um distanciamento daquela escola tradicional, fui para uma escola menor, mais humana, o Crie.

Do primeiro dia de aula me lembro perfeitamente bem. Em uma casa com várias árvores no quintal no bairro de Pinheiros, um colorido no jardim e novos amigos. Quase como a chance de começar de novo. Nessa escola, tive a oportunidade de perceber que existem diferenças de pensamento na forma do ensino como eu conhecia. Mais acolhedor, menor, menos cobrança desleal na relação professor com o aluno.

Na 4ª série do primário fui estudar com a professora Cecília, que, no meu lembrar, já admirava pelas gargalhadas espontâneas e um jeito diferente de dialogar com os alunos. Esse diferente é hoje uma lembrança de ver seus alunos mais próximos do que a comunicação verbal pode levar. A cumplicidade é notável no agir. Para colocar em palavras do pensamento atual, uma relação horizontal de comunicação.

A 4ª série era o último ano da escola, então havia também um tom de despedida de tudo, do espaço, dos amigos. Éramos os mais velhos da escola, portanto também os com responsabilidades diferentes dos demais.

Não me lembro direito em que momento fazíamos a Roda, mas ela era uma forma de confrontar as ações em todos os momentos dentro da vivência escolar. Era falar de problemas e ao mesmo tempo encontrar uma solução para eles.

Nos dividíamos em "panelinhas", o que sempre aparecia dentro das conversas, na dinâmica da Roda, e ficavam evidentes as diferenças, e tentávamos conversar sobre. Alguns conflitos que foram tratados lá de alguma forma foram sanados. O livro que fizemos com as experiências é até hoje muito importante para mim. A forma escrita da história e seu desenvolvimento contam mais que uma foto. É lembrar dos sentimentos com uma precisão que remete a cheiros, situações, espaços que não estão descritos. Ler o livro hoje é ter a visão de criança revivida, mas também uma relação paternal consigo mesmo, encontrando características de personalidade que ali estão e que poderiam ainda ser trabalhadas. E outras que temos como vaidades.

Meu afazer hoje é estruturar empresas dentro de um ambiente digital. Fiz isso em cinco emissoras de TV, e, sempre nas reuniões que antecedem e fazem parte do processo da construção dos padrões digitais de operação, a relação que todos temos com o ambiente intangível do digital é uma construção coletiva de pensamentos que enriquece a construção de toda a instituição. Me vejo administrando as percepções das pessoas em relação ao seu ofício e sua relação com as máquinas e softwares, que foram feitos por pessoas. Esse trabalho já me rendeu muitas felicidades do ponto de vista do crescimento humano do indivíduo. Alguns dos funcionários com que trabalhei nesse processo foram além e se desenvolveram em outros cursos, deixando de lado as barreiras sociais às quais acreditavam pertencer.

A Roda me faz lembrar que as diferenças podem ser debatidas em um convívio amigável. Hoje, com a necessidade de certezas que as pessoas têm e a mudança acelerada de paradigmas e conhecimentos, sentar em roda é um tempo precioso que devemos despender para nosso conhecimento e para o conhecimento do grupo de pessoas que nos cercam.

Thiago

Assim como as provas na escola não provam nada quando confrontadas com os desafios da vida, também essas histórias de meus alunos não provam nem pretendem provar nada. Não acredito que haja métodos completamente eficazes, modelos a serem reproduzidos, mas contextos sempre específicos que são mais ou menos favorecedores. E as Rodas, como as tenho vivido desde as classes de 4ª série, têm favorecido, antes de tudo, o encontro humano, agregado aos conhecimentos de vários tipos ali construídos e elaborados em conjunto. Nas Rodas, as histórias de cada um vão sendo reveladas, juntamente com os projetos de estudo, de pesquisa ou de trabalho.

As experiências que cada um vive, a seu modo, escapam de padronizações, de controle ou das provas. E é justamente pela sua singularidade, sua diversidade e, paradoxalmente, sua universalidade que se revela o seu potencial formativo nos vários ambientes de convivência. Nas escolas, no ambiente empresarial, ou mesmo no hospital, como relata a médica Rachel Naomi Remen.

Em seus livros, Rachel conta suas próprias experiências, tanto como paciente de uma doença crônica, quanto como médica junto a seus pacientes e famílias. Mas Rachel também revela seus aprendizados ao ouvir as histórias de seu avô ao pé do fogão. E assim mostra algo de universal, exatamente pelo fato de que "cada pessoa é uma história".[4]

> A mesa da cozinha é um campo imparcial. A história de cada pessoa é importante. A sabedoria da história da pessoa mais instruída e poderosa, com frequência, não é maior que a sabedoria da história de uma criança, e a vida de uma criança pode nos ensinar tanto quanto a vida de um sábio.[5]

---

4. Remen, Rachel Naomi. *Histórias que curam – conversas sábias ao pé do fogão*. São Paulo: Ágora, 1998, p. 21.

5. *Idem*, p. 22.

Sentar em Roda para conversar, na escola, em casa, ou mesmo no trabalho é oportunidade para encontrar-se consigo, com os outros, com nossa humanidade comum. Contar nossas histórias é contar como vivemos os acontecimentos, e não os acontecimentos em si, pois cada um de nós os vivencia de forma diferente. "Sentar à mesa e contar histórias não é apenas um modo de passar o tempo. É o modo como a sabedoria é transmitida."[6]

> A maioria das histórias que nos contam agora é escrita por romancistas e roteiristas de cinema, representada por atores e atrizes; histórias que possuem começo e fim, histórias que não são reais. As histórias que podemos contar uns aos outros não têm começo nem fim. São um lugar na primeira fila para a experiência real. Muito embora possam ter acontecido em épocas ou lugares diferentes, elas têm algo de familiar. De certo modo também são sobre nós mesmos.[7]

A Roda não tem como finalidade a contação de histórias, apesar de essa ser uma das atividades possíveis, como é comum em muitas escolas de Educação Infantil. A Roda, como a utilizo, constrói uma história partilhada pelos membros do grupo, enquanto estes avançam com seus projetos de conhecimento e/ou de trabalho, atendendo a seus objetivos específicos e incorporando troca de experiências e busca de soluções para os problemas do cotidiano.

Além da Roda, marcadas pelo exercício da fala, da escuta e da partilha, os Registros dão uma concretude aos avanços e conhecimentos que passam a fazer parte da história vivenciada. Em formatos próprios para cada tipo de grupo, os Registros permitem sua retomada posterior, tanto pelos seus autores quanto por outras pessoas, que podem

---

6. *Idem*, p. 21.
7. *Ibidem*.

encontrar ali eco para seus próprios desafios, pessoais ou profissionais. É o caso dos livros da Rachel Remen, com as narrativas de suas histórias. É também o caso das histórias narradas nos Livros da Classe a que me referi em *A Roda e o Registro* e em *Rodas em Rede*, assim como dos outros relatos da vida na escola e na academia que conto nesses livros. Eles passaram a compor outras teses e livros e a inspirar outras práticas, educacionais e profissionais.

O reencontro

No dia do reencontro dos ex-alunos da 4ª série de 1985, um deles me perguntou como eu imaginava o futuro deles, quando ainda eram meus alunos. Eu me surpreendi com a pergunta, pois nunca tinha me colocado essa questão, nem naquela época nem depois. Para mim, o futuro era algo em aberto, mesmo que algumas habilidades e talentos pudessem se evidenciar na infância. A adoração por animais, por exemplo, poderia se desdobrar em uma profissão, em um hobby especial, ou se perder no tempo. Os interesses manifestados em criança poderiam ou não se desenvolver e ganhar corpo na vida profissional, como foi o caso do Sami, do Jiddú e do Yan, mas é só agora, em retrospecto, que podemos identificar esses riscos do bordado.[8]

Naquela tarde de domingo, tivemos diferentes momentos: de grande agitação, com todos falando ao mesmo tempo, por exemplo, sobre como escolher o tipo de escola para seus filhos (repetir ou não a experiência que tiveram, sem provas ou notas?), mas também alguns

---

8. Em *Rodas em Rede* refiro-me ao "risco do bordado" como a identificação de uma manifestação de algo no passado que só se revela, bem posteriormente, pelo olhar em retrospecto. "É como ir conhecendo o risco sobre o qual bordamos a nossa vida, sem conhecê-lo por inteiro, isto é, desvendando o risco que veladamente nos guiou, a lógica que não se percebia quando se viveu." (Cf. "Guia da noite" em *Rodas em Rede*.)

de profundo silêncio e emoção, como durante as narrativas das histórias de vida.

Confesso que fiquei surpresa com a abertura e a franqueza com que faziam seus relatos, o que não é muito comum em reencontros de colegas de classe, quando frequentemente procura-se evidenciar os sucessos, e não os fracassos. Também me surpreendi com a exposição de alguns episódios de vida muito delicados e sensíveis. Foram reveladas dificuldades enfrentadas e frustrações, mesmo em situações facilmente identificadas como glamorosas e de sucesso. Foi emocionante acompanhar como cada um lidou com o que a vida lhe apresentou.

Fiquei feliz, muito feliz, de reencontrar naqueles adultos de hoje as crianças cheias de energia e de afeto que conheci. E ajudei a formar.

Após o encontro, seguiu-se uma troca de e-mails:

> Queridos, nosso encontro foi demais! Espero podermos nos ver com mais frequência! E um obrigado especial ao Otto, que fez um bate-volta de ponte aérea só para o encontro!! Valeu! Até breve! Um grande beijo!
>
> **Isabella**

> Foi demais mesmo. Cheguei em casa mexida, emocionada – e sobretudo feliz por ver todos bem e felizes.
>
> **Bia**

> Fantástico. Não tenho outra palavra para traduzir nosso reencontro. Sabia que amava esta turma do Crie, mas encontrar com vocês todos me fez lembrar o porquê.
>
> **Otto**

> Pessoal, foi maravilhoso o nosso encontro! Acho que o movimento que todos fizemos para concretizar esse encontro mostra como a nossa infância foi importante e marcante para nós! O Otto ter vindo do Rio, o Ricardo ter emprestado a casa, as mães (eu, Isa, Bia e Luana) terem movimentado outras pessoas para cuidar das crianças, a Carol P., provavelmente, ter deixado algum dos eventos e a Cecília ter insistido muito para que todos participássemos. Valeu muito! Vocês são muito especiais para mim!! Bjs!

Carol M.

> Queridos e queridas, foi muito bom reencontrá-los!!! Apesar de constantemente pensar/lembrar da época do Crie, eu já tinha perdido as esperanças de reencontrá-los, pois não tinha o nome completo de ninguém e sem isso seria impossível achá-los. Reforço as palavras da Carol, que este tenha sido o primeiro de muitos outros encontros! Aproveitando o ensejo da discussão sobre educação, já dando o meu pitaco, acho que prova não prova nada e o nosso sistema de educação está falido. Se eu pudesse, educaria meu(s) filho(s) em casa, com reforço de algumas aulas particulares para determinadas matérias. Como isso não é possível por lei, eu procuraria um colégio parecido com o Crie. Podemos aprofundar esse debate em um próximo encontro.
>
> Hug & kisses,

Ricardo

> Queridos, foi maravilhoso! Bom ver que nos tornamos adultos interessantes! Mais do que provas e notas, o Crie nos ajudou a formar nosso caráter, nossa índole, e isso é o que somos pra vida toda!
>
> **Carol P.**

> Adorei reencontrar todos vocês. Foi muito especial. Desculpem se falei sem parar.
>
> **Luana**

Durante esse processo de troca de e-mails, enviei a versão preliminar deste capítulo, pedindo sugestões de ajustes. E assim chegamos à nova versão, comentada pela Bia:

> Cecília, achei que ficou ótima a nova versão, com aquele arremate simples e claríssimo sobre nossa experiência como mães. Adorei mesmo. Agora quero ver o livro pronto!
>
> Obrigada por não "deixar essa peteca cair", por promover esse reencontro, por fazer com que a gente tenha – ainda que a intervalos grandes – notícias uns dos outros. Isso é realmente especial e, eu acho, muito raro.
>
> E obrigada também por fazer com que a gente reflita sobre temas tão importantes e mexa em lembranças tão boas (pelo menos para mim). Foi um encontro emocionante, de verdade. Um beijo grande e carinhoso.
>
> **Bia**

> Bia, devo confessar que ao ler seu e-mail não consegui mais segurar. A emoção veio com tudo. Obrigada por você expressar o significado e seu sentimento com relação a todos esses aspectos!! Foi muito bom! Para mim é muito forte conversar com aquelas tão queridas crianças, que hoje são adultas. Muito louco. Um beijo e muuuito carinho.
>
> **Cecília**

> Oi, Cecília, foi justamente isso o que comentei com meu marido quando cheguei em casa depois do nosso encontro: muito louco reencontrar todo mundo tanto tempo depois. Confesso que saí de casa receosa, com medo de que não tivesse mais nada a ver, que não "desse liga" com ninguém... E, embora de fato cada um tenha seguido seu rumo, acho que as lembranças de tudo o que a gente viveu lá atrás são tão boas e tão fortes que "seguram o tranco" desse passar de anos. São sólidas o suficiente para a gente se encontrar décadas depois e curtir novamente. Um beijão
>
> **Bia**

3.
Formação de educadores centrada na escola

A ESCOLA DE *RODAS EM REDE* VINTE ANOS DEPOIS

Buscando evidenciar como algumas marcas deixadas se desenvolveram após ter me despedido de pessoas e lugares, e continuando o processo de retomar histórias, retorno à escola na qual introduzi as Roda e Registros, não mais como professora, como no caso das 4as séries, mas como coordenadora pedagógica. A intenção é introduzir essa metodologia na escola como um todo, inclusive utilizando-a na formação de seus professores. Em *Rodas em Rede* conto a história dessa escola, a Novo Ângulo.

Nesses vinte anos, desde minha despedida, houve muitas mudanças significativas, como a fusão com outra escola, a reestruturação do ensino por ciclos de aprendizagem, a criação de novos cursos (Módulo de Desenvolvimento, Ensino Médio, OPTE, Emprego Apoiado) e por fim a implementação do ensino básico de nove anos.

A Escola Novo Ângulo,[1] ao unir-se com a Novo Esquema,[2] passa a chamar-se Escola Novo Ângulo Novo Esquema – NANE, reunindo

---

1. A Escola Novo Ângulo foi fundada em 1975, tendo como diretoras mantenedoras as psicólogas Suely Palmieri Robusti e Miriam Tramutola Alves de Moraes.

2. A Escola Novo Esquema foi fundada em 1972, tendo como diretoras mantenedoras a pedagoga Rita de Cássia Rizzo e a professora Lidiane Christo de Farias Fernandes.

as iniciais das duas anteriores.[3] Apesar de tantas mudanças, as Rodas permaneceram como metodologia de trabalho. Não só as Rodas de alunos, mas também a de formação de professores, centrada na partilha das experiências docentes e na reflexão sobre elas. Também a Roda do corpo diretivo permaneceu como metodologia de gestão. Essa Roda passou a ser composta por cinco pessoas: as duas diretoras de cada escola, Suely e Miriam, da Novo Ângulo, Rita e Lidiane, da Novo Esquema, e uma mediadora, Maria Cristina Ribeiro. Maria Cristina havia sido professora na Novo Ângulo durante meus anos na coordenação e foi essencial para as várias transformações do currículo e para a introdução das Rodas na escola como um todo, sendo uma das primeiras professoras de Roda da escola. Stella, também uma das primeiras professoras de Roda, é hoje a coordenadora pedagógica. Antes dela, porém, houve outras, sendo que cada uma "passava o bastão" para a seguinte, ajudando na sua formação em serviço. Cada uma acrescentava suas marcas próprias, tanto provenientes de sua personalidade quanto de suas experiências profissionais anteriores. Assim, após a minha saída, a coordenação pedagógica esteve a cargo da Silvia... da Lilian... da Rosely... e da Stella, na função há sete anos. Entretanto, como o modelo de gestão adotado é baseado nas partilhas, nas várias instâncias de Roda, também os vários professores e alunos deixaram suas marcas na autoria coletiva.

São, portanto, várias pessoas a compor essa história singular, assim como ocorre em outras instituições, escolares ou não. Miriam, por exemplo, nesses vinte anos, é a pessoa que zela efetivamente para que todas as turmas tenham seus livros de classe montados no fim do ano, nos quais contam suas histórias, apresentadas na exposição final dos projetos para os pais. Ela é a guardiã do acervo.

---

3. A fusão ocorreu no dia 5 de maio de 2000, conforme consta no site da escola. Portanto, cinco anos após minha saída.

Não há uma história oficial, a única verdadeira. Em um coletivo, há sempre histórias singulares, algumas que se cruzam e se afastam, algumas que se identificam pela semelhança do sentido partilhado, e outras que podem ser dissonantes. Convidei algumas das autoras dessa história coletiva para expor o seu ponto de vista e revelar os sentidos que foram atribuídos no percurso. Parte delas pôde olhá-los agora, de longe, e enxergar novos sentidos a partir do momento atual de sua história pessoal e profissional. Alguns desses textos são seguidos de notas de rodapé escritas por suas autoras. Passo a palavra para elas.

Relatos de diretoras e coordenadoras

Uma história das muitas Rodas na NANE
Suely Robusti[4]

Em 1975, fundei essa escola, hoje chamada NANE, da qual sou diretora até hoje. Nesse percurso houve muitas mudanças, mas o ideal permaneceu.

Nascida como uma escola alternativa às escolas tradicionais da época, ela veio com o objetivo de criar uma metodologia de ensino em que todos pudessem aprender juntos. Quando digo "todos", me refiro a uma educação pioneira em inclusão, em busca de uma escola que fosse realmente um espaço democrático.

Fui movida por uma enorme vontade de que as coisas realmente acontecessem, por muita perseverança, fé, entusiasmo e superação. Foi preciso querer, acreditar que podia dar certo e, o mais importante, ter

---

4. Suely Palmieri Robusti é psicóloga formada pela PUC-Campinas em 1975, com especialização em Psicologia Escolar e Psicomotricidade. É fundadora e diretora educacional da Escola Novo Ângulo Novo Esquema.

consciência de que mesmo que muito estivesse sendo feito, sempre haveria muito a fazer, pois existe uma grande distância entre o real e o ideal. Percebia que poderia errar e muitas vezes fracassar. E, nesse caso, precisaria de coragem para reconhecer que errei e seguir em frente, pois, como já dizia Paulo Freire, "todos nós sabemos alguma coisa, todos nós ignoramos alguma coisa, por isso aprendemos sempre".

Um dos pontos que considero preponderante nesta ação foi o fato de estar sempre aberta para as parcerias e novas propostas de trabalho, as quais foram despontando ao longo de décadas até concluirmos hoje, neste 15º ano do século XXI, nossos 40 anos de existência e de trabalho educacional.

Durante esse tempo, fomos estruturando nosso trabalho com "centros de interesses", passando por "trabalhos por temas", "pesquisas do meio", sempre em busca da participação do aluno no seu processo de aprendizagem.

O que nos movia, na ocasião, era o desejo de que chegaríamos lá, e, felizmente, a evolução da ciência, da tecnologia e do ensino acompanhavam nossa experiência e davam subsídios teóricos a nossos anseios e fundamentavam nossas ações.

Assim, iniciamos o trabalho desenvolvendo projetos coletivos nos quais todos participavam trabalhando com o mesmo tema. Queríamos algo mais: um tema gerador de novidades e que mobilizasse a todos.

Assim, na década de 1980, iniciaram-se os trabalhos com projetos e os primórdios do trabalho com as Rodas. Cada professor era responsável por um grupo no desenvolvimento de um projeto de pesquisa durante o ano. Ele podia escolher o caminho: trabalhar, pensar, questionar e buscar informações baseado nos interesses do grupo. No fim do ano, faziam a apresentação na "Expo-cultural" (como na ocasião era chamada) aos demais grupos e respectivas famílias. Nessa época, já tinha como parceira a Miriam Tramutola, também diretora.

O professor, enquanto mediador do projeto, deveria orientar e organizar a pesquisa juntamente com o grupo, de modo que os objetivos não se perdessem. Paralelamente, ia trabalhando o grupo para que todos aprimorassem suas funções.

Retomando nosso propósito inicial de sermos uma escola alternativa aos modelos educacionais impostos nas décadas de 1960 e 1970, avançamos nos estudos de novas teorias que falavam de o conhecimento se dar, na relação sujeito/objeto/realidade, pela ação do educando sobre o objeto de estudo, cabendo ao professor fazer a mediação e valorizar a bagagem cultural do aluno. E continuamos estreitando parcerias com profissionais que sempre acresciam ao nosso cotidiano. Posso citar nomes como Ana Gracinda Queluz, Eloisa Fagali, Silvia Viegas e tantas outras educadoras que nos enriqueceram com seu trabalho. Assim, na década de 1990, contratamos Cecília Warschauer para ser nossa coordenadora de Ensino Fundamental.

Enquanto educadores, sempre acreditamos na necessidade de assumir riscos e lançarmo-nos ao novo. E esse novo veio do olhar de Cecília para nosso trabalho com projetos, trazendo para esta escola seu objeto de estudo de pós-graduação, aplicando-o ao mesmo tempo que fundamentava nossa ação e reestruturava o trabalho. A Roda realmente se instalara na NANE. Cecília nos apresentou a importância do Registro enquanto memória e reflexão do trabalho em desenvolvimento.

O trabalho com a interdisciplinaridade toma outro corpo, e a construção da rotina, da organização, dos vínculos, dos interesses e a possibilidade de se discutir democraticamente o que estudar, qual caminho percorrer, os diferentes papéis assumidos por cada elemento dentro do grupo e o papel do professor neste grupo são redefinidos agora, a partir de um novo olhar.

Cecília estruturou, nos três anos em que coordenou a escola, um trabalho sistemático com Rodas para todas as classes de alunos, da Educação Infantil ao último ano do Ensino Fundamental – a 8ª série, na terminologia da época. E foi introduzindo, em paralelo, uma formação continuada dos professores, usando a mesma metodologia que utilizávamos para os alunos. Então, tínhamos as Rodas dos alunos para os seus projetos interdisciplinares; os Registros das histórias de cada classe, escritos por eles; as Rodas de professores; as Rodas dos professores de Roda, cujo foco era sua formação para conduzir as Rodas e os projetos dos alunos; e os Registros individuais que faziam com suas reflexões docentes.

Como diretora, também pude vivenciar as Rodas para pensar e planejar as ações da escola de um ponto de vista mais estratégico e de maneira mais sistemática. Prossegui com os mesmos objetivos do início da escola, mas agora tinha um "como fazer" mais estruturado. Também minhas reflexões e registros foram ficando mais constantes e sistemáticos.

De lá para cá muito mudou. Cecília deixou o cargo de coordenadora e nos primeiros anos acompanhou-nos mais de longe, assessorando a formação da nova coordenadora pedagógica e da equipe do "Núcleo Estratégico" com reflexões teóricas, apresentando-nos a autores que estudava no seu novo projeto de pós-graduação, como António Nóvoa, da Universidade de Lisboa, e Marie-Christine Josso, da Universidade de Genebra.

Cristina Ribeiro já era uma parceira de longa data. Foi professora de História e "professora de Roda" de algumas classes. Por também ser pedagoga e diretora de escola pública, dava grande contribuição com seus conhecimentos de administração escolar. Cecília saiu, perdemos o contato próximo, mas Cristina ficou. E as Rodas de alunos e de professores e a nossa Roda do "Núcleo Estratégico" também ficaram.

Em 2000, uma grande transformação ocorreu em nosso cotidiano. Mas o ideal de uma educação inclusiva de qualidade prosseguiu e ganhou mais corpo com a fusão com outra escola, a Novo Esquema, cujos propósitos eram semelhantes. E, com a fusão, novas parcerias. Rita de

Cássia Rizzo e Lidiane C. Fernandes entraram na Roda. Literalmente, pois uma vez por semana sentávamos para construir uma nova estrutura para a escola que formávamos da fusão: a NANE (Novo Ângulo Novo Esquema).

Cristina continuou nos acompanhando, não mais como professora de classes ou de Rodas de alunos, mas exclusivamente na coordenação da "nossa Roda", assumindo um papel organizador e desafiador para os projetos que ali nasciam dos debates entre nós cinco: ela e as quatro diretoras.

Como eu dizia, completamos 40 anos de escola agregando propostas, transformando práticas e projetos, mas sem abandonar aquele ideal que me moveu no início: uma educação inclusiva. Hoje temos também Ensino Médio e Ensino Profissionalizante, orientado para a inclusão dos jovens no mercado de trabalho, o que nem sempre acontece via educação tradicional. E assim eles podem se inserir, não só no mercado de trabalho, mas na vida social de maneira mais plena e adequada aos seus talentos, mesmo quando são diferentes dos talentos da maioria atendida no modelo tradicional de educação.

Uma história de 40 anos tecida a muitas mãos e parcerias, com olhares diferenciados para o desenvolvimento dos alunos em sua singularidade. Enquanto acompanhamos os alunos em seus projetos, em suas Rodas, avançamos em nossa formação humana (profissional e pessoal), em nossa própria singularidade. Em nossas próprias Rodas.

⚘ Quando entrei na Roda, ela já estava girando...
Rita de Cássia Rizzo de Araújo Lima[5]

Em maio de 2000 firmamos a fusão[6] entre a Escola Novo Esquema e a Escola Novo Ângulo. Naquele tempo, as duas instituições entenderam que juntas seriam mais fortes e assim ampliariam as possibilidades no atendimento a jovens com dificuldades de aprendizagem. Afinal, a quatro mãos as conquistas se tornam mais simples.

Foi com este espírito que organizamos todo o trabalho na NANE – Escola Novo Ângulo Novo Esquema: estabelecemos novo organograma, definimos a coordenação, bem como todos os membros da equipe, e por fim sistematizamos a metodologia pedagógica do trabalho escolar, fundamentalmente áreas de minha responsabilidade, como são até hoje, uma vez que a direção pedagógica lida cotidianamente com as metodologias de ensino e a equipe de educadores.

---

[5] Rita de Cássia Rizzo é pedagoga pela Universidade Mackenzie, pós-graduada em magistério do Ensino Superior pela Pontifícia Universidade Católica de São Paulo. Sócia mantenedora e diretora geral da Escola Novo Esquema de 1988 a 2000 e sócia mantenedora e diretora pedagógica da Escola Novo Ângulo Novo Esquema desde 2000. Com 35 anos de atuação na área educacional, foi professora de Educação Infantil no colégio Mater Dei, professora e coordenadora de Educação Infantil no colégio Mater Et Magistra, assistente de coordenação do Ensino Fundamental da Escola Novo Esquema em 1985, diretora geral da Escola Novo Esquema a partir de 1986, assessora de gestão educacional do Colégio Itatiaia desde 2012. É membro do conselho consultivo do Projeto AT-Brasil (Ataxia Telangiectasia) desde a sua criação.

[6] "Uma das soluções encontradas por algumas escolas para fugir da crise foi a fusão. [...] As escolas Novo Esquema e Novo Ângulo, em Moema, já haviam tomado o mesmo caminho. Segundo o consultor Eugênio Machado Cordaro, da CNA Consultoria, essa tendência é inevitável. 'As escolas demoraram demais para perceber que esse era o caminho', diz Cordaro, que já intermediou três fusões de escolas e está negociando outras seis. Segundo ele, há uma resistência natural das escolas em aceitar a junção com outras. 'Os donos acham que a escola deles é totalmente diferente. Há limites para as fusões, mas, quando os ideais são os mesmos e a clientela é parecida, ela é possível', diz Cordaro. [...] Além de enfrentarem uma queda no número de matrículas no Ensino Médio, as escolas particulares antecipam um outro problema a curto prazo: como a taxa de natalidade em São Paulo vem caindo nesta década, o número de possíveis alunos no Ensino Fundamental é menor." (*Folha de S.Paulo*, "Fusão pode ser solução para crise", 23 de setembro de 2000. Disponível em: <http://www1.folha.uol.com.br/fsp/cotidian/ff2309200003.htm>).

Muitas coisas foram revistas, tais como o sistema de avaliação, as oficinas pedagógicas[7] (suas funções e sua organização), matriz curricular, cronogramas de reuniões, enfim, o currículo de maneira geral. Entretanto, uma coisa não foi mudada e a esta eu tive que me dedicar: a Roda.

A Roda já existia no currículo da Novo Ângulo, e a apresentação que me foi feita era de que cada turma tinha uma espécie de "tutor", escolhido no início do ano pela coordenação e pela direção, antes mesmo do planejamento anual. Para esta escolha, leva-se em conta o perfil do docente, assim como sua possibilidade de olhar para o todo, sem deixar de enxergar o individual, seu desprendimento em ser o detentor absoluto do saber e estar no grupo com o olhar voltado para a exploração coletiva do conhecimento, e, principalmente, sua habilidade em aproximar as intenções, os desejos e os sonhos de todo o grupo.

Havia ali alguma coisa que me prendia, que me atraía como um ímã, e eu ainda não identificava o que era.

O professor escolhido trabalharia em um projeto de pesquisa ao longo do ano letivo com sua turma. O tema deveria ser incansavel-

---

7. As oficinas têm o objetivo de organizar grandes módulos conceituais, relativos a dois sistemas de linguagem, a escrita e a matemática, de forma que cada aluno possa traçar um percurso que lhe permita a aprendizagem a partir daquilo que lhe é familiar e respeitando seu ritmo de trabalho, sem que seu avanço escolar seja comprometido. Cada uma das oficinas tem um foco de trabalho, e cada aluno, a partir de suas possibilidades, será desafiado e orientado de forma a interagir com os conteúdos e, assim, aprender de fato. Quando falamos em oficinas, estamos falando do trabalho de atuação direta do aluno, da possibilidade de construir um produto seu, que, no caso, será parte do conteúdo de Língua Portuguesa e de Matemática, duas áreas importantes do conhecimento. Concluído seu trabalho na oficina, o aluno é encaminhado para a oficina seguinte, sendo este intervalo de tempo não o bimestre ou o semestre, mas o tempo da aprendizagem. Esse é o cerne do trabalho com oficinas: além de iluminar muitos saberes diferentes, permite que o conhecimento seja tratado com a menor fragmentação possível, o que possibilita aos alunos uma visão integradora do saber, do mundo e de si. Essas oficinas caracterizam-se como "lugar onde se faz", um espaço onde o aluno realiza construções sobre o que aprende, e aprende realizando construções! Em um movimento contínuo entre o "fazer" e o "refletir", entre a vivência e a estruturação formal do vivido, a aprendizagem vai se impregnando de significado, de ligação com a vida!

mente discutido pelo grupo, e nessa discussão estava a riqueza do trabalho. Pouco importava qual seria o objeto de estudo, mas importava muito mais tudo que envolvesse o grupo na "luta" por descobrir a escolha do tema.

Realizávamos, então, reuniões semanais com os professores para acompanhamento do desenvolvimento dos projetos das turmas. Chamávamos essas reuniões de Roda de professores de Roda. Eram momentos que requeriam os mesmos cuidados assumidos nas Rodas de alunos, afinal esta Roda também girava e nela os professores e eu nos formávamos enquanto grupo.

Foi com este aspecto do trabalho que me encantei. Afinal, quinze anos depois, tenho a certeza de saber por que a função magnética da Roda me atrai... Coordenar pessoas identificando o que há de melhor em cada um dos membros da equipe, concatenando ideias, sem sufocar nenhuma, mas escolhendo algumas e abandonando conscientemente outras tem sido meu grande desafio como educadora.

Assim é o trabalho com a Roda, uma vez que elas "alimentam um ciclo virtuoso: quanto mais evoluem as organizações, de maneira responsável, mais as pessoas têm condições de evoluir. Quanto mais evoluem as pessoas, pessoal e profissionalmente, mais evoluem as organizações em que trabalham".[8] E tem sido assim comigo. No processo de interação com o grupo, crescemos todos e conseguimos canalizar nossas energias para um projeto coletivo.

---

8. Cf. <http://www.rodaeregistro.com.br/>.

Sobre meu trabalho na NANE
Maria Cristina Ribeiro[9]

A escola NANE (Escola Novo Ângulo Novo Esquema) acaba de completar 40 anos e eu integro sua equipe há três décadas. Com exceção das mantenedoras, sou a educadora com mais tempo de atuação na mesma instituição e transitei por diferentes funções, ou seja, fui professora de História, coordenadora de área de Humanas e assessora em Gestão Educacional, função em que estou nos últimos vinte anos.

Por atuar há tanto tempo nesta instituição, minha história profissional e pessoal se imbrica com a história, a organização e a configuração pedagógica da NANE. Por vezes, fica difícil delimitar o que eu penso e pratico e o que é discurso institucional. Marcas constitutivas do projeto pedagógico da NANE, fruto das contribuições de todos que por aqui passaram, também se tornaram marcas constitutivas do meu ideário profissional. Revisitando meu percurso como educadora na NANE, posso afirmar que, da mesma maneira que uma escola aprende e muda,[10] os profissionais que ali atuam (entre os quais me incluo) também aprendem e mudam.

Assim, deste meu breve resgate histórico-profissional-institucional-educativo destaco três aspectos que têm sido muito fortes nestas últi-

---

9. Maria Cristina Ribeiro é Licenciada em Pedagogia e História pela Universidade de São Paulo. Pós-graduanda em Docência do Ensino Superior pela Universidade Católica Dom Bosco. Foi titular de cargo como diretora de escola da Rede Municipal de São Paulo desde 1995, tendo se aposentado em 2013. Membro da diretoria do SINESP (Sindicato dos Especialistas de Educação do Ensino Público Municipal de SP) desde 2012. Atua na Escola Novo Ângulo Novo Esquema desde 1985. Inicialmente como professora de História (1985-1996) e posteriormente como assessora em Gestão Educacional. Tem 33 anos de experiência no ensino público na cidade de São Paulo como professora titular de História; assistente de diretor e diretora eleita da rede estadual; diretora titular, assessora e supervisora técnica da rede municipal. Foi membro do Conselho de Acompanhamento e Controle Social do FUNDEB na cidade de São Paulo, gestão 2010/2012.

10. Warschauer, Cecília. *Rodas em Rede: oportunidades formativas na escola e fora dela*. Rio de Janeiro/São Paulo: Paz e Terra, 2001.

mas duas décadas: meu trabalho como assessora em Gestão Educacional, minha atuação como corresponsável pela formação docente na escola e a Roda como eixo central do trabalho pedagógico da NANE.

Como assessora, acompanho o trabalho realizado pelas quatro diretoras e sócias mantenedoras da escola através de uma reunião semanal que ocorre às terças-feiras no horário da manhã. Esta reunião, chamada de Reunião do Núcleo de Direção, avalia o trabalho e as atividades que ocorreram e planeja os eventos futuros. Além disso, delineia projetos, define metas, ajusta rumos e zela pela ampla comunicação entre todos os envolvidos no processo, através de circulares, jornais, e-mails, artigos, site, folders etc.

Originalmente, quando a Cecília implantou na NANE a Metodologia Roda & Registro,[11] as reuniões do Núcleo de Direção eram chamadas de Rodas da Equipe Gestora. A denominação destes encontros semanais mudou, mas a sistemática de trabalho tem sido a mesma, ou seja, encontros regulares, com cronograma e duração dos encontros preestabelecidos e pauta construída coletivamente. Todos realizamos registros desses momentos, que fundamentam nossas ações futuras e, ao serem revistos, contribuem para identificarmos o caminho percorrido e para refletirmos sobre os próximos rumos. Na maioria dos encontros eu faço a coordenação da reunião, mas, quando não posso participar, a Suely e a Rita, diretoras educacional e pedagógica, respectivamente, também o fazem.

Além de integrar e coordenar o Núcleo de Direção da NANE, também realizo, em uma parceria estreita com a Rita, diretora pedagógica,

---

11. Roda simboliza união! Algo que não tem ponto marcado de início e fim, vai girando, percorrendo, transitando, abrindo caminhos, circulando. É assim que a Roda tem sido um marco na nossa escola, pois é ela que dá subsídios e garante a qualidade na realização do nosso trabalho. É através da Roda que criamos as oportunidades de falar, ouvir, trocar e vivenciar situações que enriquecem a postura, o comportamento, o conhecimento e a ação com participação. Daí a Roda estar presente em rotinas de sala de aula, entre alunos e professores; encontros de formação de educadores; encontros bimestrais entre pais de alunos e educadores; encontros semanais da equipe gestora (direção, coordenação, consultores).

a coordenação do trabalho de formação dos educadores. Para tal, pautamos nosso trabalho pelo princípio de que todo educador é um profissional em permanente formação e por isso deve aprender para ensinar, pois somente com a criação de espaços que favoreçam as parcerias, que possibilitem o compartilhar de experiências e de questionamentos com outros, é que o educador, na sua ação de aprendente,[12] se apropria da sua ação de ensinante. Assim, a formação continuada do professor não se reduz ao estudo de teorias e técnicas de aprendizagem, uma vez que sua formação é um processo permanente que se dá ao longo da vida, nos mais diferentes contextos.

Para esta formação, há diferentes tipos de encontro na NANE, isto é, reuniões individuais, por área ou projeto, reuniões com professores de Roda, Semanas de Planejamento e reuniões gerais. Estes momentos formativos também foram propostos pela Cecília às mantenedoras, quando ela atuou como coordenadora pedagógica, e desde então fazem parte do cotidiano de trabalho dos educadores e são fundamentais para a coerência, a consistência e a coesão do trabalho aqui realizado.

As reuniões individuais – encontros semanais com cada um dos professores e a coordenadora pedagógica – são desenvolvidas de forma sistemática e baseadas na exploração do material didático, na vivência das atividades e na reflexão sobre a prática de sala de aula, para que se estabeleça o acompanhamento do trabalho docente já planejado e para contribuir para a introdução de práticas inovadoras no fazer pedagógico docente. A definição de dia e horário desses encontros ocorre no início de cada ano letivo, a partir da elaboração do horário das aulas e das turmas, e compõe a carga horária de trabalho docente de cada profissional da NANE.

---

12. O termo "aprendente" é um galicismo frequentemente utilizado em Educação, que evita a relação com o grau de aprendiz das corporações de ofício das cidades medievais.

Os encontros por área (Português e Matemática) ou projeto (Módulo de Desenvolvimento[13] e Ensino Médio Inclusivo – OPTE[14]) ocorrem a cada bimestre e reúnem professores, coordenadora pedagógica e diretoras para trocar experiências sobre o andamento do trabalho pedagógico, rever o currículo, discutir sobre o desempenho e os avanços dos alunos e traçar os objetivos do trabalho subsequente. Esses encontros ocorrem fora do horário normal de aulas, em dia e horário definidos coletivamente, para garantir a participação de todos. São horas adicionais de trabalho e por isso são remuneradas como extras.

Outro momento singular, não apenas da formação docente, mas principalmente do desenvolvimento de um dos aspectos basilares da NANE nestes últimos vinte anos, são as reuniões com professores de Roda. Cada classe tem um professor de Roda como referente afetivo e coordenador de seus projetos e temas de interesse. Nos encontros quinzenais entre estes professores, coordenadores e diretoras, o objetivo é socializar os processos vividos com suas respectivas turmas de alunos com o grupo de docentes, o que é fundamental no processo de formação e de construção do papel do professor de Roda, pois é neste espaço de troca que ele exercita, com seus colegas e colaboradores, a observação de diferenças e semelhanças e possibilita a construção de critérios para operacionalização do seu projeto.

Através das Semanas de Planejamento, a NANE proporciona para sua equipe três momentos anuais (em janeiro, julho e dezembro) para avalia-

---

13. O Módulo de Desenvolvimento é um curso criado pela NANE para atender crianças e jovens que não conseguem aprender a ler e a escrever, no qual elas "aprendem como falar com as pessoas nas situações mais diversas, os cuidados ao andar pelas ruas da cidade, a falar sobre si, a cuidar do próprio corpo, a escolher suas roupas de acordo com o clima, a esperar sua vez, ou seja, aprendem a prever e a desejar. Enfim, aquilo que é necessário a uma maior autonomia de vida". Mais informações disponíveis em: <http://www.nane.com.br>.

14. O OPTE (Orientação e Preparação Tecno-Emancipatória) destina-se a jovens a partir de 14 anos que necessitam de uma nova modalidade de curso escolar, em que o tempo de desenvolvimento nos cursos de ensino regular seja reconfigurado para atender às necessidades individuais.

ção e planejamento do trabalho que realiza, pois através de momentos de reflexão coletiva é possível organizar, delimitar e objetivar intervenções pedagógicas adequadas. Estes períodos de planejamento propiciam momentos para a sistematização e a articulação de parâmetros para o exercício coerente da proposta educacional da NANE. Em janeiro, o foco é reafirmar as diretrizes no trabalho pedagógico, inserir novos docentes no trabalho da equipe e planejar o que cada um realizará durante o ano letivo. No meio do ano, antes das férias escolares, o foco é realizar uma análise do andamento das atividades e readequar procedimentos, quando necessário. E, em dezembro, o objetivo é realizar uma avaliação global do processo e pensar desafios para o ano seguinte.

As reuniões gerais, originalmente Rodas de professores, são encontros sistemáticos entre todos os docentes, coordenadores e diretoras, cujo objetivo é proporcionar leituras sobre os diferentes aspectos que envolvem a escola, os alunos e os professores na sua totalidade, em um sistema aberto de trocas que busca estabelecer articulações entre áreas, modalidades de ensino e possibilidades, tanto do educador quanto do educando. Esses encontros ocorrem às segundas-feiras, das 18h às 20h, e, ao longo destes últimos vinte anos, a depender da disponibilidade financeira da escola, tiveram frequência semanal, depois quinzenal e, mais recentemente, ocorrem a cada três semanas.

Estas Rodas de professores têm sido ricos momentos de reflexão sobre nosso trabalho; de socialização de angústias, ansiedades, problemas e dificuldades; de busca de alternativas e de construção de possibilidades; de partilha de experiências e de vivências profissionais que contribuem para o crescimento pessoal de cada envolvido, como aponta o professor Rafael Benjamin Araújo Dias, ex-docente de Biologia:

> Ouvir a história dessa escola, contada pelos personagens que ajudaram a escrevê-la, me possibilitou enxergar quão privilegiado sou por poder ter minha primeira experiência profissional nessa instituição. De poder viven-

ciar a educação propriamente dita, sem estar contaminado pelos vícios e entraves do processo educacional padrão. Aqui, pude ter o privilégio de aprender a olhar o meu aluno não como um mero objeto do ensinar, mas como um ser repleto de emoções e de sentimentos que devem ser levados em conta no momento de traçar a melhor estratégia pedagógica para atingi-lo.

Por fim, merece destaque a maneira como a Metodologia Roda & Registro foi incorporada ao ideário pedagógico da NANE, tornando-se o seu principal diferencial no universo das escolas privadas de São Paulo. A Roda é um dos mais importantes diferenciais do atendimento pedagógico e um dos aspectos mais reveladores da concepção de educação que a Escola Novo Ângulo Novo Esquema oferece. Presente em todas as modalidades de ensino, tem mostrado de forma consistente como é possível desenvolver atitudes e valores cooperativos entre crianças, adolescentes e adultos.

A Roda organiza a rotina de trabalho no tempo e no espaço e auxilia na aplicação das diferentes áreas do conhecimento na vida prática e, principalmente, nas situações-problema com as quais todos se deparam.

Longe de eliminar os conflitos existentes em qualquer convivência coletiva, a Roda esclarece que há diferenças entre pessoas e opiniões e promove base para o diálogo produtivo e democrático. Desta forma, cada um dos grupos pode se tornar cooperativo, em que as diferenças não apenas aparecem, mas potencializam os trabalhos individuais, transformando-os em contribuições legítimas e valiosas para a consecução de objetivos coletivos.

Também é objetivo da Roda privilegiar o desenvolvimento de projetos de pesquisa. Através do conhecimento acadêmico formal – grande instrumento de qualquer trabalho escolar – se torna possível a escolha de temas de interesses comuns. Assim, são estabelecidos objetivos de trabalho e são selecionados procedimentos, de forma que os alunos tornam-se protagonistas das elaborações conceituais e os professores tornam-se facilitadores desse processo.

Assim, o aluno não está sujeito a um currículo que veicula conceituações fechadas, mas sim interligadas. Uma vez que os currículos são integrados, trabalha-se em uma visão global, em que cada parte passa a ter significado quando aditada a um grande conjunto. Todo este trabalho fundamenta-se na percepção multidisciplinar do conhecimento. Deste modo, não há como negar que o professor de literatura, por exemplo, pode abordar um assunto político ou social, nem como a química ou a biologia poderiam deixar de lado a geografia, a história, a sociologia, e todas elas não são outra coisa senão partes de um conjunto humano, em formação e em mudança.

A gestão educacional voltada para a qualidade do processo educacional, a formação docente no espaço escolar e a Metodologia Roda & Registro balizando o trabalho pedagógico constituem o ethos da NANE, sua filosofia de trabalho. Este ethos promove uma significativa adesão de todos os envolvidos e é causada pelo desejo intenso do homem moderno de fazer alguma diferença neste mundo. Visa a transformar o espaço profissional em um ambiente de convivência e de interação competente e dedicado, onde cada pessoa, sentindo-se bem em seu local de trabalho, usa de todo o seu potencial mental para o benefício da sociedade, garantindo a sobrevivência do coletivo profissional.

O desejo de todos os educadores que passaram ou que permanecem na NANE sempre foi o de fazer a diferença neste mundo. Assim, imbuídos por nossa filosofia de vida e de trabalho, sempre acreditamos que pequenas dificuldades não podem prejudicar grandes possibilidades. Desta forma, focar o trabalho nas possibilidades, sem dar prioridade às dificuldades, e valorizar o potencial de cada um fazem da NANE uma escola sempre preocupada com o que fazer para melhorar e desenvolver melhor o potencial de cada um, aprimorando qualidades, gerando satisfação, confiança e felicidade naquele que aprende hoje a buscar novas formas de atuação para viver o amanhã.

A Roda: um movimento de formação sem fim

Silvia M. M. H. Viegas[15]

> *Ciranda, cirandinha*
> *Vamos todos cirandar*
> *[...]*
> *Por isso, dona Silvia,*
> *Entre dentro desta Roda*

Foi no ano de 1994. Como psicóloga e psicopedagoga, eu atuava em consultório, e entre meus pacientes estava André,[16] um menino de 13 anos, com um importante quadro psiquiátrico que acabava por afetar seu processo de aprendizagem. Apesar das dificuldades, André frequentava uma escola que oferecia a ele a possibilidade de seguir em sua escolarização; uma escola que não se colocava no lugar das chamadas "escolas especiais", mas que reunia em seu corpo discente uma diversidade de perfis e que se empenhava em desenvolver não apenas uma metodologia de trabalho, mas também uma organização curricular que atendesse a essa diversidade.

Acompanhando André, visitei várias vezes a escola para conversas com a coordenadora pedagógica. Até que um dia veio o convite:

> Silvia, passei num concurso para docente na Universidade Federal de Uberlândia e daqui a alguns meses me mudo para Minas Gerais. Pensei em você para me substituir na coordenação pedagógica do Fundamental 2.

---

15. Silvia M. M. H. Viegas é psicóloga formada pela PUC-SP, com especialização em psicopedagogia. Atuou como coordenadora pedagógica em escolas da rede particular de ensino e hoje coordena o espaço Babel – somando diferenças, que oferece cursos para o público jovem e adulto, inclusive para aqueles que encontram dificuldades na inserção no sistema regular de ensino.

16. André é nome fictício.

Fiquei fascinada com a ideia de poder sair do contexto do consultório e mergulhar no cotidiano de uma escola que se propunha não o trabalho individualizado (prática frequente para alunos com muitas dificuldades), mas que, naquele tempo, entendia que devia olhar o aluno em sua singularidade e pensar a sala de aula como o espaço para uma prática ousada e criativa, que permitisse a real participação de cada um dos seus alunos em um projeto coletivo.

E lá fui eu. Entrei nessa roda chamada Escola Novo Ângulo. Mal sabia eu que a partir daquele momento minha vida profissional seria completamente transformada.

Pensando que a escola põe em prática seu projeto político-pedagógico na sala de aula pelas mãos de seu professor, aquela escola que se propunha um trabalho tão ousado necessitava ter um processo de formação de professores igualmente ousado e inovador. E foi isso que encontrei nas ações formativas realizadas pela equipe da Novo Ângulo.

Como o efeito de uma pedra atirada dentro de um lago, a Escola Novo Ângulo se organizava em várias Rodas de formação: Rodas concêntricas que começavam pelo núcleo de direção e de coordenação e iam se ampliando na Roda de professores e desta, então, para as muitas Rodas de alunos. A pedra que iniciava esse movimento era a concepção de um processo de reflexão, de Registro, de partilha e de autoria que acabava por envolver todos os personagens daquele espaço (equipe técnica, equipe administrativa, corpo docente, alunos e pais).

Ciranda, cirandinha
Vamos todos cirandar
[...]
Por isso, dona Silvia,
Entre dentro desta Roda,
Diga um verso bem bonito

Considerando os pilares que sustentavam esse modelo de formação, fui, ao mesmo tempo, formada como coordenadora e, nessa posição, formadora da equipe de professores. Um aprendizado e tanto!

A RODA DE PROFESSORES:
- Preparação e organização da pauta: discutidas no núcleo de direção, essas pautas eram o resultado de uma escuta aberta e sensível dessa instância para o que poderiam ser as demandas do grupo de professores.
- Material de estudo: leituras, propostas de escrita, perguntas provocadoras, experiências com diferentes linguagens, outros suportes. Era preciso pensar, como o professor também fazia em sala, nos diferentes perfis que compunham a equipe e na valorização dessas diferenças para a composição do trabalho.
- Planejamento: o tempo, as atividades, um ponto de observação e a avaliação de cada um dos encontros.
- O Registro: pensar no Registro individual do professor e na responsabilidade da coordenação de ser a guardiã da história vivida por aquele grupo de professores em seu processo de formação.

Enquanto eu tentava continuar o trabalho que a Cecília havia implantado, ia aos poucos descobrindo meu próprio processo de formação como coordenadora e construindo uma nova identidade profissional. No meio de toda essa jornada, acabei participando de outros grupos de formação, entre eles o de Madalena Freire, e aos pouquinhos fui trazendo minha experiência como psicóloga e psicopedagoga para compor com os saberes de meus colegas professores.

Foram muitos os temas discutidos e, apesar dos momentos difíceis, dos impasses e das situações de conflito, o resultado de cada semestre era a partilha de um sentimento comum aos professores e a mim: estávamos ensinando, mas estávamos aprendendo também.

Estávamos criando, inventando, pesquisando, e não apenas reproduzindo saberes externos à escola. Podíamos viver projetos ousados. Em tempos de descrédito da função docente, recuperávamos ali um professor que acreditava em si mesmo como um especialista, como um profissional capaz de um trabalho intelectual e de autoria. Um professor inspirador para seus alunos, alguns deles já marcados por inúmeros fracassos em suas vidas escolares.

> *Ciranda, cirandinha*
> *Vamos todos cirandar*
> *[...]*
> *Por isso, dona Silvia,*
> *Entre dentro desta Roda,*
> *Diga um verso bem bonito,*
> *Diga adeus e vá embora*

Quatro anos depois, tinha chegado a minha vez de partir para novos desafios. A despedida foi em uma Roda cheia de emoção, em que me lembro ter trazido um texto (confesso agora não me lembrar do autor que me inspirou) que comparava a vida àqueles arcos de pedra em que cada pedra, por menor que seja, tem um papel importante na sustentação do arco.

Era exatamente assim que eu via aquele percurso vivido na Novo Ângulo – eu havia construído um forte arco de pedra sobre o qual apoiei nos 16 anos seguintes uma carreira como educadora, a maior parte deles como coordenadora.

E quando, em 2014 (já em outra instituição), resolvi que deveria deixar a função de coordenadora, recebi em minha sala um jovem professor, Pedro, que havia entrado na escola para ser mediador de um aluno com necessidades especiais e que em um determinado momento havia pensado em trancar a faculdade de geografia. Pedro era então, oito anos depois, um dos melhores professores de nossa equipe. Ele me disse: "Sil, vim aqui pra te agradecer por ter me ajudado a ser um professor. Você um dia me disse para que eu não abandonasse a sala de aula. Obrigado por isso."

Ali eu vi o resultado de um processo de formação que havia me encantado e que, de alguma forma, acabei levando adiante. Um processo de formação apoiado nos pilares do trabalho que estruturavam as Rodas de professores da Novo Ângulo: estudo permanente, pesquisa de novas práticas, Registro rigoroso e reflexivo, autoria e responsabilidade pelo trabalho realizado, compromisso com a constituição de uma equipe e com a formação de todos os agentes envolvidos no processo educativo. Não sei se consegui aplicá-los todos em minha prática cotidiana, mas sei que os mantive como inspiração permanente.

Termino aqui, assim como o Pedro, agradecendo o convite para fazer parte da equipe da Novo Ângulo. De lá para cá já se vão cerca de vinte anos, e a educação passou a ser para mim não apenas um ofício, mas uma prática política, um projeto de vida.

A Roda e eu
Stella Maria Martins Pereira[17]

Assim que recebi o convite para escrever sobre a Roda, comecei uma viagem para o passado. Lembranças de parceiros, colegas, alunos e certamente sobre mim mesma, no decorrer desses mais de vinte anos de trabalho com a Roda.

---

17. Stella Martins é psicóloga de formação e tem pós-graduação em coordenação pedagógica. Trabalhou como assessora da ONG Ação Educativa Assessoria, Pesquisa e Informação, como coordenadora pedagógica da ONG IBEAC, na qual era responsável pela formação/capacitação de professores de educação de jovens e adultos. Trabalhou como formadora de professores e funcionários de empresas privadas em projetos de sustentabilidade, além de elaborar e preparar material didático. Atualmente é coordenadora pedagógica da NANE, função que exerce há sete anos.

Minha lembrança mais antiga é de 1992, quando a Cecília, uma jovem coordenadora, perguntou se eu gostaria de fazer um trabalho inédito com os alunos na escola.

A escola era a Novo Ângulo, onde eu acabara de entrar para dar aulas de matemática e de ciências. Aceitei, porque gosto de desafios, sem saber que estava prestes a entrar num turbilhão de emoções e de sentimentos pelos anos seguintes!

Aqueles primeiros anos de trabalho com a Roda foram marcantes na minha vida, sem mencionar as emoções que os alunos, em sua diversidade, provocavam em mim! (A Escola Novo Ângulo, agora chamada NANE, é uma escola inclusiva, e, portanto, a diversidade faz parte de todo o trabalho.)

As aulas de Roda funcionavam como um espelho, na maior parte do tempo, para minhas posições e certezas, colocavam em xeque tudo que eu considerava "certo". Ouvir as questões, dúvidas e angústias do grupo de alunos provocava dúvidas nas minhas posições, e dessa forma era constante o exercício de reflexão.

O trabalho com a Roda não tem o conhecimento acadêmico mediando as relações entre professor e aluno e era preciso pensar muito sobre os temas de interesse trazidos pelos alunos.

A escuta sempre foi e ainda é a ferramenta fundamental para o trabalho de Roda, e nesses anos pude desenvolver bastante minha observação e minha escuta dos alunos individual e coletivamente, além de um exercício constante de separar "o que é meu e o que é do outro".

Essa experiência com o trabalho de Roda foi fundamental para o exercício da minha função na escola: há oito anos sou coordenadora pedagógica e trabalho com a Roda de professores. Agora, mais experiente, já não vivo em um turbilhão de emoções e posso coordenar minha equipe e mediar as emoções vividas por eles no seu trabalho com a Roda de alunos.

O exercício de escuta e de reflexão sobre os "ditos" e "não ditos" que a Roda proporciona foi precioso para desenvolver meu trabalho com a Roda de professores. Ela é uma ferramenta excelente para o trabalho com educação!

Relatos de professoras

Os relatos a seguir foram escritos como parte do trabalho pedagógico realizado na escola NANE: todo final de ano, os professores de Roda fazem um Registro reflexivo sobre sua experiência vivida com os alunos. Com a palavra:

༄ Ana Lucia Calazans Pierri (Uxa)[18]

A turma se apresentou no primeiro dia como um grupo já maduro, que sabia trabalhar, que sabia se ouvir. Os alunos antigos contaram para os novos o que era a Roda, e eu achei que com esta classe a aventura de ensinar e de aprender ia ser deliciosa. Entretanto, cada pessoa que entra num grupo influi na dinâmica interna. Nesse, entraram dois alunos que fizeram muita diferença. E foram muito bem-vindos por mim, desde o primeiro contato. Pela classe toda, sem dúvida. Eles traziam muitas novidades. Foi tudo bem, no começo. Com o passar do tempo, as coisas foram se tornando estranhas.

Logo na segunda aula com eles, resolvi contar-lhes sobre *Babel*, um filme a que eu tinha assistido naquele fim de semana. Falei para eles que não sabia exatamente por que queria tanto contar este filme, mas que ouvissem porque era muito interessante e o assunto poderia fazer sentido para nós em algum momento. Realmente isto aconteceu. O filme fala sobre atitudes que tomamos sem pensar, achando que não terão consequências maiores e que, no desenrolar, acarretam desastres na vida das pessoas. Vivemos várias situações deste tipo durante o segundo semestre. Graças a Deus não houve nenhuma consequência realmente

---

18. Ana Lucia Calazans Pierri (Uxa) foi professora da NANE de 2000 a 2007. Este texto foi escrito como reflexão no final do ano sobre o processo vivido pela professora e pelo grupo de alunos e fez parte do "Livro da Classe", com o material dos projetos por eles desenvolvidos.

grave como mostrava o filme, mas houve sofrimento e também transformações. É raro uma coisa acontecer sem a outra.

Procurei, ao longo do ano, trazer coisas diferentes, atrativas, coerentes com o que pretendia ensinar e com os temas sugeridos por eles. Todas as aulas foram planejadas com o maior cuidado. Enchia-me de esperança e partia para o trabalho, achando que ia dar certo. Era entrar na classe e ver tudo virar fumaça ou então uma praça de guerra. Foi muito difícil.

Mas agora, olhando para trás, penso que o trabalho desta Roda tem um sentido mais profundo do que se possa imaginar.

O assunto preferido da maior parte da classe era a tecnologia. O tema esteve conosco o ano todo. Quando vimos *Eu, Robô*, mostrei para eles que a discussão que o filme trazia era a questão do alcance da tecnologia, da submissão a ela, do sermos ou não seus escravos. Nessa turma, pudemos vivenciar isto muito de perto. Como disse o Caio, na ocasião, "à nossa volta tudo tem tecnologia, menos a escola". É verdade.

Na escola, não usamos muita tecnologia. Uma das razões para isto é que escola também é lugar de ensinar convívio respeitoso entre pessoas humanas. E a Roda é, nesta escola, o lugar privilegiado para ensinar isto. Humanos não respondem a comandos como os seres virtuais. Humanos têm de perceber seus direitos, seus deveres, suas posições na hierarquia social, humanos precisam das palavras para expressar seus pensamentos. Humanos precisam aprender a negociar; não dá para eliminar, matar, deletar com um clique. Humanos têm de aprender a defender seus direitos e a se posicionar. Humanos sentem e fazem sentir. Para aprender isto não é necessário tecnologia. Na verdade, ela é totalmente dispensável.

Por saber disto é que propusemos um mês inteiro de atividades de autopercepção e autoconhecimento. Foi um agosto denso, tenso, mas importante.

Depois, procuramos ir ao encontro do desejo da turma por tecnologia e propusemos que fizessem seu último trabalho, A História do Computador, em PowerPoint. A sala de informática foi o lugar em que os alunos desta Roda trabalharam melhor, com menos inadequação. Ali, estavam no elemento deles, conectados à tela, dando rápidos comandos, fascinados pelas imagens e efeitos que apareciam. Sabiam fazer muitas coisas. Aprenderam outras. Ajudaram uns aos outros, ajudaram a professora, que não é da mesma geração. Foram gentis.

Nós, adultos, sabemos, e estes alunos puderam aprender nesta Roda, eu espero, que muito mais difícil do que mexer no computador, muito mais difícil do que aprender a usar a tecnologia, seja ela qual for, é aprender a ser uma pessoa legal, responsável por si. Humanos que se comportam como tal, capazes de pensar e de se colocar no lugar do outro. Seja no tempo, seja no espaço, seja na posição que ocupam em relação aos outros.

O trabalho foi feito, e, no final, valeram todos os esforços. De todos, de muitas pessoas, mesmo. Quero agradecer especial e publicamente à Stella, coordenadora educacional, que me ouviu em horas de puro desespero e também nas horas de grande contentamento, que existiram, sim, principalmente no final do ano. Acho que todos aprendemos lições importantes para nossas vidas de seres humanos nesta Terra, que precisa de muita tecnologia para ser preservada e que precisa, mais ainda, de pessoas que saibam propor, se respeitar, conviver nas diferenças e amar, apesar de tudo.

Malena Calixto[19]

Poema em linha reta[20]
Álvaro de Campos

Nunca conheci quem tivesse levado porrada.
Todos os meus conhecidos têm sido campeões em tudo.
E eu, tantas vezes reles, tantas vezes porco, tantas vezes vil,
Eu tantas vezes irrespondivelmente parasita,
Indesculpavelmente sujo,
Eu, que tantas vezes não tenho tido paciência para tomar banho,
Eu, que tantas vezes tenho sido ridículo, absurdo,
Que tenho enrolado os pés publicamente nos tapetes das etiquetas,
Que tenho sido grotesco, mesquinho, submisso e arrogante,
Que tenho sofrido enxovalhos e calado,
Que quando não tenho calado, tenho sido mais ridículo ainda;
Eu, que tenho sido cômico às criadas de hotel,
Eu, que tenho sentido o piscar de olhos dos moços de fretes,
Eu, que tenho feito vergonhas financeiras, pedido emprestado sem pagar,
Eu, que, quando a hora do soco surgiu, me tenho agachado
Para fora da possibilidade do soco;
Eu, que tenho sofrido a angústia das pequenas coisas ridículas,
Eu verifico que não tenho par nisto tudo neste mundo.
Toda a gente que eu conheço e que fala comigo

---

19. Malena Calixto trabalhou muitos anos na área de educação inclusiva, como professora e coordenadora. Hoje trabalha como psicanalista em consultório e como coordenadora do Grupalavra, um trabalho de grupo de acompanhamento terapêutico. Trabalhou na NANE de 2000 a 2012. Este texto foi escrito como reflexão no final do ano sobre o processo vivido pela professora e pelo grupo de alunos e fez parte do "Livro da Classe", com o material dos projetos por eles desenvolvidos.

20. Pessoa, Fernando. *Poesias*. Seleção de Sueli Tomazini Cassal. Porto Alegre: L&PM, 2002 (Coleção Pocket L&PM).

Nunca teve um ato ridículo, nunca sofreu enxovalho,

Nunca foi senão príncipe – todos eles príncipes – na vida...

Quem me dera ouvir de alguém a voz humana

Que confessasse não um pecado, mas uma infâmia;

Que contasse, não uma violência, mas uma cobardia!

Não, são todos o Ideal, se os oiço e me falam.

Quem há neste largo mundo que me confesse que uma vez foi vil?

Ó príncipes, meus irmãos,

Arre, estou farto de semideuses!

Onde é que há gente no mundo?

Então sou só eu que é vil e errôneo nesta terra?

Poderão as mulheres não os terem amado,

Podem ter sido traídos – mas ridículos nunca!

E eu, que tenho sido ridículo sem ter sido traído,

Como posso eu falar com os meus superiores sem titubear?

Eu, que venho sido vil, literalmente vil,

Vil no sentido mesquinho e infame da vileza.

Por que você ri?

Com certeza passei todo um ano dando muitas risadas. Ri das caras de menino carente e do jeito hilário de me imitar que o Leo fazia, ri do jeito irônico, perspicaz e superinteressado do Victor ao tratar com o outro, ri das risadas do David e de quando ele dizia "Tá bom, Malena, não vou rir", ri dos milhares de personagens que Gustavo Pieve criava ao longo do dia, cada qual mais esquisito que o outro, ri das piadas mais malucas que a Lelê inventava a todo momento, ri do jeito bravo do Colaci, que baixou a guarda no final e hoje é só sorriso, ri das centenas de arrumações que Grazi fazia durante, antes e depois das aulas, ri da alegria genuína da Érica, ri... ri de mim.

No início, tanta risada me incomodava, pois eu havia saído de um grupo de filósofos sérios, que ficava o tempo todo querendo discutir sobre tudo. Esse grupo não: eles levavam e levam a vida de maneira leve, gostosa e distraída. Por ser um grupo muito jovem e que não havia trabalhado comigo no ano anterior, me assustei no início, fiquei até encabulada, porque quando passava algo sério para eles, dentro desse sério, eles sempre encontravam algo muito engraçado, e, de fato, era mesmo. Eu estava lá, bem lá na frente, preocupadíssima com o que íamos trabalhar, inventando um jeito de fazer o grupo crescer, porque afinal de contas rir de tudo parece desespero e parecia que tudo era levado na brincadeira. Aproveitei isso como estratégia de trabalho: vamos ver do que rimos? Vamos entender o que é isso? Afinal, não daria para deixar passar algo que gritava e estava latente no grupo. Uma pesquisa sobre o engraçado foi pedida, e mais risadas de "arroto, pum, meleca, pereba, calcinha etc. etc. etc.". Então, vamos lá, vamos rir de algo que vale a pena? – Charles Chaplin, por que não? De novo a nova paixão da classe, muita alegria e conhecimento sobre a vida, visto que os filmes dele tratam de temas densos, porém engraçados.

Com o tempo, percebemos que rimos do absurdo, do feio, do humano e para dar alívio, respirar, tornar a vida mais alegre. Rimos porque somos humanos, rimos também por nossas imperfeições, que não são poucas. Dessa forma, tentei mostrar que não rimos da perfeição, ela acaba sendo sem graça, pois fica caracterizada como algo do divino, do ideal. Assim, vimos o ideal de perfeição de cada um e questionamos: existe perfeição? Eu sou perfeito? E o outro, é perfeito? Por que o perfeito não é engraçado? Por que a bailarina, que não tem pereba, não tem problema na família, não é engraçada? Pois é, não é mesmo. Mas queremos rir e voltar a rir, talvez por razões diferentes, mas queremos rir porque, na vida, esse parece ser o grande barato. Talvez quisessem ensinar a professora a não levar tudo tão a sério, talvez quisessem mostrar que podemos rir da gente mesmo assim como rimos do outro; porque vemos nossas imperfeições no outro, nossas loucuras no outro, nossa miséria humana no outro e assim vai. Esse grupo me deu a imensa alegria de ficar ali na frente e parar por alguns minutos e dar risada, que trouxe leveza ao meu ofício, que mostrou a minha humanidade, que mostrou que nem aquela professora nem eles entram no campo da perfeição, porque esse campo vive no nosso ideal. Posso ser ideal na fantasia do outro, mas sou muito humana quando entro de fato em contato com o outro, pois ali minhas imperfeições aparecem. Quando penso no Super-Homem, na Mulher Maravilha, no príncipe encantado, estou falando de um ideal, mas o contato torna tudo real e humano, e assim vemos que temos espinhas, que ora podemos ser inteligentes, ora imbecis, ora geniais, de vez em quando fantásticos, às vezes brilhantes... somos assim, demasiadamente humanos.

Talvez um papo muito cabeça para um grupo de 1º CI, talvez tenha ficado pouco dessas questões e muito mais a risada, talvez eles não queiram pensar nisso... mas ao mesmo tempo posso enxergar defeitos em mim, posso entender que não estou sozinha no mundo em minhas imperfeições. Talvez aceite mais o outro por saber que sou também cheia de defeitos; talvez sim, talvez não... A única certeza que levo é que o ano teve muita mais leveza e a vida, consequentemente, também.

Nosso projeto talvez seja um projeto de vida... Por que, então, não rirmos mais?

4.
Aprender sempre, também na velhice

"A experiência propicia ao narrador a matéria narrada, quer esta experiência seja própria ou relatada. E, por sua vez, transforma-se na experiência daqueles que ouvem a estória."

Walter Benjamin

Foram cinquenta anos de convívio. Nos últimos sete, em que meu pai morou sozinho perto da minha casa, acompanhei sua perda progressiva de muitas das capacidades cognitivas e da autonomia. O que não foi fácil para ele, nem para mim, acostumada em tê-lo como mentor em muitas situações da vida. Um amigo em outras.

Por exemplo, em minha formação foi fundamental sua aceitação incondicional de minhas escolhas, mesmo que fossem contra o que ele achasse melhor para mim. Abandonei o curso de Administração na FGV. Fui morar sozinha fora de São Paulo. Pedi exoneração da universidade – para citar algumas passagens. Ele estava sempre lá. Disposto a ajudar na procura pelos caminhos profissionais e pessoais a cada etapa. Meu pai ajudava-me a pensar, participava sem impor. Foi um educador.

As dificuldades se revelavam aos poucos, oscilantes no início. Mas foram se instalando, progressivamente. Instintivamente, fui propondo atividades que conhecia bem, da prática de vários anos com crianças e da formação de professores. Na mesma época em que utilizava essas atividades com meu pai, eu trabalhava com executivos em empresas. E percebia que muitas daquelas atividades também os ajudavam. Fosse no autoconhecimento, na organização do tempo e das rotinas de trabalho, na estruturação das conversas com as equipes e no encontro das melhores soluções para os problemas.

"Em todos esses trabalhos, a afetividade estava na base." Uma frase do Piaget – copiada na primeira página do Diário do trabalho com as crianças – era um lembrete, um guia, que me acompanhou e me acompanha até hoje, exigindo um trabalho interno que me traga de volta, por exemplo, quando a raiva ou a busca por culpados se manifesta. E, assim, encontrar uma razão para não desistir. Teria desistido várias vezes. E não só de algumas classes de crianças, mas também da formação de professores. No trabalho com meu pai eu não ia desistir exatamente porque estava claro que havia algo muito maior do que o desespero que eu enfrentava.

> É sempre a afetividade que constitui a mola das ações das quais resulta, a cada nova etapa, esta ascensão progressiva, pois é a afetividade que atribui valor às atividades e lhes regula a energia. Mas a afetividade não é nada sem a inteligência, que lhe fornece meios e esclarece fins.[1]

E, para enfrentar o desespero, precisava criar estratégias. Ao escrever estas palavras, me dou conta de que também meu avô fizera isso. Não o conheci porque morreu quando meu pai ainda era adolescente, mas meu pai contava as histórias de sua vida. Entre elas, as várias estratégias que ele criou para escapar com a família da Alemanha nazista, quando a perseguição aos judeus já era intensa. E foram muitas. Assim como as críticas que recebeu daqueles que ficaram, que não acreditavam que as coisas pudessem chegar aonde chegaram; e daque-

---

1. Piaget, Jean. *Seis estudos de psicologia*. Rio de Janeiro: Forense Universitária, 1989, p. 69-70.

les que ele encontrou aqui, tanto os judeus, que não aceitaram sua conversão ao catolicismo, quanto os católicos, que não acreditavam na sua conversão. De fato, era só uma estratégia para tentar livrar a família das perseguições.

Não sei se meu avô tinha algum talento para ser educador, nem se era uma pessoa afetiva. Mas certamente foi um grande estrategista, e as histórias de sua vida, narradas por meu pai, me ensinaram muito.

No dia a dia com meu pai, driblando a minha falta de tempo, à proporção que as dificuldades se apresentavam, eu criava atividades e rotinas, entre elas muita conversa, para tentar entender como ele estava e como se sentia, o que não era fácil, pois ele não sabia falar de sentimentos. Com o passar dos anos, eles brotavam de seus olhos, mas ele não os expressava em palavras. Também não sei se na convivência com o pai dele, sobretudo naquelas condições da Alemanha, havia muito espaço para isso. Talvez não tenha aprendido.

Vários dos problemas que meu pai enfrentava inicialmente eram de ordem bem prática, mas contornáveis. Por exemplo, esquecia de pagar contas, ou pagava-as duas vezes. Organizei pastas para cada tipo de conta, com planilha na contracapa para que ele preenchesse ao efetuar o pagamento: data de vencimento, data de pagamento, valor e forma de pagamento. Ele trazia as pastas, e conferíamos nas sessões de conversa. Não sei se ele ficava mais contente por conseguir continuar cuidando de suas contas ou pelo fato de eu arranjar tempo para nos encontrarmos. Ou por conversar, o que ele adorava. Até que não conseguiu mais e deixou-me pagá-las, o que para mim era bem mais prático.

Mas nem sempre o que é mais prático é melhor. Aprendi a duras penas. E o que me parecia melhor naquele momento era tentar fazer com que ele se ocupasse e se sentisse útil, aproveitando tudo o que sua capacidade ainda lhe permitia. Uma descoberta diária. Estratégias para sua autoestima, que andava muito em baixa. E para a construção do máximo de autonomia possível.

Eu estava acostumada a isso com as crianças. Mas com elas a autonomia era um processo progressivo. Com ele, os resultados eram positivos no curto prazo. No longo, era o inverso. Eu precisava criar novas estratégias mais adaptadas ao novo momento. E não sabia quando nem como as coisas com ele iam evoluir. Ou melhor, "involuir". Mas ficava claro que era o inverso do que vivera com as crianças. Caminhávamos para uma progressiva dependência.

Estratégia 1 – Linha da Vida: a história no tempo

A Linha da Vida é uma estratégia de formação que tenho usado frequentemente com adultos. Foi após o estudo da "Metodologia das Histórias de Vida em Formação", desenvolvida por Marie-Christine Josso e Pierre Dominicé, que criei essa atividade como suporte gráfico para as narrativas orais. Abordei a fundamentação teórica dessa metodologia no livro *Rodas em Rede*.

No caso da "Metodologia das Histórias de Vida em Formação", a identificação dos acontecimentos da vida é a primeira etapa, na qual se baseia a narrativa oral para um grupo. Depois ocorre a sua escrita, o que permite uma progressiva tomada de consciência do que cada um fez com aquilo que a vida lhe apresentou ou, como disse Sartre, "o que fiz com o que os outros quiseram fazer de mim".

Com o meu pai, as tomadas de consciência eram fragmentadas e se perderiam logo mais, de modo que fazíamos o que lhe era possível em termos de desafios e de *prazer* em sua execução. Por isso, no caso dele não segui essa sequência da metodologia original, mas sim a sua motivação de cada momento. As histórias de seu passado afloravam, sobretudo as de sua infância na Alemanha. Conheci episódios dos quais nunca tinha ouvido falar. Quando ele começava a contar, eu registrava no papel que tivesse em mãos. Depois, ele levava para sua casa e ia, vagarosamente, digitando no computador, o que já era um grande desafio. Posteriormente, eu colocava os episódios em ordem cronológica, na medida do possível, e imprimíamos. O que resultou, após um longo período desse trabalho, em nove páginas impressas, uma história que ele releu várias vezes, sobretudo quando vinha até minha casa e eu não tinha tempo para lhe dar atenção. Felizmente, as histórias prendiam muito a atenção *dele*. Sua Linha da Vida foi feita em papel quadriculado;[2] a primeira linha registrava sua idade e a segunda, a do ano respectivo. Isto é, iniciava-se em zero e, logo abaixo, 1929, o ano de seu nascimento. Havia espaço para mais de 90 anos. Ele estava com quase 80. Abaixo dessa parte numérica havia cinco faixas horizontais, cada uma para uma temática: "Vida familiar", "Vida escolar e acadêmica", "Local de moradia", "Vida profissional" e "Saúde". Assim, os acontecimentos de sua vida seriam registrados nas faixas temáticas respectivas e na direção do ano correspondente. Essa estrutura facilitava a localização dos acontecimentos a partir dos fragmentos da memória ou dos documentos que localizávamos. E, quanto mais a completávamos, mais referenciais havia para a localização de outros acontecimentos. Quanto mais a completávamos, mais aquele imenso Registro se tornava um testemunho da riqueza da história vivida.

A Linha da Vida pode ser lida nas duas direções: na horizontal, com a cronologia da história, e na vertical, com a diversidade de acontecimentos ocorridos num mesmo ano.

Avançamos lentamente na construção de sua Linha da Vida. O objetivo inicial era apenas organizar todos os acontecimentos

---

[2]. Geralmente a Linha da Vida, conforme descrita no Capítulo 9, é feita num papel tamanho A4, por questão de praticidade. No caso de meu pai, utilizei várias folhas de papel quadriculado emendadas, chegando a 90 cm de comprimento, o que possibilitava o Registro de qualquer acontecimento, sem restrição de espaço no papel. No caso dos grupos de profissionais com que tenho trabalhado, a Linha da Vida é mais resumida e esquemática, apenas para servir de base para as etapas seguintes: de narrativa oral e análise da história de vida.

que pudéssemos resgatar, tanto pelo exercício da memória (da que ainda funcionava) quanto pela pesquisa nos documentos que eram encontrados. Entre eles a certidão de casamento de seus pais, seus boletins escolares, cópias de artigos escritos durante sua vida acadêmica, resultados de exames de saúde, diplomas, contas de gás e de luz antigas, escrituras de compra e venda de imóvel, carnês de INSS, seu certificado de reservista, o requerimento de aposentadoria na universidade, placas de paraninfo de turma, tudo misturado.

Os documentos consultados, se relevantes à sua história de vida, eram guardados em sacos plásticos, que ele etiquetava com um título e a data. Esses sacos plásticos também eram colocados em sequência cronológica e, no final, guardados em um fichário.

A construção da Linha da Vida e das pastas de documentos eram atividades de ordenação de sua vida. Era evidente sua motivação e a alegria ao arquivar tudo de forma organizada. O material era evidência do quanto havia feito na vida. Ele tinha uma longa história para contar, de modo que, em nossas conversas, quando se queixava de não ter feito nada, lá estavam as provas. As queixas de fracasso na vida e no casamento cessavam. O exercício era cheio de significado e bastante trabalhoso, ocupando muito de seu tempo e canalizando as energias.

Estratégia 2 – Álbum de fotos: a história em imagens

Esta é uma estratégia muito significativa para todos os que dela participam, crianças ou adultos. Imagens dizem muito, são carregadas de significado e de afetividade. Nesse processo, conheci mais de meu pai, de sua/nossa família. Fotos que eu nunca tinha visto apareceram ao explorarmos todos os documentos e pacotes guardados. Tive a oportunidade de reparar ao menos uma pequena parte das raízes cortadas. Histórias que nunca foram contadas emergiram. Esquecer o que deixaram para trás é algo comum na história dos judeus que precisaram construir uma nova vida.

O processo foi o seguinte: prendíamos as fotos com cantoneiras em folhas avulsas, atribuíamos alguma legenda, título e data, na medida do possível e de forma aproximada. Já tínhamos a Linha da Vida e a pasta de documentos para pesquisar.

Posteriormente, com todas as folhas prontas, novamente o processo foi de colocá-las em ordem cronológica. Acho que as lições de Piaget sobre seriação e classificação de meus anos de professora de crianças me marcaram muito. E estavam dando certo com meu pai. Quantos álbuns e livros de histórias fiz com meus alunos! E a máquina de encadernar que meu pai me dera muitos anos antes, para me ajudar nesse processo, agora nos ajudava no nosso. Furei previamente as folhas, e depois as capas, de modo que, com tudo já na ordem, restava enrolar a espiral. Virou um livro de histórias de sua vida. E que dava para manusear. Ir e voltar no tempo.

A construção desses Registros (a Linha da Vida, o texto com sua história de vida, as pastas com os documentos e o Álbum de Fotos) mostrou-se importante por vários motivos: 1 – ocupou o tempo de sua nova vida (aposentado e separado de minha mãe) com uma atividade que tinha significado para ele; 2 – tivemos muitos encontros em continuidade para os projetos, o que garantiu tempo para as conversas sobre a vida, nossas Rodas; 3 – permitiu que ele pudesse entrar em contato com sua própria história, muitas vezes se surpreendendo com ela, quando sua mente já não conseguia se lembrar de muita coisa.

Estratégia 3 – A Rede de Formação das cuidadoras

A primeira a entrar na rede foi a Cida, que havia sete anos trabalhava na faxina de meu apartamento, depois dos treze anos em que sua mãe o fazia. Relações de grande confiança levam tempo para serem construídas, mas duram. E aí está uma boa base para avançar nas relações de trabalho e de cuidado, como a que envolveria meu pai. Um trabalho paulatino, pois também ele precisava confiar e aceitar ser cuidado. Um trabalho lento, pois precisávamos, todos nós, aprender o que fazer a cada novo momento em sua nova condição de vida. Precisávamos de conversas constantes.

Alguém tão independente como ele não aceitava facilmente ter alguém por perto todo dia. Nem mesmo para cozinhar, preparar o que ele podia comer, dadas as restrições alimentares para que não passasse mal (já tinha tido um AVC, colocado ponte de safena, retirado um pedaço do intestino devido a um câncer, e a vesícula). "Sou passarinho livre", dissera uma vez.

A solução para aquela etapa, em que ele ainda conseguia andar sozinho pelas ruas do bairro, foi convidá-lo para vir à minha casa todos os dias na hora do almoço. Contratei a Cida como cozinheira e passei a fazer reuniões de trabalho no meu apartamento. Naquela época, eu era sócia de uma empresa de consultoria, cuja sede era em meu apartamento, onde fazíamos reuniões com nossos colaboradores e clientes.

Meu sócio almoçava em "nossa sede", e as conversas aconteciam em inglês, pois ele não falava português. Falar em outra língua era estimulante para meu pai, que acabava exercitando uma língua que não usava havia décadas, e a memória, que falhava. A alimentação precisava ser atrativa: sempre muito variada, colorida e saudável, fruto de pesquisas sobre alimentação orgânica. Algo que atraiu muitos convidados para o nosso *networking*. As sessões de almoço foram batizadas de *M'eating Point*. Mais de uma vez apareceram engenheiros, ex-alunos do meu pai, e a conversa era estimulante para todos. E eu podia estar presente com ele, todos os dias, mesmo que rapidamente, viabilizando uma rotina com horários e afetos.

O acolhimento é uma modalidade complexa do agir na presença do outro, como diz o psiquiatra Bernard Honoré, cujas pesquisas se baseiam na filosofia existencialista, pois acolher ocorre simultaneamente com o ser acolhido. Há um duplo sentido no acolhimento, que caracteriza a existência ao longo de toda a vida, do nascimento à morte, pois somos lançados ao mundo que nos recebe e que recebemos. E esse duplo sentido se encontra em toda situação, de modo que "há uma ambiguidade existencial do acolhimento, que é a da forma e de sua formação, como o do corpúsculo e da onda".

> Eu recebo o outro com e nas minhas formas: palavras, gestos, representações, imagens, interpretações. Para comunicar, eu retenho de suas próprias formas aquelas que permitem estar em *correspondência*. Nós podemos nos ensinar mutuamente as formas que pertencem a cada um. Mas eu posso também – desde que eu tenha a intenção – "tentar tornar-me presente", portanto, sair de mim, ir para o entre-dois e ficar na espera que o outro saia também de si mesmo, desvelando como eu sua origem e seu projeto, colocando-se comigo a caminho da intercompreensão. Segundo o que prevalece, abertura ou apropriação, desvela-se mais ou menos a formatividade do encontro.[3]

Enquanto acolhia meu pai em suas necessidades e angústias daquele momento de sua vida, também afloravam as minhas, sobre o inevitável envelhecimento e a morte que aguardam todos nós. Sobre isso pude falar com meu irmão, que fazia parte dessa rede de acolhi-

---

3. Honoré, Bernard, *Vers l'oeuvre de formation*, L'Harmattan, 1992, p. 203 [grifo do autor].

mento, também criando projetos, como os exercícios de memória, as práticas de tai chi, as sessões de meditação no Mosteiro de São Bento, as conversas entre pai e filho e os passeios no parque, também com a presença dos netos. E celebrações várias: aniversários, ceias de Natal, e as várias conquistas de aprendizados. Ao dar um abraço também somos abraçados.

Com o *M'eating Point*, todos eram acolhidos, cada um em sua necessidade: eu, que precisava evitar ao máximo os agrotóxicos, devido a uma síndrome no sistema nervoso (vaso vagal); meu sócio, que queria emagrecer e fazer sessões de *networking* frequentes; meu pai, que adorava conversar, e a Cida, que tinha voltado a estudar (na época, não tinha terminado o ensino básico) e queria aprender a cozinhar. O *M'eating Point* era o seu laboratório, que nos acolhia e a acolhia em seu próprio projeto de formação (Cida finalizou a escola básica, que havia abandonado na juventude, fez um curso técnico de Nutrição e, atualmente, faz outro, de Cozinha, também na ETEC, onde está fazendo novos amigos e encontrando motivação para cuidar mais da própria saúde).

O projeto do *M'eating Point* era bastante lúdico, assim como muitos tipos de Registros para ajudar a organizar tudo, nas diferentes etapas do acompanhamento da velhice de meu pai. Os desafios eram vários. Na época do *M'eating Point* eram as receitas, os cardápios e a lista de compras, posteriormente eram a passagem de turnos das acompanhantes e folguistas, as adaptações necessárias no apartamento, o controle das despesas, os vários remédios e seus horários, a agenda das atividades, o arquivo de todos os recibos e a preparação da planilha para todos os irmãos, o "Diploma" de um ano de trabalho da Jaqueline como acompanhante (ver Figura 4.1), entre outros.

Figura 4.1 – Diploma de Jaqueline. O diploma de Jaqueline marcou um ano de acompanhamento, seus aprendizados e nosso agradecimento.

> **Jacqueline,**
>
> **Muito obrigado por tudo!**
>
> Você está exatamente há 1 ano cuidando de nosso pai...
>
> Neste período ele fez muitas conquistas importantes e você esteve ali, orientando, incentivando, cuidando de cada passo.
>
> Além de cuidar dele, você também foi aprendendo coisas importantes para o trabalho (como colocar vírgula embaixo de vírgula nas contas do supermercado e caligrafia), demonstrando que todos nós, em qualquer momento da vida, podemos ainda aprender e superar nossas dificuldades se tivermos força de vontade e empenho. E você teve!
>
> Observando o dia a dia, percebemos sua organização, responsabilidade, iniciativa e criatividade, além de firmeza e afetividade enormes!
>
> **PARABÉNS!**
>
> **Todos nós te agradecemos de coração!**
>
> **Da família Warschauer**

Os Registros davam suporte também aos aprendizados necessários para a continuidade e o eterno recomeço, a partir das novas condições apresentadas: cadernos de caligrafia para melhorar a letra das acompanhantes e poder entender o que cada uma escrevia no Diário (com as narrativas de como tinha sido o seu turno, os horários das refeições, as ocorrências e os comentários diversos), cadernos de cálculo para registros das entradas e saídas de dinheiro na movimentação com as compras de manutenção da casa, remédios e alimentação, que elas também faziam.

O Luto

> *"Aprender é subtrair, retirar o excesso, despir-se de conceitos, valores, hábitos que sufocam, que impedem o voo, que retiram do humano o direito de 'ser mais', de ser o dono do próprio destino."*
>
> Alberto Caeiro

Não foi fácil. Não sei se para alguém teria sido. Mas, certamente, partilhar essa experiência com amigos ajudou. E muito. E-mails, telefonemas, conversas, escritas várias. Também a continuidade dos encontros com as cuidadoras foi importante para elas e para mim, em um acompanhamento mútuo, um acolher e ser acolhido, também nessa nova etapa. Nesses encontros falávamos das mudanças de vida de cada uma, pois encerravam ali um grande período de dedicação exclusiva, em turnos de 12 horas. Após alguns anos, Jaqueline passaria a fazer parte da rede de cuidadoras de minha mãe.

Somente anos depois consigo identificar e expressar alguns dos aprendizados desse processo. Um deles foi o da transitoriedade, da impermanência de tudo. E de que a cada momento a vida oferece um sentido, mesmo na dor, na doença e na hora da morte. Acompanhá-lo naqueles anos e vivenciar o longo luto foi transformador. Uma transformação no *sentir*. Encontrei mais coragem para correr riscos. E compreendo melhor o que Viktor Frankl, psicólogo sobrevivente dos campos de concentração, escreveu: "inerente ao sofrimento há uma conquista, que é uma conquista interior. A liberdade espiritual do ser humano, a qual não se lhe pode tirar, permite-lhe, até o último suspiro, configurar a sua vida de modo que tenha sentido".[4] É o que Frankl vivia e ensinava nos campos de extermínio. E que depois, até

---

4. Frankl, Viktor. *Em busca de sentido*. São Leopoldo: Editora Sinodal, 2005, p. 67.

os 92 anos, continuou ensinando em seus livros e trabalhos, inclusive introduzidos no acompanhamento de doentes terminais de câncer. Como foi o caso de meu pai.

> O que se faz necessário aqui é uma viravolta em toda a colocação da pergunta pelo sentido da vida. Precisamos aprender e também ensinar às pessoas em desespero que *a rigor nunca e jamais importa o que nós ainda temos a esperar da vida, mas sim exclusivamente o que a vida espera de nós.* Falando em termos filosóficos, se poderia dizer que se trata de fazer uma revolução copernicana. Não perguntarmos mais pelo sentido da vida, mas nos experimentarmos a nós mesmos como os indagados, como aqueles aos quais a vida dirige perguntas diariamente e a cada hora – perguntas que precisamos responder, dando a resposta adequada, não através de elucubrações ou discursos, mas apenas através da ação, através da conduta correta. Em última análise, viver não significa outra coisa que arcar com a responsabilidade de responder adequadamente às perguntas da vida, pelo cumprimento das tarefas colocadas pela vida a cada indivíduo. Pelo cumprimento da exigência do momento.[5]

Minha resposta, neste momento da vida, é partilhar o que aprendi nesse processo de acompanhamento de meu pai, como as estratégias já citadas, e a elaboração do luto. O que pode ajudar outros ao viverem situações semelhantes.

Quanto aos aprendizados interiores, identifico uma grande mudança que está repercutindo também no campo profissional. Era difícil, inicialmente, colocar em palavras. Era só um sentimento estranho: um certo alívio de que tudo ia acabar, e também a minha vida. Mas não era algo triste, e sim o inverso. A concretude do fim deu-me mais coragem

---

5. *Idem*, p. 76 [grifos do original].

para viver cada um de meus desejos, e mais garra para os projetos de realizá-los. Estou mais corajosa e ousada.

Também me percebo com uma empatia ainda maior por aqueles que se deparam com seus medos e fragilidades. Os medos no cotidiano são vários. E às vezes são fortes. Inclusive no ambiente de trabalho, podendo ser expressos pelo seu inverso, em forma de arrogância e de agressividade, em recusa a participar das Rodas, daquilo que pode expor suas fragilidades ou que dói. Mas também mais capaz de acolher e a ajudar na sua (trans)formação.

Alguns registros foram de grande ajuda. E não só os textos para mim mesma, em um Diário, mas também os partilhados com outros, que exigiam uma busca de palavras mais conscientes, porque dirigidas a um leitor em potencial. Foi o caso de vários posts em meu blog:[6] "Dia dos Pais" (11/8/2013), "Transições de vida e trabalho de luto" (22/8/2016) e "Aprender a viver e a morrer, graças aos amigos" (30/8/2016). A cada texto algo se transformava em mim. Também a escrita deste capítulo foi um processo forte no sentido de elaboração. Desde a visão das várias etapas de uma longa história, colocando-as em relação umas às outras, até a sua inserção em contextos maiores. A escrita evidenciava, mais uma vez, seu potencial (trans)formador.[7]

E, ao partilhar o que aprendi, acredito poder ajudar filhos, filhas, netos ou netas que buscam caminhos para acompanhar a velhice e as limitações de seus pais ou avós. É o que percebo quando conto algumas das estratégias criadas no processo que vivi.

---

6. Cf. <http://ceciliawarschauer.blogspot.com.br/>.

7. Tenho tratado deste tema em diferentes momentos e perspectivas. Cf. "O Registro" no livro *A Roda e o Registro*, "A escrita como oportunidade formativa" em *Rodas em Rede* e "Escritas que curam" neste livro.

Dia dos Pais
(Domingo, 11 de agosto de 2013)

Meu pai era um curioso. E voltado para as pessoas, ajudando-as no que podia. Ele se metia em diferentes áreas, certo de que poderia aprender. E ajudar. Às vezes, exagerava. No final da vida, com a memória falhando, dava dinheiro para os mendigos na rua, que riam dele, pedindo dinheiro seguidamente, pois percebiam que ele não se lembrava de ter acabado de dar. Eu tentava explicar e dissuadi-lo. Não sei se ele não acreditava ou se sua vontade de ajudar era maior do que qualquer outro argumento. Continuava dando.

Não deve ter sido uma criança fácil. De enorme inteligência, deve ter aprontado muito. Histórias que só me contou quando já idoso, quando as lembranças do passado eram mais vivas do que as recentes, como a da festa do limpador de chaminés (nunca entendi o que era isso, nem ele sabia mais explicar). Nessa ocasião, seu pai insistia em que ele teria que ir à festa. Ele teimava que não iria. Até que o pai perdeu a paciência e partiu para a surra. Mas o esperto correu atrás da mãe e disse: "Que feio, um homem tããão grande (e meu avô era, de fato, um homem grande) batendo numa criança tããão pequena..." E assim driblava a figura de poder. Seu pai, também inteligente, fazia o mesmo. E assim escapou de Hitler. Exercícios de astúcia, inteligência, criatividade. Sintonia com as condições do presente para conseguir o que queria para o futuro, próximo ou distante. Meu avô queria levar a família para outro continente e livrar as gerações futuras do que ele julgava que seria, sempre, motivo de perseguições: o fato de ser judeu. Viajou o mundo e escolheu o Brasil, pois aqui via a convivência de diferentes raças. Mesmo assim, converteu-se ao catolicismo assim que chegou com todos. Era determinado. Assim como o filho, que não foi à tal festa.

Meu pai se entregava de corpo e alma ao que acreditava. Se precisasse, escondia seus feitos. Era teimoso (ou perseverante?). Talvez tenha aprendido isso com seus pais, que conversavam escondidos, sempre no carro, porque diziam que as paredes tinham ouvidos. E tinham. Foram muitas as artimanhas para escapar da Alemanha, sempre escondendo algo. Meu pai contava que um dos planos de fuga incluía enviar dinheiro dentro de um exemplar do jornal do dia para o hotel Haus Holub, na Checoslováquia, em nome de um hóspede inexistente, de modo que o jornal ia parar na mesa do dono do hotel, que era seu amigo. Assim, nem os funcionários do hotel sabiam o que se passava. E o dono do Haus Holub guardava o dinheiro para meu avô pegar quando, efetivamente, fugisse da Alemanha. E assim não deixaram rastros, o que seria um perigo para quem soubesse de algo, inclusive para o amigo.

Numa época, lembro de ver meu pai com uma infinidade de artigos de jornal e de revistas sobre a mesa do escritório com tudo o que mencionasse uma tal empresa que produzia licores. Fazia muitos cálculos financeiros. Queria mensurar o valor de um invento: uma receita de licor que continuava a gerar lucros para a empresa, inclusive depois de ter demitido a pessoa que a criou. Acabou estudando questões de Direito para o processo aberto pelo inventor. Seu trabalho foi elogiado nos autos pelo juiz, pela qualidade do laudo apresentado. Lembro-me do orgulho da filha ao ler aqueles elogios ao trabalho do pai.

Mais curioso foi acompanhá-lo tentando descobrir por que pacientes internados no Hospital das Clínicas com insuficiência renal morriam de pneumonia. Estudou o ciclo de vida da Legionella pneumophila. Descobriu a temperatura em que essa bactéria se reproduzia e partiu para investigar possíveis locais onde essa condição existia. Era na tubulação do aquecimento central do hospital. Sua proposta de desligar esse aquecimento e instalar simples chuveiros elétricos no lugar foi motivo de piada. Demorou. Mas trocaram, e as mortes pararam. O caso virou artigo científico.

Um curioso. Um pesquisador a serviço da vida. Que não via limites para a busca de soluções pela via dos livros e de novos aprendizados pela prática, pelas tentativas e erros. Mesmo tendo nascido judeu e se tornado um católico convicto, comprou o Alcorão e lá foi ele tentar a leitura do livro para se aproximar de uma pessoa querida que havia se convertido ao islamismo.

Pelas gerações de minha família, percebo que muita coisa foi escondida. Às vezes, dos próprios membros da família. Estratégias para aprender a viver e a cuidar uns dos outros. Por mais estranho que possa parecer. A vida não é sempre luz. A sombra caminha junto.

Em minha vida, percebo vários traços de minha herança presentes na maneira como tenho enfrentado muitas situações. O medo, frequentemente presente, mas também a criatividade e o bom humor. Assim como a certeza de que tenho sempre algo precioso a aprender. Como as enchentes na casa onde morava, os dois acidentes de carro, o sequestro. E tantas outras, menos dramáticas, mas não menos ricas de oportunidades para aprender coisas. E aprender a ser a pessoa que sou.

Neste dia, envio ao universo um agradecimento aos pais. A todos aqueles que inspiram suas filhas, seus filhos. E, certamente, uma homenagem ao meu pai. E ao pai dele, que não cheguei a conhecer. E também aos que vieram antes.

Fica aqui o meu agradecimento a todas as pessoas que me acompanharam e ajudaram de diferentes formas, no longo processo de cuidar de quem cuidou de tantos. Há momentos decisivos na vida, que nos dão a clara percepção de que somos só um pequenino nó na rede de relações, permeada pelo mistério. E que só a força dessas relações permite estar plenamente presente diante Dele.

Em forma de contribuição à rede de amigos e de leitores, reproduzo aqui o poema de um físico, poeta, educador e amigo querido, que esteve presente em muitos momentos cruciais de minha vida. Com a palavra, Luis Carlos de Menezes:

>Saberes e sabores[8]
>
>I
>Saber que o encontro
>qualquer encontro
>não pode ser reeditado
>
>II
>Notar que a vida é sempre
>preparação da vida
>e vice-versa
>
>III
>Ser impecável aprendiz
>De ser feliz
>com a delicada atenção
>de uma paixão
>
>IV
>Saborear sem restrições
>a transitoriedade da existência
>com o respeito que merecem
>as coisas da eternidade

---

8. Menezes, Luis Carlos de. *Lições do acaso*. São Paulo: Ateliê Editorial, 2009, p. 31.

PARTE II

A Metodologia Roda & Registro

5.
A história de Roda & Registro

> *"Considero que é mais útil contar aquilo que vivemos do que estimular um conhecimento independente da pessoa e uma 'observação sem observador'. Na verdade, não há nenhuma teoria que não seja um fragmento de uma qualquer biografia."*
>
> Paul Valéry

Durante as várias práticas em que utilizei Rodas e Registros, muitas já documentadas nos dois livros anteriores, a Metodologia Roda & Registro (R&R) foi sendo sistematizada e estruturada, sobretudo ao entrar no campo empresarial. A diversidade e a riqueza das experiências profissionais e de vida dos novos integrantes das Rodas ajudaram-me a definir o que era específico de cada contexto e o que era genérico da metodologia.

Se por um lado temos contextos diferentes de trabalho e grupos com objetivos específicos, por outro, temos pessoas com histórias de vida, famílias e desafios comuns. A perspectiva de Autoformação, que tratei teoricamente em *Rodas em Rede*, mostrou-se de grande significado para os diferentes universos de trabalho, tanto na formação de profissionais da Educação – professores, coordenadores pedagógicos, diretores de escola – quanto na de profissionais do mundo corporativo, dos mais variados setores: siderurgia, indústria farmacêutica, aeronáutica, serviços, seguros, telefonia celular, plásticos, internet. Em todos esses universos profissionais havia *pessoas* em formação.

O profissional é uma pessoa, e uma parte importante da pessoa é o profissional. Na frase original,[1] Jennifer Nias referia-se aos professores, mas ela é válida para profissionais de outras áreas, sobretudo para aqueles que lidam com equipes e gestão. Mesmo quando o maior (ou único) objetivo é o de ter profissionais eficientes e motivados também no longo prazo, as estratégias de formação que aproximam as dimensões pessoais e profissionais são as mais eficazes. Além de prazerosas e plenas de significado para quem as vive.

Em minha tese de doutorado, finalizada em 2000, defendi a importância da perspectiva daquele que se forma e de espaços para a pessoa nas instituições a partir de reflexões sobre suas experiências pessoais e profissionais. Por isso, na tese, abordei minha história de vida analisando as experiências tanto como aluna e como professora de crianças, jovens e adultos quanto como coordenadora pedagógica e professora universitária. Fazia, então, o caminho que propunha que outros fizessem nas ações de formação.

> A formação não se constrói por acumulação (de cursos, de conhecimentos ou de técnicas), mas sim através de um trabalho de reflexividade crítica sobre as práticas e de (re)construção permanente de uma identidade pessoal. Por isso é tão importante *investir a pessoa* e dar um estatuto ao *saber da experiência*.[2]

---

1. "O professor é uma pessoa. E uma parte importante da pessoa é o professor". Nias, Jennifer. "Changing times, Changing identities: Grieving for a Lost Self". *In Educational Research and Evaluation* [R. Burgess, ed.]. Londres: The Falmer Press, 1991.

2. Nóvoa, António. "Formação de professores e formação docente". *In*: Nóvoa, António (coord.). Os professores e a sua formação. Lisboa: Publicações Dom Quixote, 1992.

Após a defesa da tese, procurei abrir novos espaços para as pessoas em seus contextos de trabalho, e não apenas na área educacional. Desde então, conduzi atividades de formação com diferentes formatos, locais e durações. Evitei atividades muito curtas, para poder viabilizar a transformação de concepções e práticas, frutos de vidas inteiras, o que não se dá do dia para a noite. Trata-se da reconstrução de uma identidade pessoal, que está por trás das ações e da identidade profissional.

Citarei, a seguir, alguns desses contextos de trabalho nos quais recriava as Rodas e Registros, levando em conta os objetivos específicos de cada grupo e tendo como pano de fundo essa concepção de formação. Dentre essas práticas, destaco:

- FORMAÇÃO DE COORDENADORES PEDAGÓGICOS da Prefeitura de São Paulo. Esses profissionais trabalhavam em escolas de Educação Infantil da Prefeitura de São Paulo do NAE-4 (distritos de Anhanguera, Barra Funda, Vila Jaguara, Jaraguá, Lapa, Perdizes, Perus, Pirituba e São Domingos). No decorrer dos próximos capítulos, para identificar os depoimentos dos participantes desse grupo de Coordenadores Pedagógicos, eu os identificarei como "CP" junto ao referido depoimento. Tínhamos encontros quinzenais, realizados em 2001 e 2002.

- FORMAÇÃO ON-LINE "A Teoria e a Prática das Rodas e Registros no Cotidiano do Educador". Ofereci essa modalidade de formação pela internet, para a qual se inscreveram 14 pessoas, 12 delas professores e pesquisadores universitários do Rio Grande do Sul que já se conheciam e faziam, presencialmente, Rodas de Formação inspiradas no livro *Rodas em Rede*. Utilizavam essas Rodas como estratégia de formação de seus alunos e orientandos, experiências que relataram em nossas "Rodas virtuais". Quinzenalmente, cada um escrevia um texto, que era distribuído aos demais por e-mail, a partir de um primeiro que eu lhes enviava com textos, questões e pontos de reflexão sobre algum dos aspectos da Metodologia R&R. Cada participante escrevia seu texto com relatos de suas práticas, suas reflexões, seus pontos de vista, e também comentando os textos dos demais. Essa Formação On-Line, que passarei a chamar de FOL, teve duração de cinco meses, em 2011.

- Curso de business intelligence, para especialistas em segurança de uma empresa de aeronáutica, propiciando: a construção de vínculos de confiança necessários para a partilha das informações da área de inteligência, a diminuição da subjetividade no Registro das entrevistas e na escrita de relatórios e a formação de líderes para prosseguir com a prática de gestão participativa da equipe. Os depoimentos desse grupo serão identificados por "BI". Nossos encontros eram semanais, durante cinco meses, em 2008.

- Formação da área comercial em uma empresa farmacêutica, na área de oncologia, envolvendo seus três níveis hierárquicos: representantes, gerentes e diretor. Farei referência a essa empresa por "FM". Encontros geralmente quinzenais, durante dois anos, em 2008 e 2009.

- Desenvolvimento organizacional pela implantação da Metodologia Roda & Registro em uma empresa de gestão de risco no e-commerce, envolvendo todos os níveis hierárquicos, do presidente aos analistas, em um total de setecentos colaboradores. Passarei a identificá-la como "CS". Nessa empresa, tínhamos, em média, atividades de formação três vezes por semana, durante cinco anos, desde 2010.

Foi a partir dessas práticas e da reflexão sobre elas que acabei por sistematizar uma metodologia propriamente dita. A Metodologia Roda & Registro, que apresento neste livro. Assim, ao longo dos próximos capítulos, nos quais colocarei em evidência os elementos dessa metodologia, trarei também depoimentos[3] dos participantes desses grupos de formação, evidenciando seus pontos de vista, referindo a seu contexto específico. Dessa maneira, acredito que sua compreensão será favorecida, assim como sua aplicação, seja em um único grupo ou em uma organização como um todo. Nesse caso, além de trabalhar no desenvolvimento de pessoas e de equipes, ela se torna suporte de desenvolvimento organizacional. Quanto mais as pessoas evoluem, pessoal e profissionalmente, mais evoluem as organizações em que trabalham. Quanto mais estas evoluem, a partir do desenvolvimento de seus profissionais e de suas equipes, mais se tornam ambientes favorecedores do desenvolvimento das pessoas. Esse foi o nosso projeto na CS, cuja história conto na Parte III – "Uma empresa em (trans)formação" – deste livro.

---

[3]. Como regra geral, optei por citar apenas o primeiro nome dos participantes dos grupos, tendo-os consultado, na ocasião da escrita deste livro, quanto à anuência e ao desejo de ter seu nome verdadeiro ou fictício escrito junto a seu texto. Essa consulta pareceu-me importante uma vez que os referidos textos foram escritos como parte das atividades de formação, portanto dirigidos a um grupo específico. Entretanto, no caso das CPs e dos profissionais de segurança, não tive como entrar em contato, alguns se aposentaram, outros mudaram de local de trabalho e, nesses mais de dez anos, muitos e-mails de contato mudaram. A maioria dos participantes da FOL tem seus nomes completos mencionados em nota de rodapé, conforme acordamos, o que faço na primeira vez em que são referidos.

6.
A Autoformação como base

"Quem olha para fora sonha, quem olha para dentro acorda."

Carl Gustav Jung

Existem várias correntes de Autoformação, diferentes e/ou complementares, conforme identificou Philippe Carré.[1] São elas: a existencial, a integral, a cognitiva, a social e a educativa. Segundo essa classificação, refiro-me à *corrente existencial*, que por sua vez se liga à ideia de formação permanente, que se prolonga por toda a existência – por isso permanente – e à formação experiencial, sendo também holística e crítica.[2]

A corrente existencial da Autoformação amplia e aprofunda a formação, envolvendo ativamente o profissional em seu próprio processo de desenvolvimento. Para Gaston Pineau, pesquisador francês que é referência nessa abordagem, a formação é o resultado de nossas interações conosco, com os outros e com o ambiente. Em sua "teoria tripolar da

---

1. Carré, Philippe *et alii*. *L'Autoformation*. Paris: PUF, 1997.

2. Para conhecer mais sobre as correntes de Autoformação, consultar "A construção de conceitos" no livro *Rodas em Rede* e o texto "As diferentes correntes da Autoformação", disponível em: <www.rodaeregistro.com.br>.

formação", Pineau trata de cada uma dessas interações, chamando-as, respectivamente, de Autoformação, Heteroformação e Ecoformação, sendo a Autoformação o seu componente mais importante. *Rodas em Rede* é baseado em sua teoria tripolar da formação, sendo cada parte do livro dedicada a um desses três polos da formação.

Pelo fato de já ter abordado a Autoformação anteriormente, não vou me aprofundar aqui em seus aspectos teóricos. Meu objetivo maior agora é contar como a tenho utilizado em diferentes práticas de formação, desde as delineadas com esse objetivo até práticas profissionais, nas quais a formação ocorre enquanto se trabalha e potencializa-se quando criamos oportunidades formativas, como a reflexão sobre a própria prática, as trocas de experiências, a criação de espaços para a pessoa, para além do profissional.

Praticar a Autoformação é uma experiência nem sempre confortável de revisão de nossas histórias de formação. Identificar em nossos percursos, nas várias escolhas feitas, "o que fiz com o que os outros quiseram fazer de mim", como disse Sartre, significa assumir a própria vida nas mãos. Demanda coragem para assumir sua história como *sua*. Apesar das limitações impostas pela realidade, cada um de nós se desvela nas várias encruzilhadas ao optar por um caminho ou outro, ao fazer escolhas. Nem que seja a de não escolher. Essa é a perspectiva da Autoformação.

Autoformação não significa formar-se só. Pelo contrário, a reflexão individual é potencializada quando se tem um grupo para partilhar, pessoas em quem confiamos para revelar dificuldades, pontos de vista e ouvir seus ecos, ponderar sobre o que os outros refletem daquilo que lhes revelamos de nós. Tradicionalmente, a formação é conduzida por especialistas que detêm o poder da formação de outros, definindo os conteúdos que acreditam necessários, estabelecendo as interpretações e definindo os rumos dos seus processos de formação. Usam, para isso, seus próprios parâmetros, sempre subjetivos, porque derivados de uma visão particular de homem e de mundo. Como decorrência, as pessoas em formação dificilmente desenvolvem todos os seus potenciais, ou mobilizam os seus talentos.

De uma maneira sintética, podemos comparar essa abordagem tradicional, heteroformativa, com a da Autoformação da seguinte maneira:

Quadro 6.1 – Heteroformação *versus* Autoformação

HETEROFORMAÇÃO (*hetero* = outro, diferente)	AUTOFORMAÇÃO (auto = si mesmo)
• Não se fundamenta no efetivo engajamento daquele que se forma. • O professor sabe e o aluno recebe os ensinamentos. • Baseada na transmissão de conhecimento ("de fora para dentro"). • Classifica as pessoas, define níveis de ensino a partir da lógica do OUTRO.	• Envolve ativamente a pessoa em seu próprio processo de desenvolvimento. • O professor é um mediador. • Baseada nas experiências dos adultos (também aquelas ligadas ao conhecimento), analisa-as, extrai os sentidos para si, faz escolhas e se responsabiliza pelo seu processo de formação ("de dentro para fora"). • É um trabalho reflexivo, individual, mas não solitário. Pelo contrário, partilhar suas experiências dá nova dimensão à tomada de consciência e a suas escolhas futuras.

No caso da Autoformação, o especialista da formação atua como *mediador* dos processos singulares ao criar oportunidades para a reflexão e para o desenvolvimento mais amplo e profundo de cada pessoa, de cada profissional, que está sob seus cuidados. O formador *acompanha* a formação do outro, por meio de dinâmicas de grupo e de atividades individuais, proporcionando a articulação de reflexões e visões de mundo singulares. Nesse processo, cada profissional cresce ao descobrir e desenvolver suas potencialidades, sua identidade. O profissional-pessoa entra em contato com a sua subjetividade, o que favorece um vínculo mais intenso *consigo*, com os *outros* e com o *meio* em que vive, tanto o profissional, o social e o cultural quanto o meio ambiente. Cada um desses contextos necessita da participação de todos para se desenvolver de modo sustentável.

Instituições e organizações dos mais diferentes setores necessitam de pessoas autoconscientes e disponíveis para agir em sintonia com as necessidades coletivas. Portanto, a Autoformação é um processo que amplia a disponibilidade individual para agir em prol dos grupos de pertença, a partir da contribuição de cada um.

Profissionais de diferentes setores deparam-se, no desempenho de suas atividades, com suas emoções e lembranças do passado. São essas marcas que muitas vezes definem sua maneira de agir no presente. É das experiências de vida, bem ou malsucedidas, que extraímos sentido, lições e construímos valores. Nas escolas, tanto os professores quanto seus alunos, ou nas empresas, tanto os líderes quanto seus subordinados, enfrentam as emoções de uns e de outros, frutos de suas histórias de vida, geralmente pouco conscientes.

Propiciar oportunidades autoformativas permite que a pessoa tome consciência das emoções suscitadas em sua prática profissional, assim como dos comportamentos a elas ligados, podendo libertar-se para novas possibilidades de relacionamento. Esse desenvolvimento pessoal-profissional resgata potencialidades pouco desenvolvidas pelo modelo tradicional de formação presente em todos os graus do ensino, da educação básica à pós-graduação, sobretudo pela primazia do racional, dissociado das emoções e dos sentimentos, do espaço do corpo e da singularidade individual.

> Realmente hoje, neste grupo, consegui colocar uma de minhas mais relevantes questões profissionais (meu elevado perfeccionismo/seriedade em detrimento da leveza/alegria e também a importância da intervenção do professor e do CP), encontrei pessoas que manifestaram as mesmas preocupações e, acredito, pudemos trocar e refletir sobre elas.
>
> *Miriam, CP*

> O grupo iniciou ansioso, desanimado e descrente, mas com o decorrer das reuniões tornou-se mais unido, mais consciente de sua força.
>
> *Júlia, CP*

> Ganhamos um pique novo. O grande desejo de se aposentar foi transformado em grande ânimo, entusiasmo.
>
> *Marta, CP*

> A experiência que tive nos últimos dois anos foi incrível. Quando vejo minha vida e seus *ups and downs,* posso dizer que passei a apreciar não só os *ups,* como costumava fazer, mas também os *downs.* Indo aos detalhes, buscando o porquê de algo ter sido dito ou feito, ajudou-me a entender melhor as pessoas. Apesar de acreditar que tenho um longo caminho a seguir, sinto-me mais equipado para canalizar meus pensamentos e minha energia. A experiência é a chave. E compartilhar e refletir sobre essas experiências fez para mim grande diferença.
>
> *Prashant, diretor na FM*

> Sempre acreditei que certos comportamentos, incrustados nas pessoas por anos, não pudessem ser mudados. Verifiquei, em mim mesmo e nos amigos da empresa, que isto não é verdade, que sempre podemos mudar para melhor, bastando que se queira, mesmo que demore ou que tenhamos recaídas.
>
> *Mauro, vice-presidente na CS*

7.
O que é a Roda

> *"As pessoas descobrem que quando não confiam umas nas outras e não desenvolvem aspirações e modelos mentais genuinamente compartilhados, nem as melhores novas ideias sistêmicas se traduzem em ação."*
>
> Peter Senge

Nos dois livros anteriores, através de narrativas e análise de práticas, fui construindo o conceito de Roda. É preciso viver para entender, entrar na Roda para compreendê-la. Por isso, naqueles livros contei histórias, mostrando como elas aconteciam com alunos (em *A Roda e o Registro*) ou professores (em *Rodas em Rede*). E, a partir delas, construí esse conceito, que, por sua vez, foi inspirado nas práticas e teorias de vários mestres. Paulo Freire, com os círculos de cultura, Madalena Freire, com suas Rodas de crianças e de educadores, Freinet, com a cooperativa escolar, entre outros. Naqueles livros, essa herança é explicitada.

Mas é preciso também destacar que a Roda não foi inventada por nenhum de nós. Ela é arquetípica e faz parte do universo humano desde os primórdios da civilização. E hoje é utilizada a serviço de diversos objetivos específicos e em diferentes formatos. Por exemplo, "círculos" são usados em variados processos de resolução de conflitos e na construção da paz, conforme descreve a americana Kay Pranis. Um dos casos específicos desses círculos é o da Justiça Reparativa, "que inclui todos os envolvidos (as vítimas de um crime, os perpetradores e a comunidade) em um processo de compreensão dos danos e de criação de estratégias de reparação dos mesmos".[1]

Outro exemplo é o da psiquiatra junguiana Jean Shinoda Bolen, que também trabalha com círculos, mais especificamente com "Círculos de Mulheres", por considerar que as mulheres têm um talento natural para eles.

> O Círculo é uma forma arquetípica que parece fundamental à psique da maioria das mulheres. Ele é pessoal e igualitário. Quando o Círculo é formado por mulheres em ambientes de trabalho ou comunidades, é frequentemente adaptado para se tornar aceitável e não ameaçador aos homens, que geralmente não consideram esta forma natural a eles – o Círculo intensifica as cooperações e aproxima emocionalmente as pessoas que trabalham juntas, proporcionando uma relação menos hierárquica.[2]

Retomo, a seguir, algumas características básicas da Roda, já tratadas nos livros anteriores, e acrescento outras. Desta vez organizando os elementos de maneira mais didática e sistemática para sua utilização como metodologia também para o mundo corporativo, predominantemente formado por homens, dominado por hierarquias, índices de produtividade, uso do poder e da persona.[3]

---

1. Pranis, Kay. *Processos circulares*. São Paulo: Palas Athena, 2010, p. 21.

2. Bolen, Jean Shinoda. *O milionésimo círculo – como transformar a nós mesmas e ao mundo – um guia para círculos de mulheres*. São Paulo: TRIOM, 2003, p. 20.

3. Persona é um termo utilizado pelo psiquiatra suíço Carl Gustav Jung como um de seus conceitos básicos. Persona, no teatro grego, é uma máscara usada na construção de uma personagem. Jung o utiliza para se referir ao papel que interpretamos para sermos vistos pelos outros e aceitos pelo grupo. Dependendo do ambiente social em que nos encontramos, podemos agir de maneira diferente para nos adaptar e pertencer ao grupo.

Não se trata aqui de opor as vivências de mulheres e de homens, mas sim de convidar características do feminino arquetípico a comparecer em ambientes marcados pelo princípio do masculino, intensificado pela cultura patriarcal. É este o convite que faço em *Entre na Roda!*. Um convite já aceito por muitos homens, muitos deles aqui representados por seus depoimentos. Alguns falam de sua resistência inicial, outros de seus questionamentos e dificuldades no processo, mas também dos ganhos após a adesão a essa outra lógica de trabalho e de convivência.

Depoimentos como esses poderão ajudar outros homens (e também mulheres) a entrar na Roda e enfrentar o desafio das mudanças interiores que acompanham as mudanças na forma de trabalhar. Esses depoimentos também podem ajudar os leitores a aproximar os conceitos e as vivências que tiveram no mundo do trabalho, e também na vida fora dele. Aproximar a teoria da prática. E aproximar a prática da teoria.

Esses depoimentos foram escritos durante a participação nas Rodas; eram Registros que acompanhavam o processo individual nelas e ajudavam na tomada de consciência das dificuldades, resistências e avanços. Registros esses também partilhados nas Rodas, que por sua vez alimentavam os processos de mudança dos outros participantes. Do indivíduo para o grupo. Do grupo para o indivíduo.

Rodas e Registros incorporados ao cotidiano de trabalho. As Rodas ganham profundidade com a ajuda dos Registros. E os Registros ganham sentido com a frequência das Rodas. Ambos a serviço da mudança, seja esta interior, seja de uma equipe de trabalho ou da cultura de uma empresa. E também de seu entorno: famílias e comunidade. Para a psiquiatra Jean Shinoda Bolen, os Círculos podem mudar o mundo. E ela fundamenta essa percepção na "Teoria do Campo Mórfico" do biólogo Rupert Sheldrake, segundo a qual uma mudança no comportamento de uma espécie ocorre quando uma massa crítica, isto é, certo número de membros, demonstra esse comportamento. Quando isso acontece, o comportamento ou os hábitos de toda a espécie são alterados. Mas essa é outra história.

O mundo muda, e com velocidade. As pessoas mudam para se adaptar e para recriar esse mundo, por elas tão afetado e já doente. Repetir as ações do passado, mesmo que bem-sucedidas em uma época, pode ter outro tipo de resultado. Entretanto, e paradoxalmente, refletir sobre as experiências vividas é um caminho importante para a criação do novo e de novos caminhos. Tanto no nível macro quanto no micro. Nas empresas e nas escolas.

> As grandes empresas que faliram ou foram para o brejo acreditaram tanto no sucesso que tinham que ficaram cegas. Não viram que o mundo avança. As tecnologias, os materiais, o gosto das pessoas, as economias, tudo muda, tudo evolui. [...] É preciso desconfiar de qualquer sucesso que você tenha tido na vida, uma vez que ele sempre acontece num dado momento, num certo ponto do espaço, numa linha do tempo etc. E nunca mais voltará a se repetir.
>
> Rafael Steinhauser[4]

Foi também o que aprendi com as 4ªs séries e contei em *A Roda e o Registro*. Tentei repetir o processo vivenciado com uma classe com a classe seguinte, mas os alunos não se envolviam, não havia significado para eles. Precisava descobrir novos caminhos e projetos que tivessem a cara (e o coração) do novo grupo de alunos. Sintonizar-me com a nova realidade apresentada.

Também no contexto empresarial, as Rodas e Registros têm de-

---

[4]. Trechos da entrevista de Rafael Steinhauser, presidente da Qualcom América Latina, publicada no jornal *O Estado de S. Paulo*, em 7/7/2013. Disponível em: <http://www.estadao.com.br/noticias/impresso,voce-deve-desconfiar-de-qualquer-sucesso-que-teve-na-vida,1051080,0.htm>.

monstrado ser ferramentas para a reinvenção, para buscar soluções *novas* para os *novos* contextos. Soluções que façam sentido para as pessoas, de modo que se comprometam com as soluções encontradas, porque se sentem parte delas. Mas nem sempre e nem em tudo. Há várias maneiras de explicitar o que é a Roda e sua complexidade. Entretanto, quando ela se constitui, extrapola qualquer forma objetiva de capturá-la. Há algo na esfera das sincronicidades, da afetividade, da emoção que quem vive sente. Em muitas de minhas Rodas vivi momentos que escapavam às palavras, mas embargavam a voz e marejavam os olhos, um sentimento de completude, por vezes fugaz, lembrando algo de transcendente.

Começo a descrevê-la, entretanto, de maneira bem objetiva: a Roda é uma continuidade de encontros com um mesmo grupo de pessoas, em uma frequência estabelecida para esses encontros, centrados nas reflexões e na sua partilha. É um espaço seguro para se conversar mais abertamente. Mas essa abertura é construída aos poucos. No primeiro encontro, o principal é a apresentação das características daquela Roda – objetivos, frequência e dia dos encontros – e as apresentações pessoais.

A Roda tem o diálogo como eixo. O que em si propõe aprendizados a serem realizados ou aprimorados, através do treino de algumas habilidades: *saber falar*, inserindo-se na malha de conversa; *saber escutar* o que o outro está falando, e não o que achamos que ele está dizendo; *colocar-se no ponto de vista do outro*, para analisar as situações de perspectivas diferentes, e também a *paciência* e a *tolerância*.

O conteúdo das conversas depende dos objetivos de cada grupo. Temas do próprio trabalho da equipe, assim como da dinâmica entre seus membros, construção de rotinas de trabalho, procedimentos, bases conceituais comuns, planejamentos e reflexões sobre os aprendizados individuais e coletivos, ou ainda alguns assuntos pessoais, por exemplo, ligados às histórias de vida.

Assim, mesclam-se temas variados, dos técnicos aos pessoais, ou vice-versa, porque por vezes é impossível separar as dimensões pessoais das profissionais, pois "o profissional é uma pessoa, e uma parte importante da pessoa é o profissional", conforme já citado.

Entre as atividades de uma Roda, muitas vezes o lúdico e a arte têm seu espaço e papel, tanto para a integração das pessoas quanto para a construção da confiança, mas também para exercitar a inteligência e as várias habilidades, como as relativas à comunicação, mas também para colocar-se em risco, saber perder, desenvolver a sensibilidade, evidenciar seus valores e, posteriormente, poder refletir sobre eles.

Um exemplo disso foi a atividade criada pelo diretor da área de TI na CS, a partir de um incômodo que apareceu como tema das Rodas da equipe de coordenadores de sua área. A descontração de uns, em seu processo criativo de trabalho, atrapalhava o trabalho de outros, que estavam já no período de entrega dos projetos e necessitavam de concentração e de silêncio para produzi-los. A solução não era algo simples, pois se evidenciava ali uma contradição: por um lado, estimulavam-se a descontração e o lúdico como partes do processo criativo (e havia tabuleiros de xadrez, jogo de dardos e bolas na grande sala), por outro, havia pessoas sentadas ao lado que precisavam de silêncio e de concentração. A atividade de formação iniciou-se com um jogo, que fazia uma caricatura da situação que viviam no andar, na qual os elementos eram exagerados, como o barulho resultante. Seguiu-se a essa atividade uma reflexão na Rodona, procurando que as pessoas no grande grupo (umas cinquenta) fizessem associações entre o que aconteceu no jogo e o que acontece na vida, inclusive na vida do trabalho deles. Em outros dias, outras atividades se seguiram, ajudando no aumento da sensibilidade e da percepção dos outros ao redor, em diferentes momentos e espaços de vida, no ambiente de trabalho ou fora dele.

Por vezes, atividades psicopedagógicas ou lúdicas também entram na Roda, com o objetivo de autoconhecimento e/ou para integração entre seus membros. Isso depende do momento do grupo. Nessas ocasiões, relatos pessoais e troca de experiências ajudam na construção dos vínculos. E todos aprendem: quem relata e quem ouve.

> Percebemos diante dos relatos que nossas dificuldades já foram sentidas e vividas por muitas CPs e isto de alguma forma nos acalenta, por percebermos que fazem parte do show e que iremos superar os desafios. A nossa identidade enquanto CP está sendo construída no nosso dia a dia e alimentada em nossos encontros. Certamente nos fortalecemos. Sempre que nos encontramos com nossos pares para refletir, sentimos que crescemos, aprendemos quando interagimos com o outro.
>
> *Bernadete, CP*

> Agora todo mundo sabe o que todo mundo está fazendo. Então, quando um começou a fazer uma tarefa, mas precisou se afastar para realizar outra, outro prosseguiu. Foi excelente!
>
> *Júlio, especialista em segurança, BI*

Construindo confiança

> *"Um Círculo precisa ser seguro. A linha que o define precisa estar intacta para que ele seja um Círculo. Esse limite é a habilidade de preservar o conteúdo, a condição para a confiança existir."*
>
> Jean Shinoda Bolen

Assim como a afetividade, a confiança está na base das relações humanas mais profundas, e das trocas verdadeiras. A confiança está por trás da possibilidade de ajuda mútua na solução dos problemas do cotidiano, que estão cada vez mais complexos, tanto nas instituições escolares, nas empresas, como também na vida familiar e comunitária.

Dependemos das relações de confiança. Dependemos uns dos outros. E cada vez mais.

Em um mundo de incertezas, onde não há certo e errado, mas uma realidade multifacetada, complexa e pontos de vista conflitantes, o exercício cotidiano de escutar o outro, acolhendo a sua lógica, mostra-se fundamental. Este é um dos objetivos da Roda: treinar escutar *o outro*, sem a rápida interpretação de suas frases a partir de nossas próprias preconcepções da realidade e preconceitos das pessoas, construídos durante nossa história de vida, geralmente sem a consciência delas. É um processo de aprendizagem. Muitas vezes de desaprendizagem de modos automatizados de pensar, agir e falar. Um processo que se inicia por ouvirmos a nós mesmos, percebendo nossos modos singulares de expressão e as motivações por trás dos pontos de vista que defendemos. Neste processo há, progressivamente, uma desobstrução dos próprios canais de comunicação e abertura para o outro, também propiciada pelo processo paulatino de conhecimento de si, das contradições que habitam nossa personalidade. Como diz Rubem Alves, "eu sou muitos".[5] Alguns desses "eus" um tanto estranhos à consciência que temos de nós mesmos no dia a dia. Observar esses "muitos" que nos habitam é um caminho para abrir-se para os outros, estranhos por natureza, mas também semelhantes quando compreendemos nossa natureza comum.

Segundo Edgar Morin, a complexidade é a coexistência de antagonismos. E não temos como simplificar uma realidade complexa tentando separá-la em partes, pois em cada uma delas reencontraremos a complexidade. À medida que aceitamos nossa natureza de seres complexos, multidimensionais e marcados por antagonismos, maiores as chances de aceitarmos os outros como seres também complexos, que escapam aos rótulos limitantes que frequentemente recebem. E quanto mais os aceitamos em sua complexidade, mais eles podem se revelar, porque não

---

5. Cf. Alves, Rubem. "Quem sou?". *In Concerto para corpo e alma*. Campinas: Papirus, 1998.

se sentem ameaçados, mas acolhidos. Quanto mais se sentem acolhidos, mais se permitem revelar e confiar, avançando em um processo espiralado de conhecimento mútuo progressivo. E de aceitação. Um processo que propicia um ambiente de confiança, de autonomia e Coformação.[6] Um ambiente formativo. Este é o processo que propõe a Metodologia Roda & Registro. Metodologia inspirada em Morin: "Não se pode reformar a instituição sem uma prévia reforma das mentes, mas não se pode reformar as mentes sem uma prévia reforma das instituições."[7]

E não acontece de um dia para o outro, nem apenas em um único encontro. Há um processo a ser vivido. Um processo que demanda tempo e paciência, algo que a vida moderna nos tem roubado (com nossa anuência), progressivamente, nos vários âmbitos de nossa vida. No ambiente de trabalho, por exemplo, algumas vezes nos deparamos com metas inexequíveis e prazos muitos curtos. Há pouco tempo para comer, quando não o fazemos durante reuniões. Pouco tempo para as relações pessoais, para as relações de afeto. Pouco tempo para o que realmente nos dá prazer e sentido na vida. Uma lógica a ser invertida. E não só pelas instituições e relações de poder que os outros nos impõem e a que devemos nos submeter "se tivermos juízo", pois somos nós, muitas vezes, esses "outros", os donos do poder, por exemplo, quando estamos no papel de empresários, imprimindo os ritmos de trabalho a funcionários ideais; de professores, encaixando as tarefas nos 50 minutos a todos os alunos, apesar das enormes diferenças entre eles; ou no de pais de família, reproduzindo uma rotina de falta de tempo para comer, conviver e conversar.

---

6. Quando trata da Coformação, Gaston Pineau se refere a uma experiência de intimidade, uma presença muito próxima a alguém, contrapondo à da solidão como seu inverso, mas também lembra o paradoxo, já evidenciado por existencialistas, de que uma grande solidão pode abrir a comunicações mais profundas. Pineau, Gaston. "Formation expérientielle et théorie tripolaire de la formation". *La Formation Expérientielle des Adultes*. Paris: La documentation française, 1991, p. 32.

7. Morin, Edgar. *A cabeça bem-feita: repensar a reforma, reformar o pensamento*. Rio de Janeiro: Bertrand Brasil, 2000, p. 99.

Não se constrói confiança através de pactos. Pactos podem ser quebrados. Não é na teoria, mas na prática. Nas várias oportunidades de convivência e na busca por soluções para os problemas cotidianos. As pessoas se desvelam e se formam nesse processo de convivência e de criação coletiva de soluções, se não as ideais, as possíveis. E também por meio da descontração e do lúdico, que propõem desafios e as aproximam. As pessoas se conhecem nesse processo. E, através dele, constroem vínculos de confiança mais duradouros e sustentáveis.

> Aqui o grupo acolhe, dá para falar nesse grupo porque não vai ser levado contra você, como acontece em outros grupos. Foi muito bom isso!
>
> *Jéssica, CP*

> Falar dos encontros que realizamos neste segundo semestre entre nós, CPs, e a Cecília é poder recordar bons momentos que, além de prazerosos, foram edificantes. Vivenciamos, de fato, Rodas de conversa. Os encontros funcionaram como uma terapia em que foi possível falar e ouvir, se expor e acolher a exposição do outro. Nessas Rodas, construímos um grupo marcado pela capacidade de acolher e pela disposição de falar e ouvir. Medos, falhas, dúvidas e ansiedades entraram na Roda sem espanto ou constrangimento. Acertos, conquistas, experiências positivas também entraram na Roda; sem brilhos, sem orgulho tolo, e tudo se transformou em ingrediente da formação.
>
> *Joana, CP*

> Observei que, com a intimidade que estamos adquirindo, a Cecília consegue intervir mais pontualmente com os participantes.
>
> *Márcia, CP*

Para viabilizar a exposição de temas sensíveis e pessoais é preciso que haja confiança. E para que haja confiança, a partilha dos temas sensíveis e pessoais tem um grande papel. Estamos de volta ao tema da complexidade. E, para ajudar a lidar com essa via de mão dupla, usamos a regra da Roda: "O que se fala na Roda fica na Roda", repetida a cada vez que algo sensível é partilhado. Mesmo sendo regra, também é uma construção, feita na prática. E permeada por antagonismos. Afinal, obviamente, o que vivemos na Roda não é para ficar ali, mas para se multiplicar. Um exemplo: em um dos grupos de supervisores na CS, tivemos uma crise quando nomes de pessoas que seriam promovidas foram divulgados antecipadamente, o que rendeu várias discussões sobre que tipo de informação pode ser divulgado e por quê, e a reflexão necessária antes de tal exposição. A discussão resultou em amadurecimento não só do grupo, como também das pessoas, individualmente, que levaram esses aprendizados para outros grupos da empresa, mas também para seus grupos de amigos e famílias.

A psiquiatra Jean Shinoda Bolen, que conduz os Círculos de Mulheres também concorda: "Se o que foi dito no Círculo não foi mantido confidencial é um problema de fronteira/limites para todo o Círculo (e não apenas um problema entre dois de seus membros). Se isso não for discutido e resolvido, o Círculo não será seguro para ninguém."[8]

Cito outro exemplo da importância da confiança entre os membros de um grupo. No grupo de especialistas em segurança (BI), os participantes pertenciam a duas áreas internas de segurança (segurança patrimonial e segurança da informação), que não interagiam em seu cotidiano. O conteúdo de Business Intelligence seria trabalhado com o uso da Metodologia Roda & Registro, em vez de uma transmissão em um modelo expositivo.

Por meio de atividades práticas, seus membros deveriam cooperar na solução de questões de segurança da empresa. Em meados do curso,

---

8. Bolen, Jean Shinoda, *O milionésimo círculo – como transformar a nós mesmos a ao mundo – Um guia para círculos de mulheres*. São Paulo: TRIOM, 2003, p. 89.

percebi que algo não ia bem. Faltas às Rodas com justificativas de excesso de trabalho e de falta de tempo. Eu não conseguia entender o que se passava. Seriam justificativas reais ou por trás delas havia algo a mais? Até que, em uma longa conversa individual com uma das pessoas do grupo, insisti para que me contasse sobre a rotina deles e o que ela sentia naquele momento. Depois de uma hora de conversa, ela revelou: "Há uma insegurança em compartilhar informações nas Rodas, as pessoas não confiam nas outras, porque, se falarem o que sabem, perderão o trunfo diante do gestor." Descobri que, até então, havia certa competição entre os membros da equipe, em busca de reconhecimento para o seu trabalho, sua meritocracia. O que a Roda propunha, de partilhar o que sabiam, reunindo partes das informações, era contra essa maneira de identificar os méritos, de avaliar o desempenho de cada membro, individualmente. Para mudar isso, precisava envolver o gestor nas Rodas.

Procurei o gestor, e conversamos sobre o que acontecia (com a anuência do grupo, pois eu também devo respeitar a "regra da Roda"). Depois, ele foi participar de uma das Rodas. Como regra geral, o gestor não participa das Rodas que faço com as equipes, exatamente para propiciar vínculos mais fortes entre seus membros, que podem se colocar mais livremente, sem a expectativa das avaliações constantes. Mas aquela era uma situação especial. Ele falou ali, diante de todos, que a partir daquele momento não haveria mais a consideração do mérito de maneira individual, mas o da equipe. Isso mudou tudo, tanto a frequência nas Rodas quanto o resultado das investigações de segurança. O próprio gestor, depois, revelou: "Casos que eles levavam um mês para solucionar, passamos a resolver em uma semana."

> No início do curso, ninguém demonstrava confiança entre os participantes, pois nunca haviam compartilhado informações relevantes de suas atividades. Como isso não era compartilhado, cada grupo achava o que bem entendia a respeito do trabalho dos outros. Com a implantação dessa nova

> Metodologia da Roda e Registro, criação da network, autoavaliação pessoal e profissional, as pessoas foram baixando a guarda, declarando fatos e sentimentos pessoais, tornando-se mais abertas ao relacionamento interpessoal. Com o passar das atividades, o grupo foi compreendendo que o trabalho de todos é importante para agilizar e conduzir a um resultado melhor do que se fosse feito individualmente ou em grupos separados.
>
> *Vinicius, BI*

Outro exemplo ocorreu na empresa FM, na qual o diretor agia de maneira agressiva, chegando a humilhar os membros das equipes quando estes não sabiam algo ou não atingiam suas metas. Na ocasião, eu tinha encontros com as equipes e também individualmente com ele, nos quais conversávamos acerca de episódios de sua vida, refletindo sobre eles e, aos poucos, fazendo relação com a maneira com que atuava com sua equipe. Que resultados ele pretendia conseguir agindo assim? Estaria contribuindo com o cumprimento das metas? Se seus gerentes não tinham as habilidades que ele esperava que tivessem, o que fazer? E quem os promoveu sem essas habilidades? Em um de nossos encontros individuais (que posteriormente passei a denominar Rodas de dois), ele levou um filme para assistirmos. Choramos os dois, diante das cenas de tomada de consciência de um dos personagens quanto à sua maneira abusiva de agir. Em uma cena especialmente forte, ele consegue pedir desculpas àquele que sofria por seus atos. Foi também o que ele veio a fazer diante de sua equipe, que custou a acreditar no que ouvia. Mas suas atitudes nos meses seguintes evidenciaram que suas palavras tinham lastro em uma profunda reflexão e transformação interna. Isso ocorreu um ano e meio depois de iniciarmos as Rodas. Nos meses seguintes, aproveitando a oportunidade de lançamento de um novo produto, ele fez algumas mudanças na equipe, redefinindo funções e convidando outros a participar. A campanha do novo produto foi acompanhada pela construção de um espírito de equipe inexistente até então. Foram meses de atividades de diferentes tipos, criadas pela própria equipe, que assumiu um espírito lúdico, criativo e de *muito* trabalho. O resultado desse processo foi o faturamento multiplicar por cinco.

Processos de transformação como esse levam tempo. E, nessa intensidade, são raros. Acho que só os grandes em espírito conseguem isso. Às vezes os encontramos meio perdidos no interior de uma pessoa cujas ações demonstram exatamente o contrário. Lembrei-me dessa cena ao ler um artigo de Ignácio de Loyola Brandão, no qual revela seus erros e seus aprendizados durante a vida, e pede desculpas publicamente. Eu me emociono ainda hoje ao reler esse artigo, "João Carlos Martins, pode perdoar?",[9] tanto pelo que diz Loyola Brandão quanto por me trazer de volta às cenas vividas com esse diretor da FM, cuja confiança estabelecida naquele contexto profissional propiciou também uma longa amizade que se estende pelos anos, mesmo vivendo em cantos opostos do planeta.

Alguns tipos de Roda

Basicamente, as Rodas variam de acordo com os objetivos de cada grupo e com o número de participantes. Uma modalidade específica é a Roda de dois. Ela tem seu foco no desenvolvimento individual, ao criar um espaço de maior privacidade e particularidade com relação às questões de cada um. Na escola, cuja história narro em *Rodas em Rede*, por exemplo, o acompanhamento de alguns professores era feito nessa modalidade, além das Rodas com grupos

---

9. Loyola Brandão, Ignácio de. "João Carlos Martins, pode perdoar?" *O Estado de S. Paulo*, 26/8/2011. Disponível em: <http://cultura.estadao.com.br/noticias/geral,joao-carlos-martins-pode-perdoar-imp-,763793>.

maiores. Também o de muitos gestores no universo empresarial tem sido feito em "Rodas de Dois", como no caso do trabalho com o diretor da empresa FM. Apesar de haver "só" duas pessoas, há um movimento circular, espiralado, que promove uma retomada das questões em níveis mais profundos, progressivamente. A imagem da espiral revela bem o movimento de formação, quando a parceria funciona e a "Roda gira".

Mas a Roda propriamente dita se desenvolve em grupos maiores, não em duplas. É nesses grupos que a partilha é potencializada. Como já destaquei em *Rodas em Rede*, partilha não é o mesmo que interação, nem "troca de experiências", pois a Roda não se resume a uma dimensão técnica. Não basta que haja intenção para que haja partilha; é preciso privilegiar aquilo que retorna às pessoas, aos significados que atribuem, aos aprendizados que fazem.[10]

Quanto ao número ideal de participantes nos grupos, é preciso considerar a frequência dos encontros e os objetivos. É possível fazer Roda com grupos grandes (30/40 pessoas), mas certamente a troca no grande grupo é mais superficial do que com grupos menores, de até 15 pessoas, por exemplo.

A partir dos objetivos, é possível criar dinâmicas de grupo diferentes. Por exemplo, associando uma grande Roda com momentos de partilha em pequenos grupos ou até mesmo em duplas. Foi o que fizemos nos workshops para farmacêuticos, repetidos em cinco hotéis, com grupos diferentes, com o tema "Rodas, Registros e Histórias de Vida: chaves para lidar com a subjetividade no trabalho e na vida pessoal", no qual a partilha das histórias de vida individuais foi feita em duplas e as discussões no grande grupo, a partir de depoimentos de voluntários quanto ao que aprenderam ao ouvir a história do outro e a contar a sua. Naquela ocasião, o objetivo era proporcionar uma expe-

---

10. Cf. capítulo "Rodas e Registros como estratégias de formação" em *Rodas em Rede*.

riência de desenvolvimento pessoal que surpreendesse aqueles convidados, acostumados a esse tipo de convite profissional no formato de palestras técnicas. Ali eles eram *pessoas* a refletir sobre si e a partilhar experiências de vida.

Apesar de os relatos no final dessas Rodas nos workshops evidenciarem o quanto foram significativas para seus participantes, é preciso destacar que faltou ali uma característica importante do que chamo de Roda: a recorrência, pois a Roda vivida uma única vez tende a perder seus efeitos no curto prazo quando voltamos à rotina. Entretanto, esses workshops foram o início de um relacionamento com a empresa que os promoveu, e que deu continuidade a essa concepção de formação com o grupo da área comercial, cujos membros também fizeram parte daqueles workshops, ao lado dos farmacêuticos convidados. Ali iniciamos os dois anos de trabalho com essa equipe e seus gestores no formato das Rodas em Rede. Quando as Rodas se dão em continuidade, e com o mesmo grupo de pessoas, seus efeitos têm maior alcance, pois podem ser incorporados às práticas profissionais (e também às pessoais). Nesse caso, a Roda é uma ferramenta para algo maior, uma *metodologia de (trans)formação*. Aprofundarei mais adiante essa característica das Rodas: a sua continuidade.

Já o formato das Rodas em Rede caracteriza-se por haver, numa mesma organização, vários tipos de Rodas, envolvendo os diferentes níveis hierárquicos. Por exemplo, Roda de sócios, Roda de diretores, Roda de gerentes, Roda de coordenadores, e assim por diante. Nesse caso, as Rodas se comunicam na Rede e alicerçam uma cultura. Cultura da conversa. Cultura da formação inserida no contexto de trabalho, potencializando os resultados individuais e coletivos. Esse foi o caso da empresa retratada na Parte III deste livro, e também da escola retratada no livro *Rodas em Rede*, daí seu título.

Os três momentos da Roda

> *"Surpresa é a prática de aceitar a inesperada interrupção, e a prática de deixar espaço suficiente no dia para que algo que não está na lista possa acontecer. Render-se à surpresa é a prática do equilíbrio entre a estrutura e a abertura."*
>
> Christina Baldwin

A Roda tem uma estrutura que a sustenta. Uma estrutura que, apesar de importante, não é suficiente. Assim como nosso esqueleto nos dá sustentação, sem músculos, sangue e coração pulsante não há vida. Hesitei muito em formalizar sua estrutura, pelo risco de ela ser tomada por si só, virando uma técnica vazia. A Roda está a serviço das pessoas, de suas partilhas e sentidos, de seus pontos de vista e de suas práticas, sempre contextualizadas, e com características únicas.

Quando falo em Rodas, não me refiro à estrutura apenas, mas à qualidade da interação, às partilhas que elas *facilitam*. Haver espaços e tempos definidos para o encontro das pessoas em círculo não é suficiente (e talvez nem estritamente necessário), apesar de essa forma ser facilitadora, mas é a *qualidade das trocas* estabelecidas no *processo partilhado* que propicia o desenvolvimento criativo individual e grupal: o cuidado mútuo, a escuta sensível, o acolher e ser acolhido, a paixão de aprender e ensinar, de ensinar e aprender, a paciência no falar e ouvir, a amorosidade na convivência, a tolerância nas diferenças, o prazer estético partilhado, o respeito durante os conflitos, a coragem de ver-se no outro, de olhar para ele e para si, o formar-se formando...[11]

---

11. Warschauer, Cecília. *Rodas em Rede: oportunidades formativas na escola e fora dela*. São Paulo: Paz e Terra, 2001, "Teias, tecidos e cestos".

Após minhas resistências iniciais de descrever sua estrutura, acabei cedendo, por perceber que ela poderia ajudar a formação de gestores, como no caso da CS, época em que a redigi pela primeira vez, e a pedido deles. Essa empresa crescia em ritmo acelerado e necessitava de muita agilidade e clareza na comunicação para a formação dos novos gestores, que deveriam utilizar as Rodas como modelo de gestão. E essa descrição os ajudou. Sempre que possível, eu lembrava a eles o cuidado de não restringir a Roda a uma técnica, a uma burocracia a ser cumprida, o que comprometeria sua vitalidade e, portanto, seus resultados. Também essa é uma preocupação dos Círculos de Mulheres: "Rituais, altares, celebrações – onde houver uma cerimônia deve haver vigilância contra a obrigatoriedade, o esvaziamento do significado. Não é o que é feito, mas o espírito com o qual é feito que faz toda a diferença."[12]

A Roda traz, ao mesmo tempo, as ideias de *fechamento*, no círculo, e de *abertura*, ao novo. De segurança e de surpresa. De estrutura e de criatividade. É espaço para a formação das pessoas e para a produtividade do grupo. Na Roda convivem polaridades, diferentes visões e lógicas. E podem ajudar a resgatar uma sabedoria ancestral, necessária a homens e mulheres, pelo poder de agregar, reunir, cuidar e criar. Tanto pessoas quanto riquezas. Veja o Quadro 7.1:

---

12. *Idem*, p. 99.

Quadro 7.1 – Os três momentos da Roda

1 – Abertura

ACOLHIDA: todos sabem o nome de todos? A acolhida é também o momento de olhar para todos, cumprimentá-los e perceber como estão. Recebê-los com afeto, pois a afetividade está na base de tudo.

MONTAGEM DA PAUTA: o coordenador da Roda organiza a montagem. Propõe assuntos e pergunta: "Alguém quer introduzir um assunto?" A seguir, agrupa os itens semelhantes (se for o caso). Juntos, destacam as prioridades para aquele dia e definem a sequência. *A pauta é o Registro da abertura.*

2 – Desenvolvimento

OS ASSUNTOS DA PAUTA são tratados, um a um, mas de forma não mecânica ou burocrática. A mediação do coordenador respeita a vitalidade das conversas, ao mesmo tempo que articula os pontos de vista, mostrando suas aproximações e divergências (se necessário). Registros individuais são feitos, durante as conversas, em fichário ou caderno individual. O coordenador pode pedir *registros quanto a temas específicos*, para que todos possam pensar e registrar, antes de falar.

3 – Fechamento

O COORDENADOR reserva pelo menos os 10 minutos finais para o fechamento (mas esse tempo pode variar muito, dependendo dos objetivos de cada grupo e de cada Roda específica). Esse é um momento privilegiado para a avaliação de sua dinâmica, pela tomada de distância do vivido. Essa avaliação constitui um elemento de acompanhamento contínuo,

> podendo surgir daí proposições de mudança de rumos e atividades para as Rodas seguintes.
>
> RETOMAR A PAUTA INICIAL: verificar o que foi discutido e o que faltou. Quanto ao que foi discutido, verificar se as ações combinadas têm data para execução, se é necessário dividir tarefas etc. Quanto ao que faltou, verificar como e quando tratar dos temas, podendo já deixá-los como uma pauta prévia para a Roda seguinte ou dividir tarefas.
>
> REFLEXÃO DE FECHAMENTO: pode ser uma avaliação oral da Roda, com uma síntese de seus pontos mais importantes, mas, preferencialmente, é feito um *registro individual*, para o qual o coordenador faz uma proposição pertinente àquela Roda específica. Exemplos: "O que ficou para mim da Roda de hoje?" "O que mais me chamou a atenção?" "O que levo para minha vida do que foi vivido aqui?" "O que quero aprofundar do que foi discutido?" "O que mexeu com minhas emoções?" "O que aprendi?" "O que poderia ter sido melhor?" etc.

No curso de Formação On-Line (FOL), essa estrutura ternária da Roda foi um dos temas debatidos e assunto das práticas relatadas.

> Com relação à estrutura ternária da Roda, não a estamos usando na nossa. Somos um tanto dispersivos, cada qual à sua maneira tem uma tendência de querer conduzir as coisas, mas muitas vezes tratamos de diversos assuntos, falamos ao mesmo tempo e nem sempre utilizamos o tempo de modo adequado. Nossa amizade e o fato de trabalharmos juntos na mesma instituição fazem com que outros assuntos entrem na Roda sem pedir licença e criem um clima de descontração ou até de discussão que desvia o foco. Diante disso, muitas vezes o tempo gasto

> para as decisões é maior do que o necessário. Assim, o "fechamento" nos moldes considerados por Cecília nem sempre ocorre. Com isso, nos sentimos atrapalhados e preocupados diante de tantos afazeres e decisões que necessitam ser tomadas. Já discutimos sobre essa questão, o que mostra a importância da estrutura ternária da Roda para organizar os trabalhos. Acordamos discutir uma pauta e deixar os assuntos gerais para um momento específico. Agora que três de nós estamos realizando essa FOL, e escrevendo sobre o tema, é provável que já no próximo encontro da Roda da Formação Pedagógica possamos avançar. Além disso, como tenho discutido com os colegas, esses aspectos são fundamentais a cada encontro.
>
> *Cleiva,*[13] *FOL*

Atividades psicopedagógicas, de caráter lúdico ou com vivência de linguagens artísticas muitas vezes estão presentes em um momento ou outro da Roda. No caso dos workshops citados, o *fechamento* da Roda das Histórias de Vida foi feito dançando a tradicional ciranda "Quem me deu foi Lia", cantada por Lia de Itamaracá.

RODAS EM CONTINUIDADE

É necessário um ritmo de encontros para que um grupo se forme, "para que a Roda gire". Ritmos são necessários na vida: ritmo de sono, de alimentação, nas batidas do coração.

E qual o ritmo ideal para que "a Roda gire"? Depende de cada grupo, da rotina de trabalho de seus membros. Se um ritmo inadequado for imposto, a Roda já começa perdendo, pois as resistências, que são

---

[13]. Cleiva Aguiar de Lima é doutora em Educação Ambiental pela FURG, Universidade Federal do Rio Grande, RS.

esperadas no processo, já aparecerão no início e podem emperrá-la logo de saída. Com as crianças pequenas, fazíamos diariamente; com os adolescentes das séries finais do Ensino Fundamental, duas vezes por semana. A Roda de sócios na CS, semanal e com duas horas de duração, assim como a de supervisores da operação e da equipe de treinamento. Já a Roda de gerentes de TI passou para frequência mensal, quando o próprio diretor começou a conduzir os encontros semanais de sua equipe. As Rodas em continuidade ajudam na criação das relações de confiança, porque é na retomada de algumas questões (às vezes delicadas) que as pessoas se conhecem e podem ultrapassar os preconceitos, rever rótulos e avançar com as temáticas do trabalho propriamente dito. Saber que as questões levantadas serão ouvidas e tratadas em algum momento é um estímulo para participar.

Às vezes, um único encontro traz resultados, mas geralmente é insuficiente para propiciar trocas profundas e aprendizados significativos. No caso que contei, dos workshops nos hotéis, os objetivos foram plenamente atingidos, mas tratava-se de uma oportunidade de formação pontual. Ali não havia a intenção de formação de um grupo para atividades em comum. E, quando é esse o caso, vários encontros são necessários.

> A princípio não via muito sentido nas Rodas, mas com o passar do tempo fui notando a importância e a mudança em mim mesma com relação a alguns aspectos, como paciência, tolerância, flexibilidade e ouvir o outro. Cresci e ainda cresço muito com as Rodas e sei que levo, guardo e passo para a frente muitas coisas boas que ouço nelas.
>
> *Priscila, supervisora, CS*

Uma discussão frequente durante um período na CS era sobre a diferença entre Roda e Reunião. Com um dos grupos de gerentes, ao tratarmos dos modelos de gestão, esse assunto foi colocado em pauta.

E, para abordá-lo, construímos a resposta conjuntamente, "de dentro para fora", utilizando uma estratégia de escrita. Voltarei a essa estratégia posteriormente, ao tratar dos tipos de Registro. O importante agora é evidenciar a pertinência desses dois tipos de encontro, pois ambos são importantes no desenvolvimento do trabalho dos grupos.

Considerando as Reuniões mais centralizadoras e adequadas para os comunicados que chegam das esferas superiores da hierarquia, as Rodas têm como base a abertura para assuntos importantes para os membros do grupo, que participam ativamente. Intermediariamente, temos o que chamamos de "Reunião Participativa", quando os temas são trazidos pelo coordenador, mas este ouve as opiniões dos membros do grupo.

As Rodas em Continuidade podem incorporar em sua rotina de encontros alguns em formato de Reunião, mas a maioria dos encontros é na estrutura e no espírito de Rodas. Dessa maneira, as pessoas e o grupo se formam enquanto têm, também, a flexibilidade necessária para dar conta do ritmo de trabalho e de demandas do mundo corporativo (Figura 7.1).

No mundo corporativo, mas também nas escolas, são frequentes as reuniões que deixam a sensação de que foram pouco produtivas. Foi devido a esse tipo de experiência em um emprego anterior que um dos diretores resistiu muito a marcar um dia definido para as Rodas de sua área. Ele dizia que, sempre que havia necessidade, chamava as pessoas para conversar. Seu exemplo é interessante porque ele era um grande adepto de práticas participativas, apesar de seu gosto por conduzir atividades e contar suas histórias, sobretudo as de sua vida, e de sua dificuldade para ouvir os outros (do que ele tinha plena consciência). Uma contradição como outras da vida. E, como na vida, quando há disponibilidade para aprender e experimentar coisas novas, encontramos saídas. Eu precisava encontrar uma solução para conseguir que ele topasse o desafio de marcá-las com dia definido,

Figura 7.1 – Rodas em continuidade

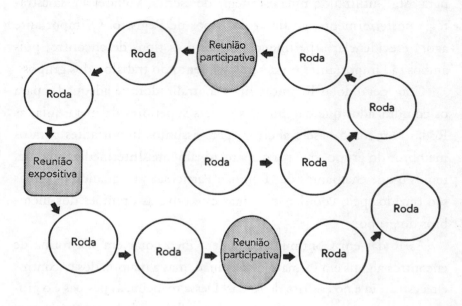

mas sem impor. *Ele* precisava sentir a importância disso. E *eu* precisava aprender a conduzir nossas discussões para chegarmos nesse ponto, domesticando meu lado eloquente e passional, que às vezes aparece de forma intensa.

O curioso é que ele não marcava Rodas sistemáticas com sua equipe, mas não abria mão e não cancelava nossas Rodas de dois – todas as semanas, durante uma hora, no mesmo horário (durante quatro anos!). Construíamos a pauta ali, juntos, com temas que ambos propúnhamos. Era uma verdadeira Roda. Ali discutíamos de tudo. Valores, histórias de vida, projetos inovadores para a empresa, análise de procedimentos, contratações, demissões. Além de, logicamente, como iam as suas Rodas com sua equipe, tema em que eu insistia... Nesse momento, a discussão por vezes "fervia". Quem nos flagrasse nesses momentos achava que estávamos brigando. Até que lhe veio o *insight*. Que me revelou em uma de nossas Rodas.

Contou-me que, enquanto ouvia as apresentações do Brasão[14] de outras duas pessoas, um tanto por acaso – pois ele havia cedido uma parte de sua sala para essas apresentações, em consequência da falta de salas na empresa[15] –, lembrou de seu Brasão, que havia feito pouco após entrar na empresa e apresentara para seu grupo de pares. Em seu Brasão, ele havia inserido como um de seus pontos fracos o fato de não dar a devida importância ao acompanhamento de sua equipe. Por exemplo, deveria fazer com constância o acompanhamento dos PDIs[16] de cada membro da equipe, mas no dia a dia não dava tempo e sabia ser esse um de seus pontos fracos. Em paralelo, ele participava de outro grupo, de diretores, em cuja Roda eu conduzia atividades de administração do tempo. Ali, cada um analisava suas atividades diárias em termos de urgência e importância. A constatação não só dele, mas da maioria, foi de que geriam o tempo pelas urgências do cotidiano, protelando o que poderia esperar. Dessa maneira, muitas tarefas acabavam ficando na espera. E, quando se tornavam urgentes, o tempo disponível muitas vezes não era suficiente para sua execução com qualidade. A solução era administrar melhor o tempo e analisar melhor as tarefas. Concomitantemente, segundo ele, minhas cobranças para o momento "sagrado" das Rodas o perturbavam. E, de repente, tudo fez sentido. A partir desse *insight*, ele criou o "Dia do Importante": sexta-feira passou a ser o dia sagrado para as suas várias Rodas, em cujas pautas estavam as tarefas importantes que não seriam mais

---

14. Brasão é uma atividade de Autoformação, na qual cada pessoa elabora uma imagem, compondo elementos importantes para uma representação de si, conforme uma fórmula apresentada. Essa atividade está descrita neste livro na seção "Atividades Psicopedagógicas a Serviço da Autoformação".

15. Como regra geral, a apresentação de Brasões é feita por todos os presentes aos demais, sendo sigilosa (essa é uma das atividades nas quais a regra "O que se fala na Roda fica na Roda" deve ser seguida à risca); mas ali era uma situação especial, acordada por todos os presentes, que já tinham grande intimidade e laços de confiança construídos em outras situações do cotidiano e em outras Rodas.

16. PDI é o Plano de Desenvolvimento Individual.

postergadas. Passou a acompanhar mais de perto o desenvolvimento de cada membro de sua equipe, seus PDIs, o que teve, por sua vez, uma implicação grande na diminuição de sua carga de trabalho, à medida que nas suas Rodas de dois, com cada membro de sua equipe, conseguia ajudá-los a se desenvolver melhor, crescer profissionalmente e assumir tarefas que seriam deles, mas que também postergavam. Atualmente ele não é mais diretor dessa área. Tornou-se vice-presidente. Um dos membros de sua equipe foi promovido a diretor. E este mantém as Rodas com sua equipe, às sextas-feiras. Sagradas.

Algumas dificuldades para entrar na Roda

> *"A coragem contém em si mesma o poder, o gênio e a magia."*
> Goethe

Para entender a Roda é preciso vivê-la, mas para isto é preciso, primeiro, tê-la entendido! Estamos de volta ao paradoxo apontado por Edgar Morin, sobre a construção da confiança.

Lançar-se em um movimento como o da Roda e o da Autoformação demanda coragem. Principalmente no ambiente profissional, no qual as relações de poder envolvidas pedem prudência. E, sobretudo, quando estamos acostumados a viver sob a égide do "comando e controle". Da programação e da busca por segurança. Mas como aproveitar as oportunidades da vida, presentes em todos os seus âmbitos, inclusive na vida profissional, sem nos arriscarmos? Sem esse risco, como fazer de cada experiência de vida uma experiência com sentido? E, dessa forma, uma experiência formativa? É preciso entrar na Roda.

Recentemente, fui passar uma tarde com um grande grupo de diretores da rede municipal de ensino de uma cidade do interior de São

Paulo para uma atividade de formação. A proposta era de reflexão sobre a formação experiencial. As 140 cadeiras foram arrumadas o mais próximo possível do palco para que uma conversa pudesse acontecer, apesar do grande número de pessoas e do amplo espaço do pavilhão. À medida que chegavam, vários deles deslocavam as cadeiras para as laterais do fundo, onde não seria possível ver a tela de projeção no palco nem a pessoa convidada para conduzir aquela atividade de formação, devido a pilastras. Antes de iniciar, fiz pedidos para se aproximarem. Muito poucos cederam. Apresentei-me e insisti. Poucos ainda. Percebi aos poucos que a conversa de alguns subgrupos, entre si, era mais aguardada do que a deles com uma estranha – eu – em uma atividade de formação, ou com outros diretores que não conheciam e de quem poderiam ouvir relatos de experiência que contribuíssem com sua própria reflexão cotidiana. Pareciam ainda menos motivados a falar algo da experiência deles próprios. Que sentido teria a exposição de suas próprias experiências e a reflexão sobre elas? Talvez isso não fosse algo a que estivessem acostumados durante seu percurso profissional.

Não bati de frente com o grupo que não se dispunha a participar (mas também não me omiti, submetendo os participantes que estavam interessados no boicote, por vezes barulhento). E me perguntei: o que teriam vivido aqueles diretores em suas histórias de vida para terem uma atitude como aquela? Seriam anos de submissão a práticas de Heteroformação, que provavelmente agora reproduzem nas escolas, enfrentando alunos sentados na "turma do fundão" e problemas de disciplina em sala de aula? Seria, também, fruto de anos de iniciativas de formação truncadas, sem continuidade, motivadas pelas mudanças de governo e "novas" propostas de educação sem considerar a base experiencial desses educadores? Seria um sintoma da ausência de práticas de formação para esses especialistas na administração escolar, para além de tarefas da burocracia?

Muitas podem ser as respostas a essas questões, assim como muitos podem ser os motivos para se resistir a entrar em atividades de formação. A começar pela falta de coragem para arriscar-se no autoconhecimento e em situações novas, que nos tiram da zona de conforto e podem nos confrontar com a responsabilidade pelo que fazemos e pensamos, assim como pela coerência (ou falta dela) quanto ao que falamos e o que fazemos. Ou pela escolha de estar naquele ambiente de trabalho, cujas propostas de formação não correspondem às nossas necessidades e desejos. Como diria Sartre: o que faço com o que os outros querem fazer de mim? A liberdade está na base.

Às vezes, a margem de liberdade parece limitada, por exemplo, quando uma abordagem de formação é imposta pelo empregador. Ou pelo professor. Foi o que ocorreu várias vezes em grupos nos quais eu organizava e/ou coordenava as Rodas. A primeira delas foi, ainda nos tempos de coordenadora pedagógica, quando alteramos a grade de horários das aulas do currículo da escola,[17] introduzindo um encontro semanal para a Roda em todas as classes do Ensino Fundamental. Inicialmente, para os adolescentes, aquele era um momento de desconforto. Ali o "jogo" era outro: não havia provas ou notas e sentava-se em círculo, o que inviabilizava esconder-se atrás da nuca de quem sentava à frente. No início, a construção de um ambiente para conversar foi difícil. Falar sobre o quê? Para quê? Por que esperar o outro terminar de falar para poder falar? Uma frase foi emblemática: "Oba, hora de dormir!" Já no final do ano, a mesma turma expressava: "Como conseguíamos ter só uma Roda por semana no começo do ano?"

Um fator que pode estar por trás de muitas das dificuldades para aderir a uma estrutura participativa como a da Roda é o tipo de relação de poder a que fomos acostumados na vida, desde a escola aos contextos de trabalho, e, muitas vezes, na própria família. A visão de

---

[17] Essa é a escola cuja história conto em *Rodas em Rede*, Novo Ângulo, que depois se tornou NANE.

Fritjof Capra tem sido muito inspiradora para minha compreensão, aceitação e ajuda na superação das resistências para entrar na Roda. Ele apresenta um novo paradigma quanto às relações de poder, propondo que haja um fluxo de poder dinâmico, em rede, e não estático. Fluxos também na horizontal e não apenas na verticalidade da hierarquia. Relações mediadas pela confiança e responsabilidade, em vez de pelo mando e submissão.[18]

> Desde 2010, um grupo constituído por seis educadores está encarregado de levar adiante uma proposta formativa que busca romper com modelos hierárquicos de formação. Ao assumir as discussões em Roda, ao preparar os encontros em Roda, ao organizar o Estágio Curricular e a elaboração do Trabalho de Conclusão de Curso (TCC) em Rodas de Orientação, há uma aposta no potencial formativo das Rodas. A Licenciatura, portanto, constitui-se na minha experiência com o Ensino Superior. Experiência que me trouxe novos e complexos desafios. O maior deles, no meu entendimento, romper com a expectativa dos licenciandos de que em um Curso há os que sabem e ensinam e os que não sabem e aprendem. Fazer com que os colegas licenciandos entendam que nossa proposta é de formar-se ao formar e que o Curso está sendo fundamental também para nossa formação enquanto formadores é um desafio ao qual nos propomos. A construção de conhecimentos por meio do diálogo, levando em conta os saberes docentes de cada professor aluno, está sendo exercida à medida que os professores da Roda participam juntos dos encontros. O sentar-se em círculo não é apenas uma organização espacial. Pretendemos com isso delimitar uma postura pedagógica de horizontalidade e de acolhida.
>
> *Cleiva, FOL*

---

18. Abordo com mais detalhes essas relações de poder em rede e a visão de Fritjof Capra no Capítulo 15 deste livro: "O poder na Rede de Formação".

O aprendizado para construir essa horizontalidade e atuar nesse novo paradigma se dá pela prática. Leva tempo, e o estranhamento inicial é esperado. Seguem dois exemplos do mundo corporativo, nos quais esse estranhamento foi evidenciado.

Um deles se passou no grupo de BI, com os seguranças da empresa de aeronáutica, quando lhes ensinava, pela prática, a Metodologia R&R. Cobravam-me apostila e definição de conceitos logo de início. Eu falava de construir os conceitos junto com eles, partindo dos conhecimentos prévios de cada um e da subjetividade, que é inerente a um trabalho como o deles, baseado em conversas, entrevistas e investigações. Seria um processo no qual os erros seriam bem-vindos, assim como as emoções. No final, quando montaram o portfólio com suas atividades práticas e o Registro dos conceitos construídos através das conversas, perceberam a diferença entre um processo como o que viveram e aquele dos cursos tradicionais e confessaram: "No começo, comentávamos entre nós que você devia estar alucinada para falar em subjetividade e Rodas." Após esse curso pouco convencional, continuaram a fazer a Roda entre eles e a ampliaram para outros setores da empresa.

Outro exemplo foi na CS, na empresa de gestão de risco. À semelhança do que aconteceu no grupo de BI, foi somente após ter vivido a Roda durante meses com um grupo de coordenadores da área de TI que recebi o *feedback*:

> No começo achávamos você uma "riponga", da "cultura da paz", mas depois vi, pela prática, que estamos vivendo mesmo algo diferente, principalmente depois da conversa franca com os gerentes e da resposta do presidente ao meu e-mail. É verdade, podemos falar e funciona! Também sou idealista e agora acredito nesse processo.
>
> *Thiago, coordenador de TI*

Para enfrentar o paradoxo apontado por Morin, podemos contar com o fluxo da vida, do dia a dia, com as brechas que aparecem no cotidiano, aparentemente fechado e marcado por relações de poder autoritárias, e... arriscar, como fez esse coordenador ao escrever ao presidente. Não sem antes resistir, refletir e ponderar.

Foi também o que vivi ao enfrentar o cotidiano do meu pai nos seus últimos anos de vida. Já me referi aos aprendizados e sentidos extraídos do acompanhamento das suas doenças. Aprendizados na dimensão do sentir e no âmbito pessoal. Mas que influenciaram diretamente minhas atividades profissionais. Por exemplo, tornei-me mais arrojada e corajosa para arriscar-me, para fazer minha vida valer a pena. Menos temerosa de críticas e mais focada no sentido de cada atividade, de cada encontro e conversa no contexto mais amplo de minha vida. O contato com a "finitude" de meu pai colocou-me também em contato com a minha. E com as minhas próprias dificuldades e resistências iniciais para enfrentar problemas. Percebo, agora, uma maior empatia com aquele que sofre, ou que resiste para enfrentar suas próprias dificuldades. Resistências que podem se manifestar de diversas formas. Por exemplo, na recusa de entrar na Roda mais ou menos explícita, mais ou menos consciente. Com delicadeza às vezes, e agressividade em outras.

O coordenador de Roda e sua formação

"Educar os educadores! Mas os primeiros devem começar por se educar a si próprios. E é para esses que eu escrevo."

Nietzsche

Esta já foi a epígrafe de *A Roda e o Registro*. E continua sendo meu objetivo de trabalho, já não mais no cotidiano das escolas, mas de empresas.

Nesse contexto, também encontro educadores em potencial, ou educadores adormecidos, como dizia Rubem Alves, ao contrapor os professores-funcionários de uma instituição àqueles que são os fundadores de mundos.

> De *educadores* a *professores* realizamos o salto de *pessoa* para *funções*. [...] A *identidade* é engolida pela *função*. E isto se tornou tão arraigado que, quando alguém nos pergunta o que somos, respondemos inevitavelmente dizendo o que fazemos. Com esta revolução instaurou-se a possibilidade de se *gerenciar* e *administrar* a personalidade, pois que aquilo que se faz e se produz, a *função*, é passível de medição, controle, racionalização.[19]

Já o educador habita um mundo em que a interioridade faz diferença, em que as pessoas se definem por suas visões, paixões, esperanças e horizontes utópicos, como diz Rubem Alves.

Quando iniciei o trabalho com as Rodas no universo das empresas, introduzir ali essa concepção de formação parecia ser uma utopia, sobretudo ao pensar na formação dos executivos, gestores de equipes, como coordenadores de Rodas. Percebo que essa busca de oportunidades para auxiliar o resgate das pessoas, imersas em suas funções, iniciou-se a partir de minha própria necessidade de encontrar espaços para me desenvolver pessoal e profissionalmente. Introduzir essa concepção de formação ali parecia ser impossível, tanto porque nesse contexto as dimensões pessoais e profissionais costumam ser muito separadas quanto porque demanda um tipo de uso do poder pouco comum. Um exercício de outorga de poder a outros, sem centralizá-lo em si. Uma outorga não só na vertical, mas em rede, como o referido por Capra.

Felizmente, tenho encontrado muitas brechas para transformar o que parecia utopia em realidade. À semelhança do que narrei em *Rodas*

---

19. Alves, Rubem. *Conversa com quem gosta de ensinar*. São Paulo: Cortez/Autores Associados, 1991, pp. 14-15 [grifos no original].

em Rede,[20] tudo começa com as parcerias. E para ter um campo de ação e de influência na empresa é importante que pelo menos uma das partes esteja em uma posição de poder na hierarquia, e que guarde algum idealismo quanto a contribuir para relações humanas mais positivas, ao lado de seus sonhos de sucesso profissional e de ganhos para a empresa.

Assim como a Roda é difícil de definir e controlar, por seu caráter dinâmico e às vezes numinoso, também a caracterização da pessoa que a coordena escapa a uma descrição exata. Há sempre estilos diferentes, talentos a serem aproveitados, adaptações a serem feitas a cada nova situação.

> O coordenador da Roda é um aprendente. Um professor que tem a habilidade de trabalhar no coletivo, que seja criativo e que compreenda a importância do planejamento para as atividades propostas, bem como flexibilidade. Também necessita de organização, de sistematização e de refletir e pesquisar sobre sua prática. Coordenar, no entanto, é sempre um desafio. Ser coordenadora da Roda da Formação Pedagógica em Geografia fez com que eu percebesse e compreendesse melhor meus limites enquanto professora e também coordenadora. Ou seja, a necessidade de ampliar a compreensão do que é ser uma aprendente mediadora do processo educativo, do papel da escuta sensível, da partilha, do diálogo, da escrita para a formação. Compreendi que esses conceitos na teoria, aparentemente, são "fáceis". Entretanto, é na práxis que podemos entender sua complexidade. E que promovê-los na Roda é sempre um exercício difícil. A coordenação desta Roda desarrumou minha compreensão do papel do professor, e hoje, já em outra Roda, as aprendizagens construídas nesta primeira contribuíram para o desenvolvimento de uma prática educativa mais situada e, ao mesmo tempo, atenta aos movimentos emergentes. Acho isso positivo porque mostra o inacabamento do processo formativo, a necessidade da formação continuada e a importância do processo de formar-se formando. Acredito

---

20. Cf. o capítulo "Construindo parcerias" de *Rodas em Rede*.

> que o papel do coordenador é ressignificado a cada Roda, em especial pela singularidade da Comunidade Aprendente.
>
> Cláudia,[21] FOL

Apesar da dificuldade de definir com precisão o perfil da pessoa do coordenador de Rodas, inclusive porque, também para ele, essa é uma oportunidade de desenvolvimento, como explicitado no depoimento de Cláudia, a definição de suas funções tem sido de grande ajuda, tanto para a sua condução das Rodas quanto para sua formação enquanto trabalha. Sobretudo quando se trata de um universo grande de pessoas a se desenvolverem como coordenadores, como era o caso na CS, que crescia rapidamente. Assim, trago a seguir a definição de suas funções, que pode ser de alguma ajuda para quem quiser recriar as Rodas em seu próprio contexto, contanto que não siga essa sistematização com rigidez, mas a reconstrua no processo.

Quadro 7.2 – As funções do coordenador de Roda

1. Fazer com que todos se conheçam, promovendo apresentações, mesmo quando um novo membro entrar no meio do processo;

2. Conduzir com afetividade suas intervenções, pois esta está na base de relações de amizade e de confiança;

3. Analisar, periodicamente, o processo do grupo e de seus membros, identificando suas necessidades e desafios;

4. Controlar o tempo: iniciar e finalizar a Roda na hora marcada;

5. Atuar, excepcionalmente, como participante e priorizar a coor-

---

21. Cláudia de Silva Cousin é doutora em Educação Ambiental pela Universidade Federal do Rio Grande – FURG, professora do Instituto de Educação/FURG e coordenadora do subprojeto do PIBID – Licenciatura em Geografia.

denação da Roda, evitando sua interferência excessiva nas discussões, para poder melhor observar o processo do grupo;

6. Organizar suas atividades, seguindo a *estrutura da Roda*, com suas três etapas: abertura, desenvolvimento e fechamento;

7. Alimentar as discussões, garantindo um espaço democrático para a fala e a escuta: propiciar que todos possam falar (cuidar para dar a vez a todos, mas não obrigar ninguém a falar);

8. Propor, com frequência, Registros individuais para abordar um assunto específico, pois essa estratégia propicia: a) que cada participante tenha um tempo para pensar e elaborar melhor seus pontos de vista, antes de falar (o que é intensificado pelo ato de escrever); b) oportunidade para que os mais tímidos possam contribuir sem muita exposição;

9. Mediar conflitos entre as pessoas e os diferentes pontos de vista, evidenciando diferentes argumentações e comparando-as (sem julgamentos de valor), de modo a enriquecer o assunto em pauta;

10. Propor e assessorar a organização dos Registros coletivos, caso necessário, podendo delegar esta tarefa, mas acompanhando sua execução. Exemplos: Registros em: *flip-chart*, ppt, atas e relatórios;

11. Possibilitar ao máximo a participação dos membros do grupo (ex.: na priorização dos assuntos da pauta, na consideração de abordagens diferentes da sua etc.) para facilitar a constituição de uma equipe capaz de resolver problemas de diferentes ordens;

12. Cuidar para que sua coordenação não seja algo burocrático, de modo a favorecer a espontaneidade no grupo.

Em algumas conversas da FOL, falamos sobre o perfil do coordenador de Rodas, destacando algumas de suas características, dentre elas, ser pessoa organizada, com capacidade de análise e de síntese e, de preferência, ter tido vivências e reflexões sobre dinâmica de grupos.

> Quanto ao perfil do coordenador de Roda, eu gostaria de acrescentar que ele deve ser um bom ouvinte, ser aberto para acolher novas possibilidades que conflitem com a sua opinião, ser firme na mediação e ser pontual. Quanto às tarefas do coordenador, eu gostaria de acrescentar que ele deve ser um estudioso do tema que movimenta a Roda, deve controlar o horário dos participantes da Roda, potencializar as capacidades individuais em prol da harmonia e da produção da Roda, instigar a participação de cada participante, ser acolhedor, confiável e responsável e cumprir suas metas exemplarmente. Confesso que estou com pena do coordenador... tem que ser bom esse cara, não acham?
>
> *Paulo,*[22] *FOL*

E como formar o coordenador de Rodas? Como aprender as habilidades necessárias para essa coordenação? Certamente a base está em um engajamento da pessoa em uma abordagem autoformativa, em uma atitude que inclui ativamente a própria interioridade e considera a dos outros. E seu desenvolvimento se dá pela prática, pela formação experiencial.

Segundo Gaston Pineau (1991), a formação experiencial é definida como uma *formação por contato direto, mas refletido*. Para esse "contato direto" é necessário um acontecimento, uma situação que promove uma ruptura entre o organismo e o meio: é a experiência que introduz

---

22. Paulo Valério Saraçol é engenheiro de formação e doutor em Educação pela Universidade Federal do Rio Grande – FURG. É professor do IFRS – Campus Rio Grande nas áreas de tecnologia de Refrigeração Industrial e de formação de professores; seus interesses de pesquisa são PROEJA e Hermenêutica.

uma descontinuidade, uma novidade. Em *Rodas em Rede* contei sobre a formação dos coordenadores de Roda em uma escola onde todos os professores que viviam na prática a experiência de coordenar Rodas participavam da Roda dos professores de Roda semanalmente. Ali ele era *participante* de uma Roda, tendo a vivência de ter suas próprias questões, dúvidas e ansiedades acolhidas pelo grupo e pelo coordenador, enquanto refletia sobre elas, ouvia outros pontos de vista e coletava sugestões de quem não estava tão envolvido emocionalmente nas situações enfrentadas por ele em sala.

Essa mesma estratégia de formação foi usada na CS. Ali, o objetivo não era formar professores, obviamente, mas sim desenvolver lideranças, formar equipes produtivas e desenvolver seus membros. Em uma estrutura muito semelhante àquela vivida na escola, criamos quinzenalmente as Rodas dos coordenadores de Roda, nas quais pessoas de diferentes níveis hierárquicos tinham a oportunidade de gerir grupos, alguns pela primeira vez. Nessa Roda de formação, eles participavam contando suas experiências, analisando-as coletivamente, partilhando dúvidas, ansiedades e ouvindo outros pontos de vista.

Também em outras empresas, criamos processos formativos para o coordenador de Roda, oportunidades de reflexão e de partilha de suas experiências. Processos adaptados às condições específicas que caracterizavam o trabalho de cada grupo de profissionais. Foi, por exemplo, o caso da empresa de aeronáutica. Em nossa Roda semanal para alinhamento dos conceitos e avaliação do andamento do curso de Business Intelligence (BI), propus em dado momento que fizéssemos a alternância dos coordenadores, que passariam a me substituir, sendo que uma das tarefas do coordenador seria fazer um relatório contendo suas reflexões sobre essa experiência, tanto do ponto de vista objetivo (exemplo: quais assuntos fizeram parte da Roda, como foi a discussão de cada um deles e que combinados foram feitos) quanto subjetivo (exemplo: como se sentiu e que dificuldades enfrentou como coordenador da Roda). Esse relatório era enviado a todos e poderia ser matéria de reflexões futuras no grupo. Cada coordenador fazia o relatório com seu próprio estilo, mais esquemático ou mais narrativo, demonstrando, portanto, sua maneira singular de pensar e se expressar. E, partindo daí, fazíamos a análise do conteúdo, da forma que ele lhe deu, e avançávamos na formação e na reflexão sobre o que é "ser coordenador de Roda" a partir da própria experiência. Seguem alguns trechos desses relatórios:

- Esqueci de um assunto tratado na semana anterior, a análise dos relatórios.
- Apesar de ter escrito no quadro branco o roteiro da Roda, tentei seguir o roteiro intuitivamente.
- Penso que eu poderia ter me movimentado mais na sala, isto é, ter mudado de lugar ao conduzir a Roda.
- Demorei para fazer anotações dos comentários dos participantes e não fiz muito uso do quadro branco, assim temo ter perdido alguma informação relevante.
- Percebi que todos se sentem à vontade para fazer seus comentários e que se acostumaram com a dinâmica da Roda e Registro.
- Ao contrário do que acontece em uma reunião comum, todos fazem sugestões e interagem com o grupo.
- O método tem influenciado o grupo, porque existem algumas ideias de implantação da Roda em outras atividades.

Rogério, especialista em Segurança, BI

Inicialmente, todos os participantes pareciam estar bastante sintéticos em suas colocações, inclusive aparentando certo desconforto na execução, mas durante o transcorrer da Roda participaram ativamente e opinaram de forma pertinente sobre os dois temas sugeridos pelo coordenador. Apesar da duração da Roda ter sido curta, devido ao empenho de todos e à definição do planejamento, conseguimos atingir o objetivo proposto de forma objetiva. *Análise pessoal sobre a coordenação dessa Roda*: Minha atividade permitiu que pudesse observar de outro ângulo o trabalho da equipe e sentir as dificuldades de lidar com um grupo de trabalho forte e eclético. Assim, mesmo estando um pouco tenso no início da condução, consegui dar sequência aos assuntos propostos na abertura. A sensação de intranquilidade e o receio dos questionamentos do grupo me fizeram prejulgar os participantes, fatores que serão corrigidos por mim em outras oportunidades.

Max, especialista em Segurança, BI

Foi uma boa experiência. Consegui fazê-los entender que essa Roda era séria e não tínhamos muito tempo para ficar na sala de reunião. No início, alguém começava a falar e outros interfeririam. Alguns comentários eu até deixava passar, mas, quando o outro se estendia muito, eu tinha de lembrá-lo que naquele momento era a vez de outra pessoa falar e que a vez dele chegaria. Quando um assunto gerou muitos comentários e eu percebi que a maioria não conseguia "se conter", dei um tempinho para que todos falassem juntos, mas logo depois fechei com uma conclusão, para que não nos estendêssemos muito, mas comunicava a cada um o que eu ia registrar de sua fala. Fechei a Roda com os pontos que eu levaria para os instrutores e para o *sponsor*.

Juliana, especialista em Segurança, BI

Essa alternância na coordenação também foi uma estratégia de formação dos supervisores na empresa de gestão de risco, a CS. Eram, naquela época, doze supervisores da área de Operação, sendo que cada um tinha uma equipe de vinte analistas, com os quais faziam uma Roda semanalmente. Para "treinar" o seu papel de coordenador de Rodas, usamos a alternância de coordenação em nossa própria Roda, geralmente coordenada por mim.

Nessa atividade, eu delegava meu "poder" de coordenação, representado de maneira simbólica e lúdica por uma caixa de bombons. Assim, quem estava de posse da caixa deveria exercer "as funções do coordenador de Roda" registradas no documento discutido previamente.

Levei também um sino. Sempre que eu o tocasse, o coordenador passava a caixa de bombons para outra pessoa de sua escolha e esta assumia a coordenação, continuando as discussões do ponto onde estavam. Assim, de tempos em tempos eu tocava o sino, e a caixa mudava de "dono". Depois de alguns terem assumido o papel de coordenação, analisamos o desempenho de cada um, verificando como viveram a função, na prática, e como se sentiram. O clima era de muita confiança, de modo que as críticas eram bem recebidas. E, logicamente, finalizamos partilhando o "poder", isto é, os bombons.

Essa atividade de treino da função do coordenador se dava enquanto trabalhavam, pois os assuntos em pauta faziam parte do trabalho: alguns voltados para melhorias no exercício da função de supervisor, outros para a resolução de problemas do cotidiano e o cumprimento das metas individuais e coletivas. Esse treino provocava uma grande atenção, que envolvia diferentes tipos de foco, simultaneamente: em si, nos outros e no contexto mais amplo, o dos objetivos e metas a atingir. Daniel Goleman e Peter Senge avaliam que esses três focos são vitais para um bom líder, seja no campo empresarial, seja no educacional. [23]

A função do coordenador certamente não é fácil. Mas ele não precisa estar pronto ao assumir um grupo quando entendemos que ele também está *sempre* em formação, como pessoa e profissional. Grupos de partilha e reflexão sobre sua prática o ajudarão em sua formação experiencial.

---

23. Cf. Goleman, Daniel. *Foco – a atenção e seu papel fundamental para o sucesso*. Rio de Janeiro: Objetiva, 2014, e Goleman, Daniel & Senge, Peter. *O foco triplo – uma nova abordagem para a educação*. Rio de Janeiro: Objetiva, 2015.

8.
O que é o Registro

> *"Tenho sempre comigo o meu caderno. Meu caderno é a minha 'gaiola de prender ideias'. Porque as ideias são entidades fugidias, pássaros. Elas vêm de repente e desaparecem tão misteriosamente como chegaram."*
>
> Rubem Alves

Neste capítulo, darei prioridade a aspectos não tratados nos dois livros anteriores, *A Roda e o Registro* e *Rodas em Rede*, e aos depoimentos de participantes de diversos grupos com seus Registros e questões específicas.

Em termos gerais, os Registros dão concretude às conversas, às reflexões individuais e aos conhecimentos construídos pelo grupo, de modo a não se perderem no caráter fluido das palavras expressas oralmente. Ele permite, assim, uma retomada posterior, a identificação de seu histórico e o avanço daquelas ideias e conhecimentos, em um processo espiralado de aprofundamento, que é preciso em vários processos criativos, de formação e de inovação. Seus formatos são variados, conforme o objetivo, assim como o momento de utilizá-los.

Alguns tipos de Registro

Registros individuais

Quando o objetivo é a formação humana, alguns Registros são de especial valor. Manter uma escrita constante sobre vivências significativas e sobre as reflexões sobre elas ajuda seu autor a ganhar autoridade sobre o que vive e, portanto, ser sujeito de uma história que ele escreve através de suas escolhas e atitudes diárias. Autor e autoridade são palavras que têm a mesma origem etimológica, derivam de *augeo*, do latim, e remetem "ao que aumenta" e "ao que se torna responsável". Assim, autor é aquele que tem o poder de aumentar as coisas pelo seu toque de mão ou por sua palavra.[1]

O exercício de autoria pode ser realizado como atividade periódica nas Rodas, ou entre uma e outra, por exemplo, ao refletir e registrar as aprendizagens realizadas em dado período. Quando o objetivo é a formação, o Registro não é cópia, não é algo da ordem da objetividade, mas, pelo contrário, convida à subjetividade de seu autor. Verificamos nos grupos que algumas pessoas registram mais do que outras e há estilos diferentes: alguns são mais esquemáticos, outros mais narrativos. O importante é que os Registros sejam em continuidade, deixando as marcas do que foi vivido e pensado, prosseguindo na espiral de aprofundamento. Marcas de uma autoria construída durante a vida e potencializada pela partilha nos grupos.

> Sou uma pessoa jovem de idade e agora sou uma jovem gestora. Há pouco mais de três meses assumi uma equipe com 29 vidas. Nunca antes

---

[1]. Cf. Magalhães, Raul Francisco. "Reflexões sobre o conceito de Autoridade". *Revista de Ciências Humanas*, vol. 10, nº 2, pp. 310-317, jul./dez. 2010, p. 312. Disponível em: <http://www.cch.ufv.br/revista/pdfs/vol10/artigo6vol10-2.pdf>.

havia trabalhado com nada parecido. Deparei-me com diversas situações que nunca pensei que teria que resolver, ainda mais se tratando de muitas vidas que dependem do meu bom desempenho em resolver de forma adequada. Quando fiquei sabendo que iria assumir uma equipe, fiquei muito entusiasmada e empolgada, fazia vários planos de como seria tudo perfeito, uma equipe dos sonhos. Porém, quando assumi a gestão de 29 pessoas de diferentes idades, culturas, estudos, 29 formas diferentes de pensar, me deparei com uma imensa dificuldade: como liderar com tantas pessoas pensando diferente – inclusive eu – de forma eficaz? Nesses quatro meses na gestão, acredito que o meu maior desafio está sendo aprender a lidar com o outro, construir um laço de confiança com a equipe, administrar os relacionamentos sem perder o papel de líder. No começo, tinha algumas dificuldades com relação a diferenciar o que era importante, urgente e as atividades que não eram nem importantes nem urgentes; achava que tinha que fazer tudo e ao mesmo tempo. Delegar algumas atividades foi uma grande dica que um colega que já é gestor há muito tempo me deu. Nesse desafio de gerir pessoas, estou amadurecendo muito, pessoal e profissionalmente, já percebo que estou a cada dia mudando alguns conceitos que tinha sobre a vida. Tive muitos conflitos pessoais com o que eu acreditava. Estou buscando o autoconhecimento, pois acredito que esse é o caminho para o sucesso na vida.

Fabiane, supervisora na CS

Há um desenvolvimento criativo e humano nesse ato de registrar. É nessa categoria que introduzo o Diário de reflexões, tanto pessoais quanto profissionais. Em *A Roda e o Registro*, abordei detidamente esse tipo de Registro individual, que tem feito parte de minha prática pessoal de formação e também das práticas de formação no contexto educacional e empresarial. Neste último, ele tem ganhado grande importância no desenvolvimento dos profissionais de diversas áreas e níveis hierárquicos. Em vários momentos, seja durante a Roda, seja no momento de seu fechamento, os profissionais registram seus aprendizados e suas reflexões, propiciando uma tomada de consciência de sua maneira singular de pensar e sentir, assim como de seus desafios e propostas para enfrentá-los.

Ainda enquanto estratégia para a formação humana, utilizada tanto por professores quanto por gestores que acompanham o desenvolvimento de seus alunos ou de suas equipes para a avaliação de seu desenvolvimento em termos de aprendizagens ou capacitação profissional, os Registros favorecedores desse acompanhamento são anotações do que vai aparecendo no cotidiano das aulas ou da prática profissional. Como exemplo, cito o caso de um gerente que fazia seus Registros subjetivos em uma planilha de Excel (pois essa era a sua plataforma preferencial de Registro, não só para finalidades de fórmulas ou dados objetivos). Ele registrava ali o conteúdo de Rodas com diferentes pessoas (inclusive nossas Rodas de dois) tendo uma planilha para cada tipo de Roda. Também registrava em Excel suas "conversas de *feedback*" com os membros de sua equipe: o que foi dito por um e por outro, o que combinaram ou divergiram e suas impressões sobre cada sessão de *feedback* individual. Esse passou a ser um instrumento de trabalho que o acompanhava no cotidiano, cujos dados, mesmo os subjetivos, o ajudavam a preparar pautas e *feedbacks*. Ele manteve essa prática quando foi promovido a diretor.

No caso do acompanhamento do progresso dos alunos, Jussara Hoffmann, especialista em avaliação, propõe que sejam feitos Registros individuais e em continuidade, incluindo a subjetividade do professor. Registros que serão posteriormente retomados e ganharão sentido em uma análise mais ampla do processo de cada aluno.

> Minha sugestão a professores de todos os graus é que criem para si próprios o compromisso de prestar atenção aos alunos, fazendo o exercício do Registro – anotando em cadernos, pequenas notas, o que lhes chamar a atenção. Esses dados, de início, poderão parecer sem sentido,

mas a reflexão precedente sobre as anotações permitirá perceber questões muito importantes: Sobre que aluno faço observações mais frequentes? Que aspectos da aprendizagem me chamam mais a atenção? Como agi frente ao que observei? Aleatórias, de início, essas pequenas notas passarão a fazer sentido ao longo do processo. Reorganizá-las suscita a metacognição do professor sobre o seu fazer pedagógico e a aprendizagem dos estudantes. A partir de experimentações como essa, o professor poderá reformular os seus registros, muito mais do que por medidas administrativas ou determinações alheias.[2]

Também no caso dos gestores, as anotações sobre o desenvolvimento dos membros de sua equipe poderão servir à sua própria metacognição, isto é, eles poderão analisar seu próprio processo de desenvolvimento (Que tipo de cobranças tenho feito? O que não tenho observado? Como reajo quando minhas expectativas não são atendidas? etc.), sobre o qual tratarão junto ao seu gestor imediato, aquele a quem se reportam, dando continuidade à Rede de Formação. Uma rede que se estende na vertical, para cima e para baixo, e também na horizontal, na interformação com seus pares.

Quando o objetivo é a construção coletiva de conhecimentos, uma das estratégias que têm se mostrado de grande utilidade é o Registro individual antes de iniciar qualquer conversa sobre o assunto: cada um escreve durante alguns minutos o que pensa sobre o tema em pauta. Depois, cada um lê o que escreveu e inicia-se a discussão. Esta estratégia, aparentemente bem simplória, tem demonstrado um grande poder para a riqueza do resultado final. E um dos fatores para isso é o envolvimento de todos na busca da solução. Como todos escrevem e leem, evita-se a tão comum fala "concordo com ele (ela)", pois, antes de saber

---

[2]. Hoffmann, Jussara. *Avaliar para promover – as setas do caminho.* Porto Alegre: Mediação, 2001, p. 134.

o que ele (ela) falaria, cada um buscou dentro de si as *suas* respostas. Essa estratégia ajuda, ao mesmo tempo, a criação de uma *equipe* de trabalho, para além de um *grupo* de pessoas. *Todos* participam! Inclusive os mais tímidos e os que preferem ouvir a se expor no meio de um debate. Estes terão a sua vez, após terem tido tempo para a sua reflexão em um espaço individualizado e no seu ritmo. O espaço de sua escrita. Vemos que, apesar de o objetivo central aqui não ser a formação, há também uma grande oportunidade formativa embutida nesta estratégia.

Registros coletivos

No caso das Rodas de formação das coordenadoras pedagógicas da Prefeitura de São Paulo (CP), a estratégia descrita no tópico anterior foi utilizada para a diferenciação dos tipos de Registro adequados à prática do professor e à do coordenador. Isso foi uma novidade, pois a questão inicial que trouxeram ao grupo de formação foi: "Como fazer para os professores registrarem sua prática?" Os Registros dos professores eram vistos como necessários para a reflexão deles sobre a prática, de modo a propiciar uma atuação docente atenta aos alunos, às suas características específicas e aos movimentos da dinâmica de cada classe e, assim, conduzir os projetos de conhecimento de maneira significativa para eles. Mas e a reflexão dos coordenadores sobre sua própria prática? E os *seus* Registros como instrumento para essa reflexão? Assim como os professores, os coordenadores precisavam também de uma atuação atenta, identificando os desafios com relação à direção da escola e aos professores, ajudando-os em sua formação.

Após a escrita individual sobre as características dos Registros de professores e os de coordenadores, foi feita a partilha, com a leitura individual. Nesse momento, um Registro coletivo ia sendo construído na forma de um quadro comparativo, em flip-chart.

> Além de falar (e, a propósito, como falamos!), Cecília nos propôs um grande desafio: registrar. Tivemos de descobrir, na prática, a relação da escrita com a elaboração de pensamentos, sentimentos e emoções. O foco de nossa formação, enquanto CPs, tem seu eixo voltado especificamente para o próprio CP. Não estamos mais a falar da formação do professor, de suas dificuldades, nem estamos centradas nas dificuldades de aprendizagem dos alunos. Desta vez, em nossos encontros, éramos o centro das preocupações e reflexões. O Registro passa a existir na vida de quem nunca pensou nisso. Ganha significado novo para quem já o fazia. Passa a existir como instrumento da própria formação. Causa um rebuliço interno em nós.
>
> *Juliana, CP*

Quadro 8.1 – Comparativo entre os Registros do professor e os Registros do coordenador pedagógico

O PROFESSOR E SEUS REGISTROS	O COORDENADOR E SEUS REGISTROS
• Há mais necessidade de registrar o que (e como) aconteceu para poder reformular seu planejamento, porque isso traz segurança	• Não sente necessidade de registrar o próprio planejamento. Faz Registro de reuniões de modo pouco sistemático.
• O professor tem com quem partilhar e é cobrado! Partilhas e elogios estimulam!	• O coordenador não é solitário. Não é cobrado por ninguém específico, mas também não tem com quem compartilhar.
• Cotidiano do professor é mais contínuo.	• Cotidiano do coordenador é mais fragmentado.
• Local propício: caderno.	• Local propício: fichário.

Na CS, utilizamos a mesma estratégia para diferenciar Roda de Reunião (como já me referi ao tratar dos tipos de Roda): um primeiro momento para os Registros individuais e um segundo para a partilha no grupo, acompanhada da montagem de um quadro comparativo em flip-chart. Esse era um Registro coletivo e significativo.

Na empresa de aeronáutica, a mesma estratégia foi utilizada para explicitar as diferenças entre o que os participantes já conheciam (o processo de investigação) e aquilo que estavam aprendendo: o processo de Business Intelligence, para o qual também havia entrevistas e relatórios. Das características listadas individualmente, fomos destacando alguns aspectos para a comparação entre os dois processos: objetivos, quando se faz, visão de pessoas, etapas do processo, estrutura do relatório, características e resultados. Esse quadro fez parte do portfólio final, que se tornaria um material de consulta – à semelhança de uma apostila – e que também ajudaria os novos integrantes da equipe, pois ali estavam os conceitos e conteúdos da prática de Business Intelligence incorporada na empresa. Uma "apostila" construída de "dentro para fora".

Esse portfólio é um exemplo de Registro coletivo, *assim como* os Livros da Classe, dos quais falei em *Rodas em Rede*. Nesse caso, o material a compor o Livro da Classe ia sendo coletado durante o ano letivo e, em seu final, estruturado em forma de livro, a partir de uma seleção e de reflexões sobre o processo vivido, explicitando, assim, o conhecimento construído pelo grupo coletivamente.[3]

Na CS, empresa de gestão de risco, que incorporou as Rodas e Registros em seu cotidiano, Registros individuais e coletivos passaram a ser elaborados em todas as áreas e níveis hierárquicos. Dessa maneira, conhecimentos e processos novos iam sendo criados, compreendidos por todos, que se tornavam por eles responsáveis.

---

3. Exemplos de Livros da Classe encontram-se no capítulo "Formação no trabalho" de *Rodas em Rede*.

A distinção de tipos de Registro por objetivos (de *formação* ou de *construção coletiva de conhecimentos*) é apenas didática. Muitas vezes podemos criar Registros que atendem aos dois objetivos ao mesmo tempo. No caso das Rodas com as Coordenadoras Pedagógicas, por exemplo, eu escrevia um texto de um encontro para o outro, que chamava de "síntese", mas era uma reflexão na qual eu comentava cada um dos momentos vividos pelo grupo e introduzia alguma teoria que a eles se relacionasse, de modo que era não só *formativo*, como também se referia a uma *construção de conhecimentos*: conhecimentos teóricos em estreita relação com as práticas pedagógicas das CPs e memória do percurso do grupo que estávamos, juntas, construindo. Iniciávamos cada encontro com a leitura desse texto, de modo que ele também ajudava na retomada do anterior, ocorrido quinze dias antes, e na continuidade do processo a partir dali. Um trecho de um desses textos virá logo adiante, ao exemplificar um tipo de Registro que ocorre depois da Roda.

Os três momentos do Registro

No processo de aprofundamento das práticas de formação, de construção de conhecimentos e das equipes de trabalho, os Registros acompanham cada Roda, feitos antes, durante e depois dela.

Quadro 8.2 – Os três momentos do Registro

1 – Antes

O coordenador faz um planejamento, baseado em suas reflexões e nos Registros da Roda anterior. Destaca itens para a pauta, a partir do que ficou pendente ou a partir de sua observação do grupo entre uma Roda e outra. Esse plano provavelmente será acrescido ou modificado no início da Roda ao elaborarem a pauta conjuntamente.

2 – Durante

Vários Registros são feitos durante a Roda. Coletivos e individuais, pelo coordenador e por cada membro do grupo. Registros coletivos em painéis ou quadros podem dar suporte visual aos temas em discussão. E poderão ser retomados em Rodas posteriores. Também durante a Roda são feitas anotações individuais, garantindo que cada um possa ter como recorrer ao histórico do que se passou, do que foi combinado, do que o marcou pessoalmente, de modo a poder resgatar para a continuidade de suas reflexões. Sempre que possível, o coordenador também faz anotações do que se passa para poder retomar depois em suas reflexões posteriores.

3 – Depois

O coordenador faz reflexões por escrito, podendo registrar episódios, questões que mobilizaram o grupo – ou alguns de seus membros – e suas reflexões sobre elas para levar hipóteses e proposições para as Rodas seguintes. Há também situações, mesmo que não sejam especificamente de Rodas, que o Registro posterior pode ajudar não só para novas reflexões, mas também no lidar com as emoções. Sobre isso falarei adiante em "escritas que curam".

Um exemplo de Registro depois da Roda é o texto-síntese dos encontros de formação com as Coordenadoras Pedagógicas. Era uma síntese do encontro anterior acrescida de minhas reflexões. Às vezes, também outros membros do grupo a faziam e liam nesse momento inicial, o que facilitava a continuidade entre os encontros e o aprofundamento dos temas em discussão que reapareciam nas sínteses de encontros posteriores. A seguir, veja o exemplo de um desses Registros da "síntese reflexiva":

Quadro 8.3 – Registro de uma Roda com as CPs

CURSO DE FORMAÇÃO DE EDUCADORES: "LIDAR COM O NOVO E COM AS DIFERENÇAS NA FASE DE INTEGRAÇÃO EMEI/CEI: UMA ABORDAGEM DE FORMAÇÃO EXPERIENCIAL"

Cecília Warschauer

REGISTRO DO ENCONTRO DE 4 DE OUTUBRO DE 2002

Pauta:
– leitura dos textos-síntese!
– partilhar vivências pessoais da atividade "A Quem Pertence o Meu Tempo?"
– partilhar os textos sobre o humor (e seu poder transformador)
– avaliação do dia

Esse foi, realmente, um encontro divertido, além de produtivo e profundo. Acho que poderíamos falar dele como um exemplo do poder da alegria como mobilizadora da reflexão... Conseguimos falar de regimes e de namorados sem perder o foco de nosso objetivo de trabalho, que era incorporar o fato de que cada pessoa é única e complexa, assim como cada situação vivida. E é justamente quando nos aprofundamos nesse ser único e nos seus contextos que podemos nos identificar e compreender o outro. Digo incorporar porque se trata de assimilar em nosso corpo! Estamos cansadas de falar e de ouvir a mesma coisa: cada um é um, mas estamos quase sempre abismadas e incomodadas com as diferenças pessoais e com dificuldades de nos relacionarmos com elas...

Por exemplo, quando falávamos que "cada um vai emagrecer de um jeito", evitando os modismos das dietas e os controles exagerados na ingestão de alimentos, estávamos nos referindo às histórias contadas sobre os regimes experimentados e seus efeitos. Querer emagrecer para poder ser uma pessoa "mais leve" e alegre e, aí sim, encontrar um namorado, ou encontrar um namorado para apaixonar-se pela vida, baixar a ansiedade e... emagrecer? É a velha história de o que vem antes: o ovo ou a galinha? É melhor não perder tempo nessa discussão, pois não há uma resposta única, mas várias, pelo simples fato de a vida das pessoas ser complexa e não poder ser reduzida a uma lógica linear, a uma equação que sempre funcione.

Ainda durante a leitura de minha síntese, a conversa "pegou fogo": relatos dos conflitos na escola e da dificuldade de lidar com as diferenças. Eu comento que temos não só uma diversidade entre as pessoas, mas também dentro de nós mesmos: não somos um, mas vários, como disse Rubem Alves em seu texto "Quem sou eu?".[4] Por coincidência, eu estava lendo seu livro e tinha o texto comigo. Li um trecho.

Falávamos da complexidade das relações, da complexidade no olhar sobre as coisas, como a que percebemos ao analisar

---

4. Alves, Rubem. "Quem sou eu?". *Concerto para corpo de alma*. Campinas: Papirus, 1998, pp. 29-34.

o quadro de rotina, com suas múltiplas interpretações quando consideramos a subjetividade, pois é aí que mudamos de paradigma, nos deparamos com antagonismos que podem conviver em uma só pessoa. Sou Cecília. Sou Cedibra. Sou fada e bruxa...[5] Há quem tenha encontrado dentro de si o eu-patrão, o eu-gerente, o eu-dócil...

Bom, essa foi a minha síntese de nossa animada conversa. Teremos no próximo encontro outras versões dessa conversa? Estou torcendo para que sim...

Após a leitura de minha síntese do encontro anterior, outras sínteses foram lidas, ampliando os olhares sobre o vivido, explicitando e documentando a riqueza e a diversidade dos olhares sobre uma mesma situação. Olhares diferentes que são verdadeiros igualmente, a partir de uma mesma situação. Eis a complexidade.

Ao partilhar mais algumas vivências com a atividade do quadro de rotina, mais boas risadas e mais profundas reflexões: parar para registrar as atividades cotidianas e analisá-las é uma preciosa oportunidade para viver a solidão construtiva, que é a que permite a conversa com os vários eus que nos habitam...

Mas há outros tipos de solidão, como aquela sentida quando não encontramos parceiros. É comum essa solidão profissional quando não temos uma parceria entre o CP e o diretor. Nessa situação, muitos projetos na escola podem ser frustrados... Porém, podemos nos perguntar: Qual é a oportunidade que está escondida atrás desse obstáculo? Fazer-nos essa pergunta é uma forma de nos ajudar a sair da queixa imobilista e avançar, apesar das dificuldades e... graças a elas.

---

5. Referências a *A Roda e o Registro*.

Há também uma dimensão curativa em alguns tipos de Registro. Como os que escrevia sobre minhas emoções em alguns momentos particularmente difíceis. E, ao acompanhar profissionais nas "Rodas de Dois", que também utilizaram esse recurso para lidar com suas emoções geradas por situações tensas, essas escritas remetiam a um poder apaziguador, no mínimo.

O jornalista científico Massimo Barbieri divulga algumas pesquisas a esse respeito. No artigo "Escrita para curar",[6] ele relata experiências de cientistas que comprovaram a eficácia da escrita na saúde. Um deles, James Pennebaker, da Universidade do Texas, pediu que os estudantes escrevessem por 15 minutos, todos os dias, durante quatro dias, os pensamentos suscitados por experiências traumáticas. Eles não deveriam se preocupar com a qualidade dos textos do ponto de vista da gramática, ortografia ou com a estrutura do período, e nem se identificar. Uma vez iniciada a escrita, os voluntários deveriam prossegui-la, sem se deter.

> Os resultados foram surpreendentes: os estudantes, em geral de classe média alta, descreveram uma penosa lista de histórias trágicas. Estupros, violência na família, tentativas de suicídio e problemas com drogas foram os temas mais comuns. "Metade deles descreveu experiências que qualquer psicólogo consideraria traumáticas", constatou Pennebaker. A partir dessa primeira experiência, os alunos de Pennebaker foram acompanhados durante todo o ano escolar. Descobriu-se que a frequência de suas visitas ao centro médico universitário diminuiu, pois os problemas somáticos reduziram em quantidade e intensidade. Essa

---

6. "Escrita para curar". Revista *Mente Cérebro*, abril 2008. Disponível em: <http://www2.uol.com.br/vivermente/reportagens/escrita_para_curar.html>.

foi a primeira demonstração de que a "técnica da escrita" pode ter efeito positivo na saúde em geral, inclusive na saúde física.[7]

Outras pesquisas seguiram-se à de Pennebaker, como as de Joshua Smyth, que constatou a redução nos níveis de cortisol (hormônio, produzido por uma glândula do sistema neuroendócrino, ativado nos momentos de estresse) em pacientes que escreveram sobre seus traumas, ou as de Luigi Solano, da Universidade La Sapienza, autor de *Scrivere per pensare* (Escrever para pensar). Solano sustenta que a escrita "ensina" a mente a pensar de forma mais complexa e articulada: "É uma espécie de exercício mental que ajuda nas relações com os outros e consigo mesmo. [...] Os experimentos mostram ativação de habilidades sociais, maior facilidade para se expressar afetivamente e, em alguns casos, a escrita ajudou a redefinir metas profissionais." É como se, ao serem colocados no papel, desejos, necessidades e emoções se tornassem mais claros, como diz Barbieri.

Percebi isso várias vezes ao escrever diários ou alguns textos, como o "Nossas escritas na escola e as escritas da escola em nós", que apresentei em um congresso de psicopedagogia, no qual ressignificava vivências dolorosas na escola.[8] Foi também o caso dos textos sobre meu pai, tanto no blog quanto ao escrever o capítulo sobre ele neste livro. Nesse caso, buscava uma linguagem capaz de expressar a sensibilidade do que relatava. O humor por vezes contribuía, ao mesmo tempo que criava certa distância para falar das emoções, quando elas afloravam e eu lembrava de situações tragicômicas na convivência com ele, mesmo que nem todas presentes na versão final do capítulo. Em *Rodas em Rede*, ao abordar as "condições favoráveis à formação", tratei do humor como uma delas.

---

7. *Idem.*
8. Cf. capítulo "A construção da autoria" de *Rodas em Rede*.

Outro texto, mais recente, que apresentou essa capacidade de curar foi o que escrevi após um sequestro relâmpago. Surpreendo-me como não fiquei traumatizada com uma situação tão limite como aquela. Acho que me ajudou muito o trabalho corporal que fiz logo após, utilizando a técnica de Somatic Experiencing, mas também a escrita desse texto. Enquanto o escrevia, chorava e ria.

> *Nas duas horas e trinta minutos em que fiquei em poder dos sequestradores, o objetivo daquela "convivência" era muito claro e martelava em minha cabeça: "Eles precisavam ficar calmos e felizes para me libertar." E eu deveria fazer de tudo para atingir esse objetivo. E nesse tudo havia vários outros objetivos: (a) manter-me calma, percebendo e acompanhando as batidas de meu coração nos momentos em que o diálogo entre nós cessava; (b) não mentir, para não cair em contradição, mas, ao mesmo tempo, (c) tentar não falar nada que pudesse levá-los a crer que eu era alguém que valesse algum resgate, o que prolongaria o sequestro; (d) ouvir tudo o que falavam, tentando destrinchar o que poderiam estar querendo dizer para situar melhor minhas falas, pois havia um vocabulário muito diferente do meu e que me parecia, além disso, cifrado. Eles decidiam o meu destino.*
>
> *De fato, me encheram de perguntas, e eu fui tratando de inserir, nas respostas, informações que eu queria passar para que se convencessem de que eu "não valia grande coisa" e não conseguissem armar uma situação para pedir resgate a alguém. Por exemplo, passei a informação de que eu morava sozinha, de que cuidei por anos de meu pai, que ele era uma pessoa maravilhosa e que ele tinha acabado de morrer havia quatro meses (Quem sabe eles não se sensibilizassem com a minha história? Afinal, talvez tivessem tido boa ligação com pai ou mãe e/ou perdido uma pessoa querida.).*
>
> *Quando perguntaram quanto valia o meu relógio, aproveitei para dizer que era baratinho, porque eu era professora. Mesmo as-*

sim, pediram-no. Felizmente era verdade, o relógio não valia nada (a não ser para ver as horas). Não caí em contradição, o que aumentava minhas chances de "confiarem em mim". Confesso que tive sentimentos contraditórios no momento em que me devolveram o relógio. Senti certo alívio por constatar alguma humanidade na relação, o que poderia significar que também me devolveriam a liberdade. Ficar com o relógio me seria útil, ao menos para ver as horas. Por que não o atiraram pela janela ou o largaram no chão do carro? Parecia não haver sadismo na relação comigo, o que era um alívio. Mas, ao mesmo tempo, senti certa humilhação ridícula, por não ter um relógio melhor. Nunca valorizei isso, e ali, em uma fração de segundo, fiquei envergonhada pela qualidade do meu relógio, que nem os bandidos queriam. E, na fração de segundo seguinte, me surgiu o ridículo daquele pensamento, principalmente em uma situação como aquela. E, afinal, foi justamente a "falta de qualidade" do relógio que havia me ajudado: eu ao menos poderia me orientar no tempo, no meio da grande desorientação daquela situação. Estava perdendo o foco. Precisava prestar atenção na conversa entre eles.

Reforçar que era professora parecia um bom caminho a investir naquela conversa: sensibilizá-los quanto a essa profissão "de doação", ao mesmo tempo reforçando a ideia de que eu realmente não tinha posses (E se eles tivessem tido uma péssima relação com uma professora, de modo que em vez de ficarem sensibilizados ficassem com raiva?) Ainda bem que essa ideia não me passou pela cabeça naquele momento e achei que estava ganhando algumas pequenas batalhas naquele diálogo, o que me deixava mais confiante.

"Professora de quê?" "De didática." "Ginástica?" E lá fui eu explicar o que é didática para eles.

Eu estava deitada no banco traseiro e coberta, algo que remetia à brincadeira de cabra-cega de minha infância. Mas na realidade era isso mesmo: eu juntava os sons, a percepção dos movimentos do carro e os comentários deles, verbalizava minhas hipóteses, algo que também poderia criar uma ponte de humanidade entre nós... Mas parei após ter dito para eles: "Nossa, até numa situação dessas vou contar piada!" Eu sabia que isso era fruto do nervosismo e da tentativa de disfarçá-lo. Mas talvez estivessem cansados de ouvir tanta tagarelice e ficassem nervosos, e meu grande objetivo de que ficassem calmos iria por água abaixo. Eu precisava garantir isso. E eles já pareciam calmos, só aguardavam que os comparsas dessem o sinal de que tinham feito todas as compras com os meus cartões para me libertar. Por um momento, lembrei, com saudades, de meu pai; ele sim era um piadista inveterado, famoso por isso em suas aulas. A única nervosa ali, no momento, parecia ser eu mesma, apesar de buscar alguma ajuda no humor. Era melhor eu ficar quieta e rezar por ele (o que eu fazia regularmente nos últimos meses). E por mim.

Portfólios de aprendizagem e de formação

> *"A narrativa revelará sempre a marca do narrador, assim como a mão do artista é percebida, por exemplo, na obra de cerâmica."*
>
> Walter Benjamin

Registrar o vivido permite evidenciar uma história. E refletir sobre essa história é também formar-se, é trabalhar "o nosso barro", dando contornos singulares a essa cerâmica, sempre em transformação, como é a nossa identidade. Um processo em curso que a narrativa de vida vai desvelando à medida que progride.

> Identidade é história. Isso nos permite afirmar que não há personagens fora de uma história, assim como não há história (ao menos história humana) sem personagens. Como é óbvio, as personagens são vividas

pelos atores que as encarnam e que se transformam à medida que vivem suas personagens.[9]

O portfólio, como veículo de uma narrativa de vida, está a serviço da construção da identidade em permanente transformação, ou em metamorfose, como propôs Ciampa.[10] A escrita de portfólios reflexivos é uma estratégia de formação a serviço desse processo identitário, ao conferir autoria (e autoridade) sobre a própria vida, um reconhecimento de sua capacidade de refletir sobre as situações de incerteza e de imprevisibilidade que caracterizam os contextos de trabalho e de vida.

> Este *sentido de autoria* com tudo que acarreta de responsabilização, mas também de reconhecimento, constitui uma viragem fulcral na construção da profissionalidade e, desse modo, na estruturação da identidade própria no modo singular como cada qual equaciona e procura resolver e gerir os problemas e dilemas que cada profissão pressupõe e apresenta.[11]

O portfólio reflexivo é uma estratégia de formação que evidencia o modo como cada um se apropria singularmente da informação e reconstrói o seu conhecimento prévio. Ele permite que seu autor tome consciência de seu percurso, das experiências isoladas e dos conhecimentos dispersos, bem como das aprendizagens realizadas, que ganham forma e sentido quando colocados em relação. Esse processo reflexivo de identificar os elementos significativos e seus contextos e construir relações entre eles é, em si, uma oportunidade formativa.

---

9. Ciampa, Antonio da C. *A estória do Severino e a história da Severina: um ensaio de psicologia social.* São Paulo: Brasiliense, 1998. p. 157. (1ª edição: 1987).

10. *Op. cit.*

11. Sá-Chaves, Idália. *Os portfólios reflexivos (também) trazem gente dentro* – reflexões em torno do seu uso na humanização dos processos formativos. Porto: Porto Editora, 2005, p. 7 [grifo no original].

Apresentar essa oportunidade a profissionais de diferentes contextos de atuação implica o desenvolvimento de habilidades de ordem técnica e reflexiva. Habilidades operatórias de seriação, classificação, estabelecimento de relações, criação e utilização de critérios, identificação e atribuição de sentidos. Habilidades que podem ser desenvolvidas também pelas crianças e jovens nas escolas, quando constroem esses portfólios. E também por seus professores, enquanto orientam seus alunos e refletem sobre sua própria prática e processo de formação. Reflexões individuais e coletivas em uma Rede de Formação em que uns se formam enquanto formam outros.

E esses portfólios podem também ser utilizados para o reconhecimento e a validação de aprendizagens realizadas fora de contextos formais de ensino, no universo das experiências de vida, em seus contextos vários.[12] Enquanto nos contextos formais as aprendizagens são prescritas por especialistas, definidas *a priori* e padronizadas, as aprendizagens experienciais dão espaço à individualidade, porque baseadas em histórias de vida singulares e identificadas somente *a posteriori*.

> A narrativa experiencial serve de base para um inventário de capacidades e competências e traduz-se num portfólio que funciona como um recurso que a pessoa poderá utilizar, quer num contexto de emprego, quer num contexto de formação.[13]

Vale lembrar o paradoxo destacado por Rui Canário quanto ao reconhecimento e à validação de aprendizagens adquiridas pela experiência. O paradoxo reside no fato de essa prática ter originalmente uma inspiração humanista, proveniente do movimento da educação perma-

---

12. Na Europa, há políticas e práticas de "reconhecimento dos adquiridos experienciais", como, no caso português, os cursos EFA (Educação e Formação de Adultos) e da rede CRVCC (Centros de Reconhecimento, Validação e Certificação de Competências).

13. Josso, Marie-Christine. *Experiências de vida e formação*. São Paulo: Cortez, 2004, p. 32.

nente dos anos 1970, no qual se afirmava o primado da pessoa e do "aprender a ser", mas cuja evolução no campo da educação de adultos substituiu esse primado por "uma orientação educativa funcionalmente subordinada à produção de indivíduos definidos pelas suas capacidades de produtividade, de competição e de consumo",[14] porque orientada para a formação de "recursos humanos".

Registrar as aprendizagens para evidenciar competências não é uma técnica neutra. A serviço de quê? Para quem? Estas são algumas das questões que devem ser tema de reflexão e provocar posicionamentos, mesmo que eles estejam no centro do paradoxo e das contradições que fazem parte da complexidade do mundo moderno. Em que medida definir os indivíduos pela sua capacidade de produtividade, de competição e de consumo é compatível com a construção da pessoa, baseada no seu próprio caminho de *aprender a ser*?

Como destaca Canário, há uma estreita margem de manobra para os formadores, que se situam entre a razão emancipatória, que valoriza o desenvolvimento da pessoa humana, e a razão instrumental, que subordina o indivíduo à racionalidade do mercado. Mas há uma margem de manobra! E que pode ser alargada a partir de um exercício de lucidez e pela competência de gerirmos essa e outras tensões presentes nas instituições atuais.

Portfólios na escola

Não só no âmbito da formação de adultos, também na instituição escolar há tensões, no seio das quais se inserem as práticas, ora mais voltadas a um de seus polos, ora a outro. A escola tem missões contra-

---

14. Canário, Rui. "Formação e adquiridos experienciais: entre a pessoa e o indivíduo". *In* Figari, G. Rodrigues, P. Alves, M. P. & Valois, P. *Avaliação de competências e aprendizagens experienciais – saberes, modelos e métodos*. Lisboa: Educa, 2006, p. 35.

ditórias: transmitir uma herança cultural e, ao mesmo tempo, preparar as novas gerações para mudanças; formar cidadãos e profissionais adaptados à situação econômica e política e formá-los cheios de iniciativa, livres e criativos. As práticas escolares se nutrem de correntes pedagógicas que enfatizam a individualização do ensino e a vivência do coletivo, caracterizando a tensão entre a individualização e a padronização. É novamente na gestão dessas tensões que se encontra a margem de manobra dos educadores.

É no quadro dessas tensões e da crítica ao modelo tradicional de ensino, basicamente heteroformativo, que tenho buscado, no universo das práticas, no cotidiano escolar, descobrir suas brechas e alargá-las, avaliando, a cada momento, a margem de manobra possível, pois o cotidiano é heterogêneo, descontínuo e é nele que os antagonismos se apresentam. No cotidiano escolar, encontramos preciosas oportunidades, pois "a prática nos permite sair das contradições onde a teoria nos aprisiona" e "o *concreto das práticas* nos convida a assumir a tensão e a vivê-la na história".[15] O cotidiano escolar é um espaço no qual aparecem, simultaneamente, a valorização dos saberes *e* dos aspectos relacionais, a prática *e* a teoria, oportunidades formativas para os professores *e* para os alunos, ao lado de todas as dificuldades e obstáculos ao desenvolvimento de cada um deles.

Cito o exemplo de uma escola que, apesar de sua estrutura basicamente tradicional, foi avançando gradativamente, em reuniões de estudo e reflexões coletivas em direção a projetos interdisciplinares com sentido para alunos e professores em paralelo a um currículo preestabelecido.

Os projetos interdisciplinares ampliam as margens de aprendizagens experienciais exatamente por quebrarem, ao menos em parte, a lógica

---

15. Meirieu, Philippe. *Aprender... Sim, mas como?*. Porto Alegre: Artes Médicas, 1998, pp. 29 e 38 [grifo meu].

tradicional do modelo escolar: um currículo fragmentado, acadêmico e gerido por territórios claramente definidos pelos professores de cada disciplina. Esses projetos eram discutidos pelos professores e avançavam a partir do envolvimento dos alunos. Havia uma preocupação de guardar os vários Registros para, no final do ano, cada aluno poder refletir sobre seu processo de aprendizagem à medida que uma narrativa ia sendo construída, mais ou menos reflexiva, proporcionalmente às suas possibilidades e às de seus professores. No primeiro ano de introdução dos portfólios, os materiais individuais (textos, desenhos, fotos acompanhadas de legendas, análises de filmes ou de livros e reflexões diversas) foram organizados pelos professores em uma sequência que contava a história do projeto interdisciplinar de cada série. Os Registros individuais foram encadernados com espiral, dando um formato de livro aos episódios daquela história. Os objetivos desses portfólios eram:

- Registrar os projetos interdisciplinares;
- Dar destaque às aprendizagens experienciais na escola;
- Focar a atenção na perspectiva do aprendente;
- Dar lugar à singularidade;
- Iniciar uma nova perspectiva avaliativa na escola, mais centrada nas competências e na dimensão experiencial; e
- Incorporar a formação dos professores no trabalho pedagógico da escola (à medida que cada professor escrevia um texto registrando o percurso vivido com os alunos em suas aulas).

Nesses portfólios podem-se perceber algumas das tensões presentes naquele cotidiano, por exemplo, entre a expressão individual e a padronização coletiva. Isto é, enquanto se evidenciava a singularidade de cada aluno pela quantidade de páginas – o que repercutia na espessura do portfólio – e pelo tipo de experiências ali registradas, o formato era o mesmo: um mesmo número de capítulos, cada um representando uma das partes dos projetos interdisciplinares propostos pela equipe de professores de cada série, a saber: 5ª série – "Viagens pelo mundo"; 6ª série – "Diversidade: você pode fazer a diferença"; 7ª série – "Cuidar: de si, do ambiente e das relações pessoais"; 8ª série – "São Paulo de todos e de cada um". Dessa fase participaram 250 alunos, de 5ª a 8ª séries (alunos de 11 a 14 anos).

No final do ano letivo, cada aluno refletiu sobre seu percurso e sobre as aprendizagens realizadas, redigindo um texto a partir de um roteiro semiestruturado, que propunha a reflexão sobre algumas competências,[16] procurando verificar qual a percepção dos alunos sobre seus aprendizados:

- Domínio da leitura e da escrita;
- Capacidade de fazer cálculos e resolver problemas;
- Capacidade de analisar, sintetizar e interpretar dados, fatos e situações;
- Receber criticamente os meios de comunicação;
- Capacidade de localizar, acessar e usar melhor a informação acumulada;
- Capacidade de planejar, trabalhar e decidir em grupo; e
- Desenvolver uma mentalidade internacional.

O desenvolvimento dessas competências não era o objetivo central dessa etapa de implantação dos portfólios. Elas estavam sendo tema de estudo dos professores e foram inseridas no roteiro de análise dos alunos para que eles pudessem participar do início da nova perspectiva avaliativa da escola, mais centrada nas competências e na dimensão experiencial, na qual a singularidade é cada vez mais considerada e a perspectiva do aluno ganha destaque.

---

[16]. Essas competências, propostas por Bernardo Toro, foram matéria de estudo dos professores em suas reuniões pedagógicas.

No ano seguinte, os estudos da equipe de professores prosseguiram a partir da avaliação daquela primeira experiência com portfólios. O fato de haver pouca mudança no corpo docente ajudava no aprofundamento das reflexões. De qualquer modo, havia um Registro dos estudos realizados pelos professores e exemplares dos portfólios que contavam uma história, de maneira que os novos professores podiam se inteirar de um processo já em andamento.

A maioria dos alunos também permaneceu na escola, na série seguinte, de modo que puderam participar mais das reflexões acerca da construção dos portfólios, que tiveram maior individualização, tanto no formato quanto no conteúdo, definidos desta vez mais por cada um, o que propiciou um avanço para uma "pedagogia diferenciada",[17] distinta da padronização.

Também quanto à prática avaliativa, foi introduzida uma reflexão bimestral do aluno, sua autoavaliação sobre suas aprendizagens naquele período, incluindo as atividades disciplinares e os projetos interdisciplinares. A autoavaliação foi introduzida após a leitura, pelo grupo de professores, do livro *Portfólio, avaliação e trabalho pedagógico*, de Benigna Villas Boas,[18] que define os princípios norteadores do portfólio:

- Construção pelo próprio aluno: de diferentes formas, dependendo da idade, orientação ao processo variável, o ponto de chegada é a autonomia do aluno.
- Reflexão: o aluno analisa suas produções, tendo a chance de refazê-las; o conceito é o de progresso, e não o de fracasso; o aluno não é penalizado pela aprendizagem ainda incompleta.
- Criatividade: poder explorar, ser impaciente ante a convenção e aberto ao desconhecido; apresentar evidências de aprendizagem de maneiras variadas.

---

17. Perrenoud, Philippe. *Pedagogia diferenciada*. Porto Alegre: Artmed, 2000.
18. Villas Boas, Benigna. *Portfólio, avaliação e trabalho pedagógico*. Campinas: Papirus, 2004.

- Autoavaliação: comparar as próprias produções a partir de critérios definidos pelos alunos e pelo professor; registrar suas percepções e sentimentos; desenvolver a capacidade de autoavaliação, que poderá lhe ser útil para toda a vida.
- Parceria: professores e alunos atuam juntos; parcerias variadas: aluno + professor/aluno + aluno/professor + professor; trata-se de outra concepção (e prática) do poder na escola (da Heteroformação em direção à Coformação).
- Autonomia: o objetivo é emancipatório (Paulo Freire); formação de um cidadão capaz de pensar e de tomar decisões.

No final do ano, além do processo de avaliação bimestral dos alunos sobre seu processo de aprendizagem, eles repensaram o percurso, escrevendo textos sobre o que quisessem destacar.

> No portfólio deste ano nós fizemos a capa num fichário que a escola comprou para que todos os alunos tivessem a mesma base. Os alunos tiveram a liberdade de personalizar o portfólio com mais espaço que no ano passado. Apresentaram muita criatividade ao utilizar diversos materiais, como: peças de brinquedos, contact de diversas cores, letras de revistas, figuras, reportagens de jornais, até areia chegaram a colocar!
>
> *Cristina, aluna da 8ª série*

> Neste ano, algumas alterações foram feitas. O portfólio está mais abrangente, inclui todas as atividades feitas nas disciplinas, desde provas até trabalhos sem nota. Como os trabalhos estão agora mais organizados, no futuro poderemos consultá-los quando formos rever matérias, por exemplo, para o vestibular. Agora o portfólio está mais espontâneo e original, ou seja, com a nossa cara!
>
> *Ana, aluna da 8ª série*

Também os professores intensificaram a prática reflexiva sobre o processo vivido e registraram essas reflexões em textos narrativos, evidenciando a autoria e a identidade profissional em permanente construção. A seguir, o texto de uma das professoras, no qual faz uma narrativa do processo vivido pelo corpo docente, ao refletir coletivamente sobre o processo de construção dos portfólios, junto com os alunos.

> Paralelamente às reuniões de estudo, outras reuniões foram reservadas para pensarmos na montagem do nosso projeto deste ano, que teve como tema central "A construção da paz". Este tema foi inesgotavelmente explorado por todas as disciplinas que apresentaram suas possibilidades de trabalho, a partir de três eixos: Eu (paz interior), Outro (paz social) e Natureza (paz ambiental). Valorizar a vida é valorizar a paz interior, a paz social e a paz ambiental. São as três pontas de um triângulo que tem a força de equilibrar o mundo em que vivemos.
>
> Para explorarmos o assunto, vários textos foram lidos e comentados. Entre eles o mais significativo foi o da "Comunicação não violenta", extraído de uma entrevista, na qual o Dr. Marshall Rosenberg, psicólogo clínico fundador do Centro de Comunicação Não Violenta (CNV), descreve os primeiros passos no uso do seu trabalho como ferramenta de reconciliação numa situação de terrível violência. O ponto culminante dessa leitura se deu quando, mergulhando na questão da comunicação não violenta, refletimos sobre a maneira de lidar com os conflitos. Foi uma reunião emocionante quando professores trocaram suas experiências de conflito com seus alunos e como trabalhariam para reverter essa situação. Quantas mudanças essas leituras e trocas de experiências devem ter gerado no nosso grupo. Mudanças bem lá no íntimo, só nós o sabemos.
>
> As reuniões de estudo prosseguiam. Precisávamos, também, cuidar da praticidade que envolvia a montagem dos portfólios. Uma delas foi o formato. Depois de trocar ideias e de ponderar sobre praticidade,

custo, personalização, conteúdo, manuseio etc., chegamos à conclusão de que a pasta tipo arquivo de papelão (pasta A-Z) satisfaria nossas necessidades.

E, assim, os projetos desenvolveram-se durante todo o ano letivo. De Artes a Português, de História a Religião, passando por todas as disciplinas, iam surgindo trabalhos, pinturas, poesias, redações, jogos comunitários, construções geométricas, álbuns de fotografias, viagens e visitas às instituições como a ASA (Associação de Santo Agostinho), onde o tema da PAZ se fez presente.

A cada bimestre, trabalhos e provas feitos e refeitos iam sendo guardados em pastas ou saquinhos plásticos com todo cuidado para não se extraviarem. Diferentemente do trabalho de 2004, em que fizemos um "Portfólio dos Projetos Interdisciplinares", em 2005 nosso trabalho foi um "Portfólio de Aprendizagem". O trabalho com portfólios só teria sentido (de acordo com o que lemos) se o professor, no final de cada bimestre, refletisse com seus alunos sobre a *prática avaliativa*, buscando sempre uma forma mais criativa de propor uma autoavaliação que propiciasse uma postura positiva de abertura à reflexão e que envolvesse a maioria dos alunos da classe. Precisaríamos, numa próxima oportunidade, fazer uma troca de experiências sobre a prática das autoavaliações.

Chegando à segunda quinzena de setembro, as pastas começavam a ficar prontas. Iniciamos então a sua montagem. Numa reunião, foram organizados os índices das disciplinas que fariam parte do portfólio. Contamos com alguns professores que se ofereceram para coordenar a organização dos portfólios com as classes. Guardar todos os trabalhos ou os mais significativos foi uma escolha difícil. Os critérios variaram muito: alguns quiseram guardar tudo; outros quiseram selecionar por conceito, eliminando os com F ou I;[19] já outros perceberam que os trabalhos fra-

---

19. F (fraco) e I (insuficiente) eram os dois piores conceitos. Os demais eram R (regular), B (bom) e MB (muito bom).

> cos que fossem refeitos adquiririam outro significado; outros optaram pelos trabalhos que lhes deram mais satisfação pessoal ao elaborá-los. Não importam os critérios, tudo fez parte do processo de crescimento e de aprendizagem.
>
> Sônia, professora de Matemática

A análise desse processo, junto com alunos e professores, demonstrou a diversidade de seu aproveitamento por cada um, tanto dos alunos quanto dos professores, uns mais e outros menos envolvidos no processo como um todo, o que é um reflexo do momento singular da história de vida de cada um. E era nessa tensão entre a oferta de oportunidades a todos e a liberdade de cada um se apropriar, no seu ritmo, e atribuir sentidos únicos que nos encontrávamos durante essa experiência com os portfólios nessa escola.

A utilização dos portfólios já não é novidade no campo educacional. Entretanto, nem sempre se tem a consciência da estreita margem de manobra ao lidar com os antagonismos presentes a todo o momento, sobretudo quando os portfólios são utilizados como forma de avaliação. E acabam servindo a causas classificatórias de apresentação de resultados. Qual então teria sido a finalidade de se colecionar as tarefas dos alunos, senão para acompanhar o seu progresso em determinadas áreas? É o que pergunta Jussara Hoffmann, especialista no campo da avaliação.[20]

> Um dossiê/portfólio torna-se significativo pelas intenções de quem o organiza. Não há sentido em coletar trabalhos dos alunos para mostrá-los aos pais ou como instrumento burocrático. Ele precisa constituir-se em um conjunto de dados que expresse avanços, mudanças conceituais,

---

20. Hoffmann, Jussara. *Avaliar para promover – as setas do caminho*. Porto Alegre: Mediação, 2001, p. 133.

novos jeitos de pensar e de fazer, alusivos à progressão do estudante. Essa "coleção" irá expressar, implicitamente, o valor conferido ao professor a cada um desses momentos. Reúnem-se expressões de sentido do aluno que servem para subsidiar e complementar a análise de sua progressão.[21]

Uma justificativa comum para a padronização é a "justiça". Entretanto, por trás dessa justificativa há frequentemente outros motivos, como a falta de tempo de análises das atividades e de processos individuais e a dificuldade de lidar com o antagonismo diversidade/unidade.

> A tendência à avaliação padronizada leva professores e escolas a uniformizar procedimentos avaliativos. É comum professores comentarem que não têm tempo para analisar seriamente as respostas de todos os alunos. Ou que não podem fazer registros diferentes por uma questão de justiça, porque os alunos e pais não aceitariam. É preciso quebrar esse padrão. Pode-se e deve-se analisar as tarefas de alguns alunos em determinados dias e, de outros, em dias posteriores. Se bem articuladas as tarefas e as anotações, os percursos individuais poderão ser acompanhados sem a rigidez de uma observação padronizada. Esses padrões acabam por tornar-se comparativos e competitivos, servindo a práticas seletivas e discriminatórias.[22]

Discutir em Rodas os porquês e para quês pode ajudar a romper esses padrões de pensamento e a construir um novo paradigma avaliativo. O exercício propiciado constantemente pelas Rodas de colocar-se no ponto de vista do outro e tratar de situações concretas e singulares ajuda nessa construção de novos padrões.

---

21. *Ibidem*.
22. *Idem*, p. 134.

As tais "dificuldades" – a falta de tempo, um critério duvidoso de "justiça", um exagero em padronizar processos e avaliações e o desafio de lidar com o antagonismo unidade/diversidade – encontram-se em contextos de formação de adultos, inclusive no campo empresarial, ao se pretender um desenvolvimento profissional dos funcionários por meio de um PDI, isto é, um "Programa de Desenvolvimento Individual", mas utilizando-o para classificações e atribuição de bônus por parâmetros padronizados, fugindo do objetivo formativo que o PDI deveria ter. Abordarei esse exemplo na terceira parte deste livro, ao relatar o *case* de uma empresa.

Portfólios na universidade

Foi no contexto da Formação On-Line (FOL) "A Teoria e a Prática das Rodas e Registros no Cotidiano do Educador",[23] que conversei com professores e pesquisadores sobre a utilização de portfólios em contexto universitário. Este foi um dos temas escolhidos pelos membros do grupo para abordarmos na Roda de partilhas virtual.

Iniciei o desafio dessa partilha enviando aos participantes o texto "Portfólio: um instrumento para o reconhecimento das aprendizagens adquiridas pela experiência", que escrevi por ocasião de um colóquio de pesquisa,[24] no qual relatava a experiência em curso com os portfólios na escola. Nesse texto, distingui dois objetivos para os portfólios: *oportunidade formativa* e *Registro de aprendizagens*. Para o início da partilha, propus que cada participante contasse as suas experiências e

---

23. Cf. o Capítulo 5, "A história de Roda & Registro".

24. Texto apresentado no XVII Colloque de l'Association pour le Développement des Methodologies d'Évaluation en Éducation (ADMEE). "L'Évaluation des Compétences entre Reconnaissance et Validation des Acquis de l'Expérience", pp. 118-119. Universidade de Lisboa, 2004. Disponível em: <www.rodaeregistro.com.br>.

reflexões sobre portfólios. Suas narrativas seriam enviadas por e-mail a todos. E, a partir daí, a discussão avançaria nos textos seguintes.

Insiro, a seguir, trechos da conversa sobre os portfólios que revelam as práticas e reflexões de alguns dos participantes, que citam vivências na FURG (Universidade Federal do Rio Grande) em Rodas no PIBID (Programa Institucional de Bolsa de Iniciação à Docência), entre outras.

> Há alguns anos eu tinha estranhamentos até mesmo com a palavra "portfólio". Pensava: seria uma espécie de diário? A aproximação aconteceu ao trabalhar em uma disciplina num curso de Pedagogia para professores em serviço, no município de Santo Antônio da Patrulha. A disciplina foi dividida com a professora Raquel, que sugeriu utilizarmos os "Portfólios Reflexivos" como forma de Registro, por parte dos professores. Desde narrativas de experiências que marcaram suas vidas profissionais até atividades pontuais desenvolvidas na disciplina. A Raquel já havia trabalhado com os Portfólios em turmas regulares de licenciaturas na FURG. Mostrou-me alguns exemplares que ainda guardava consigo, para leitura e posterior devolução. Explicou que "reflexivo" pretendia destacar que a escrita não deveria ser meramente descritiva, mas possuir um caráter de reflexão a respeito do narrado. Lembro de um deles ter chamado minha atenção pelo modo criativo como sua capa havia sido produzida, com grãos de cereais e adereços compondo as palavras. Em outros, muitas imagens registrando passagens pela escola, bilhetes de estudantes, roteiros de aulas etc. A primeira escrita que solicitamos no Portfólio, pelo que lembro, foi uma espécie de memorial, algo respondendo a pergunta: Como me tornei professor(a)? [...] Não me lembro de onde veio a ideia de partilha das narrativas na Roda. Inicialmente, acho que era apenas o exercício de escrita individual como aposta na autoformação. Certamente não havia, na época, a percepção da partilha na Roda como potencializadora desta formação.
>
> *Moacir,*[25] *FOL*

---

25. Moacir Langoni de Souza é professor na Universidade Federal do Rio Grande – FURG.

Retomando o texto sobre portfólios (Warschauer, texto on-line), o portfólio pode ser considerado como Registro e como oportunidade formativa e pode ter diferentes formas e formatos, considerando a análise do Registro um elemento fundante do portfólio, em que a criatividade, a avaliação do Registro, a parceria e a autonomia são elementos de autoria, encaminho minha experiência de um portfólio coletivo de viagem. Como estamos imersos em um mundo discursivo, vejo neste nosso trabalho e na escrita anterior sobre os Diários em Roda essa ideia que tive de um portfólio coletivo, feito em um caderno que registra nossa viagem ou expedição de estudos no VI Iberoamericano de Colectivos Escolares e Redes de Maestros/as, um evento em que o professor investiga sua prática. Nele são inúmeros os registros, os desenhos, as brincadeiras, as reflexões cuja análise mostra sua potencialidade ainda como Registro porque este foi feito na ação. Mostra também sua potencialidade de formação e reflexão à medida que encaminha reflexões. Mostra sua possibilidade de interação porque é Registro de contatos, de e-mails. Assim, termino esta reflexão sobre o portfólio realizado de 17 a 22 de julho, considerando que ele é Registro de competência como a define Terezinha Rios em todas as suas dimensões: técnica, política, ética, estética e, acrescento, interativa e dialógica.

Maria do Carmo,[26] FOL

Em nossa viagem para o VI Iberoamericano, em Córdoba, a Maria do Carmo desencadeou um processo de produção de um portfólio que iniciou já no aeroporto de Porto Alegre e só terminou no retorno, já com todas as páginas impregnadas de uma multiplicidade de registros (poesias, depoimentos, etiquetas, anotações de falas etc.), en-

---

26. Maria do Carmo Galiazzi é professora doutora da Universidade Federal do Rio Grande – FURG. Atua na área de formação de professores de Química, no grupo de pesquisa/formação CEAMECIM. Atualmente desenvolve o projeto de formação "Cirandar: Rodas de investigação desde a escola", buscando compreender os gêneros e tipos de discurso que aparecem nos diários.

volvendo pessoas de toda parte. E na segunda-feira, num dos e-mails trocados entre os participantes brasileiros comentando o evento, uma professora da Univates diz: "[...] O encontro estava muito bom. Escrevi sobre a energia que recebemos no evento no caderninho da professora de Rio Grande..."

Moacir, FOL

O caderno azul de bolinhas brancas possibilitou o Registro de diferentes momentos do evento, a ideia foi que todos nós registrássemos algo do evento: nossas alegrias, nossas aprendizagens, nossos desejos, nossas brincadeiras e o que a nossa imaginação mandasse. O portfólio foi passando para os participantes do evento de diferentes países, que deixaram sua mensagem, seus e-mails e a alegria de estar partilhando da escrita no portfólio do evento. Algumas lembranças também foram para o portfólio, como: o ticket do café no aeroporto, os desenhos do Jackson, as sementes do doce de maçã e o Registro do que essas lembranças significaram para nós. A escrita coletiva no portfólio do evento mostra a importância de escrever com os outros, de partilhar os sentimentos, as alegrias, os saberes e as vivências. Dessa forma, acredito que o portfólio, quando lido, conversado e refletido nas Rodas, possibilita que as histórias possam ser contadas de diferentes perspectivas. A cena e os agentes podem ser os mesmos, mas o propósito de narrar uma experiência e não outra é que faz a narrativa ter significado para o autor, e, quando partilha na Roda, o autor ou os autores percebem outros detalhes e significados, que cada leitor irá significar ao ler sua história.

Aline,[27] FOL

---

27. Aline Machado Dorneles é professora na Universidade Federal do Rio Grande. Investiga a escrita narrativa na formação de professores de Química.

Inicio este texto escrevendo sobre o Diário/Portfólio de Córdoba. Para dizer que o mais importante naquele processo foi o fazer coletivo, o articular ideias, o sugerir questões na curiosidade do que escreveriam os colegas e os demais participantes do evento. Mais que um Diário/Portfólio, nosso lindo caderno com bolinhas foi um tempo e um espaço de encontro com o outro e um encontro com nós mesmos. Foi um espaço que reforçou o valor do Registro, nos proporcionou boas risadas e que guardará muito da alegria que foram aqueles dias de muitas aprendizagens pela Argentina, gelada e quentinha ao mesmo tempo.

Cleiva, FOL

Lendo os textos de vocês, sobre Portfólios, percebi que há diferentes compreensões desse tipo de Registro, por vezes se aproximando de um Diário. Não acho que uma diferenciação seja fundamental, uma vez que se atingem os objetivos pretendidos com o Registro feito, seja ele chamado de Diário, seja de Portfólio. Mas um exercício de diferenciação pode ser útil para viabilizar uma clareza do que se espera do outro quando lhe propomos a realização de um Portfólio. O que caracteriza o Diário, em meu entendimento, é o caráter cronológico das reflexões. Já o Portfólio, dependendo de seus objetivos, terá uma estrutura diferente. Se for um portfólio avaliativo, por exemplo, espera-se que contenha evidências de aprendizagens realizadas, habilidades desenvolvidas. Outra característica que entendo diferenciar, grosso modo, Diários de Portfólios é que o Diário vai sendo escrito no processo, enquanto o Portfólio é produzido posteriormente, utilizando o material coletado e guardado durante o processo, e estruturado numa lógica que atenda aos seus objetivos. Em que medida o "Portfólio de Córdoba" se aproxima dessa visão de Portfólio? Em que medida teria características de Diário? Seria um misto, um "Diariofólio"?

Cecília, FOL

> Concordo com a Cecília sobre a diferença entre um diário ou caderno de registros e um portfólio. O portfólio coletivo do PIBID também tem essa ideia de uma escrita mais reflexiva. A Cleiva diz isso também, o Registro como andaime e depois a reflexão. Era essa a ideia quando propus o caderno azul na nossa viagem. Primeiro um Registro, e depois as reflexões, mas ele tomou um rumo interativo e se fez pensante. E ao olhar para muitas das experiências com o portfólio, seja mais reflexivo ou narrativo, parece-me que não adianta muito dizer "é para ser reflexivo" ou "é para dizer o que nos acontece". Cada um escreve aquilo que conseguiu figurar e configurar no texto. Acho que o Caderno Azul de Bolinhas é, sim, um Diariofólio Coletivo.
>
> Maria do Carmo, FOL

Essa conversa, com suas narrativas de experiências de portfólios e as reflexões sobre elas, demonstra como cada um se apropria, a seu modo, das informações, neste caso, do que é um portfólio, e como as pode transformar, tanto pela própria escrita reflexiva, que exige uma análise, quanto pela partilha com os outros, situação que o coloca diante de diferentes pontos de vista, podendo levá-lo a modificar os seus próprios, ou à criação de algo novo. Um exemplo é o que ocorreu comigo durante essa conversa. Inicialmente, eu não via aproximação entre o que é um Diário e um Portfólio. Pareciam-me práticas bem distintas, certamente porque me baseava em minhas experiências anteriores, nas quais não havia pontos que os aproximasse. Mas a prática narrada pelos integrantes do grupo, quanto ao que viveram na viagem a Córdoba, introduziu algo novo. Na partilha das reflexões, acabei por identificar naquela experiência algo diferente do que eu conhecia, ao mesmo tempo que minhas distinções quanto a esses dois tipos de Registro fizeram sentido nas reflexões dos autores daquela experiência. Da análise conjunta surgiu o que viemos a chamar de "Diariofólio".

Tanto essa Roda virtual como o assunto de que tratávamos – os portfólios – são práticas a serviço de uma formação humana, porque têm seu fundamento na pessoa e em suas singularidades. Ambos estão a serviço de uma progressiva conscientização do que cada um faz, pensa e sente em seus contextos de vida e de trabalho, incluindo, portanto, outras dimensões da pessoa, para além do racional. A criatividade, a ética e a estética, o prazer e o lúdico, assim como a afetividade caminham juntos nesse paradigma da formação, como evidenciado nas narrativas e partilhas mostradas anteriormente.

Portfólios na vida profissional

Também no contexto empresarial é possível elaborar portfólios reflexivos, a serviço das aprendizagens e de uma formação humana, mesmo que incluída em dispositivos de desenvolvimento profissional. Foi o caso da empresa de aeronáutica, apresentada no Capítulo 8. O Portfólio montado ao final do curso de Business Intelligence serviu para os dois objetivos do Portfólio, tanto como Registro de aprendizagens realizadas como oportunidade formativa.

Como *Registro de aprendizagens*, ele substituiu o que o grupo pedia no início: uma apostila com os conceitos e processos a serem ensinados, conforme mencionei anteriormente. O Portfólio trouxe aqueles conceitos e processos, mas a partir das aprendizagens realizadas, mediadas pela experiência e pela análise da prática. O eixo não estava no *ensino* de algo pronto, mas na *aprendizagem* de algo significativo, porque levava em conta os conhecimentos prévios, os construídos coletivamente e os contextos específicos de trabalho daquele grupo.

Como *oportunidade formativa*, ele incluía as pessoas. Por exemplo, havia trechos de sua história de vida, com fotos de momentos específicos, nos quais identificavam diferentes motivações pessoais, o que os ajudou a tratar de conteúdos do curso relacionados à subjetividade humana e suas motivações. Também os textos sobre as experiências de coordenação de Roda, de que falei anteriormente, revelam a pessoa, junto ao profissional em formação continuada.

Aqueles profissionais de segurança desenvolviam, além de habilidades e conceitos necessários à sua atuação, habilidades humanas cuja aplicação extrapolava o contexto profissional. Ali estavam pessoas que tinham suas famílias e entornos sociais e identificavam vivências e necessidades comuns como seres humanos. Entre elas, o enfrentamento de dificuldades na educação de filhos e de lidar com pessoas nos vários ambientes de convivência, no trabalho e fora dele.

Aprendiam que nos processos de formação não se trata de transmitir conhecimentos, em uma lógica heteroformativa, independente da pessoa. Um modelo importado de práticas educativas tradicionais, que veem o "a-luno" (sem luz) como aquele que deve repetir as informações transmitidas, sem espaço para a crítica e sem considerar a subjetividade presente em todos os processos relacionais.

As atividades do curso, que incluíam as Rodas e os Registros – e o Portfólio, um deles –, estimulavam um processo formativo como algo a realizar "de dentro para fora". O "aluno" se torna professor à medida que descobre a luz de sua motivação para desenvolver-se de forma cada vez mais autônoma. E essa era a intenção: formar a equipe de Segurança, e cada um de seus membros, com mais autonomia, inclusive para aprender.

> Esse trabalho de certa forma serviu para unir mais o grupo, transmitir mais confiança para que juntos possam tentar solucionar as questões. Esperamos que esta história não termine, pois esse trabalho fortaleceu a união do grupo e já está trazendo frutos, porque estamos começando a interagir com as outras áreas da segurança. Nesta fase final, a metodologia aplicada está explorando a motivação de cada in-

> divíduo, e é através dela que tentamos prosseguir aplicando os ensinamentos passados. O que passou não podemos alterar, mas o que está por vir só depende de nós.
>
> *José Carlos e Rodrigo, especialistas em Segurança, BI*

> Nada valeria se a informação fosse perdida no tempo, e para que isso não ocorra aprendemos a importância do Registro. Podemos destacar três pontos relevantes: primeiro, a questão de se preservar a informação; segundo, a possibilidade que o Registro permite a outras pessoas de se integrarem ao processo de forma rápida e autodidata (Portfólio); e, por fim, a oportunidade de melhorar a nossa escrita através dos relatórios.
>
> *Max, especialista em Segurança, BI*

O intuito de expor esses três contextos de aplicação dos portfólios, na escola, na universidade e na empresa, foi o de ampliar o espectro de aplicações desse instrumento, a serviço da formação humana, de modo a favorecer sua recriação em vários outros contextos.

Vale lembrar que o Portfólio não é um instrumento neutro e não é uma técnica a ser reproduzida em qualquer tempo e local, com vistas a um resultado utilitário (apenas), independente da história das pessoas envolvidas, de seus autores e formadores, e da instituição na qual está sendo utilizado, sobretudo quando o objetivo é avançar na criação de oportunidades para a Autoformação.

Esses processos de construção de portfólios reflexivos, na escola, na universidade ou na empresa, têm em comum não só uma compreensão do papel dos Registros na formação humana, como tem nas Rodas de conversa um caminho para sua construção. Os portfólios trazem narrativas de vida, os conhecimentos significativos à pessoa, sentidos singulares e expressam sua autoria e identidade em construção. As conversas fazem fluir as emoções e o raciocínio.

Com vistas a alargar as reflexões a partir dessa experiência específica para outros contextos, escolares ou não, destaco que o portfólio é um instrumento para:

- A tomada de consciência do vivido e das competências desenvolvidas;
- A indução de uma lógica de Autoformação em um contexto marcado pela Heteroformação (Gaston Pineau);
- O desenvolvimento de processos de pesquisa-formação,[28] tanto para os aprendentes quanto para os formadores (reflexão sobre as práticas);
- Criar um espaço para a pessoa e sua singularidade, ao mesmo tempo que se estabelece um dispositivo comum para todos (ideia dos antagonismos que fazem parte da complexidade);
- Articular as diferentes linguagens como expressão da pessoa;
- Introduzir relações com a escrita como "campo de produção" da formação.

---

28. A pesquisa-formação é uma metodologia na qual a pessoa é, simultaneamente, objeto e sujeito da própria formação. O livro *Rodas em Rede* é baseado nessa metodologia. Para aprofundá-la, consultar: Josso, Marie-Christine. *Experiências de vida e formação*. São Paulo: Cortez, 2004.

9.
Atividades psicopedagógicas a serviço da Autoformação

Nas Rodas, utilizo algumas atividades que contribuem para o autoconhecimento, a integração entre os membros do grupo, a criação de vínculos de confiança, o treino de várias habilidades de comunicação e o desenvolvimento da sensibilidade pela via do lúdico e das linguagens simbólicas e artísticas. Citarei algumas delas.

A LINHA DA VIDA

Já falei sobre essa atividade ao contar sobre o acompanhamento de meu pai em seus últimos anos de vida. Foi uma atividade para ele muito significativa. E também tem sido para várias pessoas em processo de desenvolvimento, em contexto profissional ou não. Em cada contexto, faço um tipo de adaptação, de modo a adequar as necessidades e possibilidades de aprofundamento específicas. Em sua criação, inspirei-me na "Metodologia das Histórias de Vida em Formação".

A construção da Linha da Vida é feita sobre uma matriz, em papel A4, que distribuo e serve de base sobre a qual cada pessoa fará a sua elaboração, localizando espacialmente os acontecimentos da vida, de acordo com sua cronologia e área de vida correspondente. São três as áreas que já estão definidas na matriz: "Vida Escolar e Acadêmica",

"Vida Profissional" e "Vida Familiar". As demais são de escolha de cada um, pela relevância que identificam em sua vida. Por exemplo, "Vida Artística", "Viagens", "Vida Espiritual", "Vida Amorosa" etc. Cada área de vida é definida espacialmente na matriz por uma faixa horizontal, dentro da qual são registrados os seus acontecimentos (ver Figura 9.1).

Nessa escolha de áreas significativas já começa a aparecer a singularidade de cada história de vida. No caso de meu pai, criamos uma faixa para as "moradias", pois estas definiam mudanças significativas de sua vida: fuga da Alemanha, vida familiar com os pais no Brasil, casamento e separação. No caso dele, as moradias correspondiam aos momentos de uma grande virada de vida, os "divisores de água", denominadas de *moments charnières*, na "Metodologia das Histórias de Vida em Formação". Depois da construção do gráfico da "Linha da vida", ele é apresentado oralmente para um pequeno grupo.

Os acontecimentos das várias dimensões de vida – registrados nas faixas horizontais – vão sendo referidos e colocados em relação uns aos outros, em sua cronologia. A narrativa cronológica ajuda nessa construção de relações, assim como as intervenções dos ouvintes, que contribuem com questões (mas nunca com julgamentos, o que é garantido pelo coordenador dessa Roda de partilha). Nessa narrativa, os momentos de virada (*moments charnières*) são também apresentados, ou, às vezes, somente ali percebidos, pois as relações estabelecidas pelo relato oral e pelas questões facilitam sua identificação.

Era comum colaboradores de empresas em Israel, onde utilizei essa atividade, incluírem uma faixa horizontal para as atividades do exército, uma dimensão forte da vida dos israelenses, homens ou mulheres, pois todos vão para o exército por alguns anos. Muitos deles são chamados periodicamente para atividades de reciclagem.

No caso da empresa de aeronáutica, referida anteriormente como BI, por exemplo, os especialistas em segurança necessitavam aprofundar-se

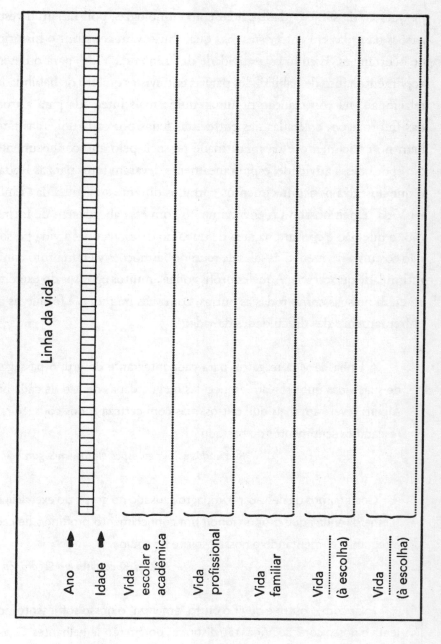

na questão da subjetividade e lidar com cronologias, pois faziam investigações baseadas em entrevistas, nas quais buscavam construir o histórico de ocorrências. Escolhi essa atividade da "Linha da Vida" para o desenvolvimento tanto de habilidades para as entrevistas quanto de habilidades relacionais, na constituição de uma equipe mais integrada para a troca das informações coletadas nas entrevistas feitas por cada um, mas também no crescimento e na maturidade pessoal, pelo autoconhecimento. Na época dessa atividade, espontaneamente, levaram fotos para as Rodas, o que ilustrava os acontecimentos narrados durante a partilha da "Linha da Vida" e demonstrava o envolvimento com essa abordagem de formação, o que não é comum na área de trabalho deles, na qual a vida pessoal não costuma frequentar as salas de reuniões. Emoções vieram junto com a intimidade que crescia. Aqueles profissionais, muitos egressos do exército, ali eram pessoas como todas as outras, com suas fraquezas e fortalezas no enfrentamento das dificuldades da vida.

> A Linha da vida resgatou para cada integrante do grupo passagens de suas vidas que estavam esquecidas ou guardadas dentro de cada um. Alguns revelaram mais que outros, mas com certeza todos conseguiram resgatar os sentimentos do passado.
>
> *José Carlos e Rodrigo, especialistas em Segurança, BI*

> Gostaríamos de destacar o impacto causado no grupo do exercício da "Linha da Vida", que proporcionou um conhecimento profundo de cada integrante, aumentando o nosso espírito de equipe.
>
> *Max, especialista em Segurança, BI*

> Falar com o outro e ouvir o outro "ameniza" o nosso sofrimento, acalenta o nosso coração. Vidas tão distintas, porém tão semelhantes! Consegui me ver um pouquinho em todas as histórias!
>
> *Paula, participante do workshop, FM*

> Acho que a Roda nos ensinou a nos tornar mais humanos e a perceber que por trás daquele medicamento que fazemos diariamente existem pessoas e várias histórias de vida. Como sempre trabalhei com oncologia em uma empresa que terceiriza o serviço, não tenho contato com os pacientes diretamente e sempre manipulei os medicamentos de forma automática.
>
> *Daniele, participante do workshop, FM*

> Não sou farmacêutica, estou aqui acompanhando o meu namorado. Sou atriz e achava que a farmácia não tinha nada a ver com a minha profissão. Hoje aprendi que também sou uma curadora, só que meu remédio é a arte. Através de minha conversa com a Daniele, que é farmacêutica, descobri que temos muito em comum, ambas colaboramos para uma melhor qualidade de vida das pessoas, ela com os pacientes e eu com o público que me assiste. Mais do que um medicamento, o importante é a troca de experiências e o contato humano que existe nestes dois afazeres. Temos o poder de ir além da química e tocar o coração de quem está presente no nosso trabalho.
>
> *Camilla, participante do workshop, FM*

A Quem Pertence o meu Tempo?

Utilizei essa atividade com vários grupos de adultos como forma de avançar com a Autoformação. Ao mesmo tempo, esta atividade era também uma introdução ao trabalho sobre administração do tempo. Com ela, iniciávamos abordando nossa relação subjetiva com o tempo, para depois passar a abordá-lo através de ferramentas auxiliares, que cada um escolhe e adapta à sua situação atual e característica da função profissional. Apesar dos estilos e das necessidades individuais, as partilhas no grupo, com a exposição das vivências e soluções de cada um, eram não só apaziguadoras do turbilhão de um frequente sentimento de sufoco como uma rica fonte de novas alternativas para as agendas pessoais.

"A Quem Pertence o Meu Tempo?" é uma atividade a serviço da Autoformação, uma vez que ajuda a tomar as rédeas da vida nas próprias mãos, neste caso, com relação ao tempo. Já me referi, ao tratar do processo de construir confiança, à nossa relação com o tempo, destacando a necessidade de inverter a lógica de estar a serviço de um tempo externo, pouco favorável ao estabelecimento de relações humanas.

Há um *trabalho* a ser feito, um trabalho de Autoformação, uma luta para se conquistar, para liberar-se e para dar um sentido ao que é polivalente e ambivalente, como diz Gaston Pineau.[1] Em seu livro *Temporalidades na formação*,[2] Pineau defende uma política de autogestão do tempo, partindo de reflexões sobre "o curso da vida e seus problemas" e sobre o "tempo vivenciado", apresentando, a seguir, uma tipologia de personalidades em relação ao tempo montada por W. Grossin.[3] Nessa tipologia, Grossin distingue cinco categorias: os resignados, os resistentes, os oportunistas, os reivindicadores e os vencedores.

Os *resignados* se submetem às imposições e vivem uma insatisfação profunda: trajetos muito longos, trabalho muito duro, pouco tempo em família e para férias. Por causa desse tempo opressor, eles formulam uma filosofia: "Não fazemos o que queremos na vida, já temos saúde e trabalho, que é o essencial, não se deve lamentar."

Os *resistentes* não têm essa "sabedoria"; essa vida opressiva os tornou agressivos, e essa agressividade não se canaliza, ela lhes escapa do controle em todas as ocasiões: recriminações, acusações verbais, impaciência.

Com os *oportunistas*, uma atitude ativa de organização temporal é esboçada. Eles tentam encontrar os "buracos", as "frestas" ou falhas

---

1. Pineau, Gaston. *Produire sa vie*. Paris: Edilig, 1983.

2. *Idem. Temporalidades na formação*. São Paulo: Triom, 2003, pp. 120-124.

3. Grossin, W. *Des resignés aux gagnantes: 40 cahieres de doléaces sur les temps*. Nancy: Université de Nancy, II, 1981.

temporais do tempo imposto, colocando-se dentro delas e alargando-as um pouco.

Os *reivindicadores* não se contentam com essas migalhas, eles querem uma situação mais livre. Portanto, querem mudar alguma coisa. Eles começam a pensar em estratégias e não somente em táticas. Eles buscam aliados e organizam ações de grupo.

Os *vencedores* alcançaram seu objetivo, isto é, conseguem uma boa repartição do tempo de trabalho/tempo de lazer, aquela que, ao menos, lhes parece a melhor. Conseguem estabelecer esse limite, que é variável conforme os períodos, mas é em função desse limite, desse equilíbrio, que eles gerem seu tempo.

Essa é uma tipologia qualitativa e não é estática, pois a passagem de uma categoria a outra pode descrever a pressão social atual em direção a políticas frontais de gestão do tempo.

A atividade A Quem Pertence o meu Tempo?, criada a partir dessa tipologia, começa com um Registro individual, como várias outras atividades, mas nesse caso o Registro é feito durante a semana que antecede: anota-se, diariamente, tudo o que foi feito em uma agenda semanal, respeitando os horários das atividades realizadas. Posteriormente, no grupo, apresento a tipologia, com uma cor associada a cada categoria. Cada um retoma seus registros na agenda, procura lembrar como se sentiu em cada atividade e escolhe a categoria que mais se aproxima daquele sentimento, pintando com a cor correspondente.

O passo seguinte é a partilha. Cada um apresenta sua semana anterior, com as reflexões no nível de detalhe que quiser, de modo a garantir sua privacidade e respeitar o nível de confiança entre os membros do grupo, lembrando que a confiança é um processo para o qual essa atividade pode também contribuir. Às vezes há uma cor predominante, outras vezes não. Muitas reflexões podem surgir nesse momento de partilha, seja do próprio autor, enquanto faz sua apresentação, seja na conversa que se segue, mediada pelo coordenador.

Foi o que aconteceu no grupo das Coordenadoras Pedagógicas, cujo ritmo de vida era centrado nas urgências e pouco restava para o *trabalho de pensar o trabalho*, tanto o realizado na escola quanto o das atividades domésticas. Esse "trabalho de pensar o trabalho" é o eixo das Rodas: um espaço para pensar a vida, distanciando-se dela para percebê-la de outros ângulos, às vezes só revelado pelo olhar de outros, sentados na Roda. Por isso, esse "trabalho" pode ser também expresso como o *prazer de pensar a vida*. Que sai enriquecida. Vejamos alguns exemplos.

Uma das Coordenadoras, ao tentar classificar sua primeira atividade do dia, "recolher o cocô dos cachorros", classificou-se como "resignada", visto que é uma tarefa que a "obriga" a acordar muito cedo e não pode deixar de fazê-la. Objetivamente, não é uma atividade que parece proporcionar algum tipo de prazer. Entretanto, ao analisá-la "de dentro", isto é, verificando o que ela *significa* para si, inserindo-a no seu contexto de vida (Por que tem os cachorros? Quem os trouxe? Qual o seu relacionamento com eles? etc.), pôde analisá-la incluindo sua subjetividade, de maneira que passou a ver-se como "vencedora". Foi nítida a mudança em seu rosto e a alegria com que relatava suas reflexões, finalizando com: "Amanhã cedo, vou coletar os cocôs com mais prazer!"

Outra coordenadora narrou sua "luta contra o tempo", lamentando-se por ter pouco tempo para estar com os filhos. "De manhã cedo é uma correria enorme, pois meus filhos demoram a acordar e a se aprontar." Ao fazer sua grade horária, percebeu que deveria mudar algo na organização de seu dia e sentiu-se uma "vencedora" na semana seguinte à atividade, pois à noite, em vez de só dar um beijo nos filhos, ficou com eles até eles dormirem. Desse modo, eles dormiram mais cedo, acordaram mais cedo e sua rotina de manhã foi menos corrida e tumultuada. De quebra, ficou mais tempo com os filhos.

Outra coordenadora, que também lamentava a falta de tempo com os filhos, revelou um constante motivo de brigas com o marido: um dos dois tinha que levá-los à escola, ficando horas no trânsito. Era um momento vivido com desprazer para eles, diante da vida já tão corrida, daí a classificação como "resignada". Entretanto, ao se distanciar dessa situação para refletir sobre ela, percebeu que nesses momentos conversa muito com os filhos, de modo que são horas preciosas... E pode aproveitá-las mais. Decidiu que os levaria sempre à escola. O marido, ao perceber a mudança de atitude, questionou-a. E ela revelou o que se passava no carro: as conversas e as brincadeiras com os filhos. As brigas do casal retornaram, pois também ele queria usufruir daquela oportunidade. Mesmo assim, ambos passaram a se sentir "vencedores"!

> Quando estava construindo meu quadro, achei que estava tudo muito igual, tudo muito "rotina"; de repente percebo, ao final do encontro, quanta riqueza há no dia a dia, quer seja em casa, quer seja no trabalho. Ficou mais fácil encarar situações que a princípio pareciam maçantes. Vou encarar com outros olhos a rotina e acho que posso procurar ser mais "oportunista" em algumas situações.
>
> *Marisa, CP*

> Ao fazer o quadro de rotinas, me deparei com algo que julgava ter perdido havia algum tempo (por causa do aumento da idade e do aparecimento de problemas de saúde que antes não tinha): agilidade para aproveitar o tempo. Pude perceber que, na realidade, não estou mais lenta, estou apenas fazendo outros tipos de atividades que requerem outras habilidades e demandam mais tempo.
>
> *Cristina, CP*

> Aprendi que devo estar mais atenta às minhas oscilações de humor e a dispensar maior tempo para o meu bem-estar, organizando melhor o que preciso fazer e o que fazer.
>
> *Cirlei, CP*

> Durante esses dias, procurei cavar espaços pessoais para a resolução de problemas familiares que eram prioridade. Ultimamente, consigo fazer isso com mais tranquilidade e frequência. É um exercício fantástico, pois exige organização pessoal, antecipação ou adiamento de compromissos e certo desprendimento, visto que, muitas vezes, é necessário abdicarmos de alguns momentos que também nos são prazerosos.
>
> *Joana, CP*

O Brasão

Tenho utilizado a confecção de um Brasão pessoal como estratégia de formação nos mais variados contextos: com professores na escola (como citei em *Rodas em Rede*), coordenadoras pedagógicas (CP), especialistas em segurança (BI), equipes de vendas (FM), sócios, diretores, gerentes, supervisores da CS, entre outros. No caso das Rodas de dois, geralmente a utilizo como uma das primeiras atividades, retomando-a no desenrolar do processo, pois no Brasão são expostos aspectos que podem aparecer posteriormente em situações do cotidiano, e sua observação ajuda a identificar sua influência nas situações concretas, analisando-as de novo ângulo. No caso de utilizá-la com grupos, aguardo um momento propício, quando alguma confiança já foi estabelecida. Se por um lado a atividade do Brasão proporciona maior confiança, um grau de intimidade inicial é necessário para viabilizar que as pessoas se sintam à vontade para falar de si mais profundamente.

O Brasão é uma metodologia favorecedora da Autoformação, assim como a das Histórias de Vida. Apesar de muitas variações serem possíveis quanto às modalidades do Brasão, trata-se da elaboração de uma imagem de si, com suporte metafórico, em que se propõe a indivíduos ou a pequenos grupos o preenchimento de alguns compartimentos delineados sobre um escudo, utilizando-se de desenhos figurativos ou não, ou de proposições que tragam elementos importantes para uma representação de si.

Foi através do francês Pascal Galvani que entrei em contato com essa metodologia. Em um de seus textos,[4] Galvani apresenta como ela se inscreve no mesmo paradigma teórico da "Metodologia das Histórias de Vida em Formação", pois ambas são abordagens teóricas *compreensivas* (exploratórias), e não com objetivos explicativos ou preditivos, e dão lugar ao sujeito em sua historicidade.

Mas o Brasão, por sua forma de expressão, revela mais o caráter simbólico, das imagens, do que um relato. Ele é uma representação complexa e mais sintética da formação. Essa é uma diferença importante que estabelece sua complementaridade com as Histórias de Vida. Enquanto o Brasão privilegia o símbolo e, portanto, a dimensão do espaço, o relato das Histórias de Vida privilegia o tempo. Pode-se dizer que o Brasão exprime estados de sincronicidade (no sentido junguiano), enquanto as Histórias de Vida se constroem, sobretudo, em uma coerência diacrônica (ver Figura 9.2).

O primeiro a ter formalizado a prática do Brasão foi André de Perreti,[5] que, em 1986, enunciava que o Brasão respondia aos seguintes objetivos, do mais pessoal ao mais coletivo:

1. Convidar cada pessoa a um esforço de reflexão valorizante sobre ela mesma, com o simbolismo de nobreza inerente ao Brasão;

---

4. "Le blason, éléments pour une méthodologie exploratoire de l'autoformation". *Éducation Permanente*, nº 122, pp. 97-111, 1995.

5. Perreti, André de. "Game du blason". *Les amies de Sèvres*. nº 123, septembre, pp. 78-85, 1986.

2. Exercer em cada um sua congruência, sua relação consigo e sua transparência aos outros ou seu desejo de ser;

3. Tornar mais profunda a apresentação de um indivíduo a outras pessoas;

4. Aumentar a autenticidade das percepções recíprocas dos indivíduos em um subgrupo;

5. Ajudar os indivíduos de um subgrupo ou de um grupo a tomar consciência coletivamente de sua estrutura cultural subjacente (senão de sua personalidade de base);

6. Tornar possível uma comunicação intercultural entre subgrupos de países ou etnias diferentes pela apresentação e compreensão de brasões respectivos e de projeções subjacentes (essa técnica foi utilizada com funcionários internacionais).

Figura 9.2 – Modelo de Brasão Pessoal

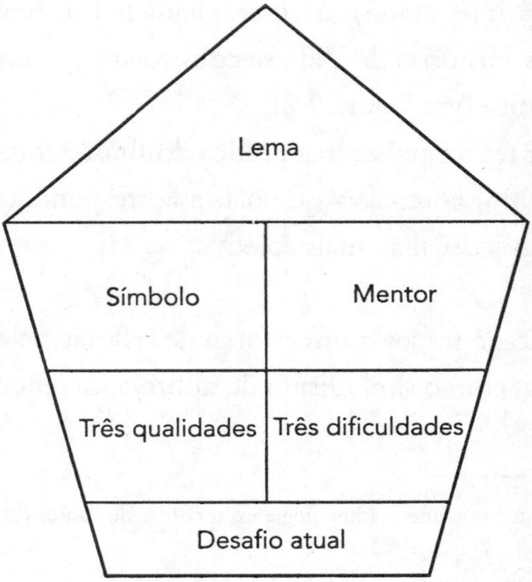

Para efeito de sua pesquisa sobre a Autoformação, Pascal Galvani optou por uma fórmula que lhe permitisse uma análise comparativa dos Brasões, na qual propunha sete compartimentos a serem preenchidos. No meu caso, fiz adaptações e cheguei a um modelo em que inclui seis compartimentos: um lema, um símbolo, um mentor, três qualidades, três fraquezas e o desafio atual.

Fazer o Brasão pessoal é meditar sobre as imagens que nos são as mais caras (e mais queridas), aquelas que nos constituem, que nos guiam, nos inspiram e nos orientam. Essas imagens evocam universos culturais que nos mobilizam; experiências fundadoras, pessoas emblemáticas ou, ainda, meios naturais que nos fazem reencontrar nossas raízes profundas. O Brasão é composto de elementos relativos aos três polos da formação: si mesmo, os outros, as coisas.

Sobre o Brasão, encontramos os ecos simbólicos e poéticos da identidade pessoal. O escudo virgem sobre o qual se desenha o Brasão é um espelho, suporte da imaginação ativa. Nesse espelho, aparecem em formas e em cores os traços de nossas transações mais significativas com o meio. E talvez vejamos aí, indiretamente, o mistério do sonhador acordado que somos nós, como diz Bachelard.

Como não tenho a intenção de fazer uma análise comparativa dos Brasões, como era o caso de Galvani, e sim viabilizar mais espaços para a singularidade, proponho que também a forma do escudo possa ser alterada, caso queiram. Entendo que ampliar os espaços para a escolha e, portanto, para a singularidade é, também, favorecer a formação, indo na contramão da grande padronização presente em práticas educativas, desde a escola ao nível superior, e repetida em cursos de treinamento profissional. Em *Rodas em Rede* propus, como oportunidades formativas, ampliar espaços para as escolhas e "cavar espaços para a pessoa". E estas podem ocorrer não só na escola, para alunos e professores, como no ambiente profissional de diversos setores de atuação, se estamos em busca de práticas mais humanas.

A primeira etapa da atividade é de compreendê-la no contexto de uma formação mais ampla, que inclui a formação profissional, mas a ela não se limita. Conversas e partilhas de experiências anteriores fazem parte dessa etapa. Passa-se, a seguir, à sua confecção individual. A terceira etapa é novamente em grupo (ou em dupla, se for o caso de uma Roda de dois), quando cada um apresenta o seu Brasão, que pode ser comentado pelos membros do grupo e seu coordenador, mas nunca julgado. Como é uma atividade que expõe muito a pessoa, só deve ser utilizada quando uma base de confiança já tiver sido construída, assim como o papel do coordenador no grupo, para que ele consiga garantir o espaço de acolhida e o foco no desenvolvimento, e não em comparações ou julgamentos.

É possível refazer essa atividade mais de uma vez. Na CS, algumas pessoas a refizeram após um período de pelo menos um ano. Nesses casos, foi possível, ao final da atividade, comparar essas imagens de si, refletindo sobre seu processo de formação, não apenas de forma espacial, mas acrescentando a dimensão temporal, auxiliando em suas reflexões sobre o que permaneceu e o que mudou durante aquele período de sua vida.

> Quando entrei na empresa, fiz uma dinâmica com a Cecília Warschauer, denominada "Brasão", na qual expressei estética e simbolicamente uma série de questões sobre mim mesmo. Neste Brasão, apontei como ponto forte minha capacidade de liderança e de formação de times. Em contrapartida, paradoxalmente, em outra parte do Brasão apontei como ponto fraco minha capacidade de desenvolver as pessoas do time. Esta era uma deficiência que sentia de longa data. Nas empresas por onde passei, deixei-me afogar pelas urgências e sempre me sentia recorrentemente angustiado com falta de tempo para o importante.
>
> Tempos depois, tendo aquele Brasão esquecido, mas guardado com carinho no armário, certo dia emprestei minha sala para a Cecília fazer a dinâmica do Brasão com duas pessoas da minha equipe. Normalmente eu deveria sair, porque sempre algo de muito pessoal acontece na dinâ-

> mica, mas as pessoas disseram que eu ficasse, porque havia espaço para eu trabalhar em uma ponta da mesa enquanto eles faziam a dinâmica e também, certamente, porque confiam em mim. Prometi, então, no final, mostrar o meu Brasão esquecido. Quando o fiz, vi que tudo estava lá, a angústia original e o problema, que penso já ter evoluído na solução, tanto na prática quanto dentro de mim, o que com certeza é o mais difícil.
>
> *Mauro, diretor de TI, CS*

A Arte de Escutar

Uma grande fonte de conflitos está na dificuldade de comunicação, para além das diferenças de pontos de vista objetivos sobre determinado assunto. Saber expressar o que pensa, mas também saber escutar o que o outro pensa e tenta expressar são desafios. Há vários aspectos a considerar no processo de aprendizagem da comunicação. *O que* falar e *quando*, qual a melhor maneira de fazê-lo, considerando *quem* é o interlocutor (ou os interlocutores), seu repertório, suas motivações e quais os contextos daquela conversa são alguns deles.

Mas há um universo de aprendizagens a serem realizadas no que se refere ao ouvir, ou melhor, ao escutar. Muitas vezes ouvir e escutar são usados como sinônimos. Eu mesma não fazia distinção, e a atividade original era A Arte de Ouvir. Foi durante a aplicação dessa atividade com o grupo da FOL que a distinção foi abordada, evidenciando a maior pertinência do termo "escutar" para o sentido que abordávamos. Por isso ela foi rebatizada. Ouvir pode ser algo mais passivo, da ordem da recepção de sons, enquanto que escutar traz, mais forte, a ideia da atenção e do esforço necessário. "Estar consciente do que está ouvindo [...] esforçar-se para ouvir com clareza."[6]

---

6. Houaiss, A. e Salles, M. *Dicionário Houaiss da Língua Portuguesa*. Rio de Janeiro: Objetiva, 2001.

Esta é uma atividade que realizo em grupos, pequenos ou grandes, como oportunidade para a Autoformação e melhoria da comunicação entre seus membros. Como conteúdo, exploramos várias características favorecedoras do escutar atentamente, assim como alguns de seus obstáculos. A reflexão individual e coletiva é permeada por relatos de experiências de vida e sua relação com aquelas características e obstáculos. Como forma, temos um texto que escrevi no formato de diálogo, registrado em balões, à semelhança daqueles de uma história em quadrinhos. Há balões com "falas" de autores, publicados em diferentes veículos (livros, jornais, sites), e outros em branco, para que cada participante da atividade possa inserir-se na malha de conversa, escrevendo ali os seus pontos de vista, suas reflexões e depoimentos.[7]

Assim como em outras atividades, adaptações devem ser feitas a cada contexto específico, dependendo dos objetivos do grupo, do número de pessoas, do tempo disponível. De uma maneira genérica, a sequência da atividade é: 1) cada pessoa recebe uma cópia do texto; 2) identificamos voluntários para fazer a leitura dos balões que representam as "falas" dos autores que ali aparecem; 3) iniciamos a leitura em voz alta e, quando chegamos a um dos balões em branco, interrompemos a leitura para cada um registrar ali a sua "fala"; 4) prosseguimos a leitura, interrompendo novamente a cada balão em branco, até o final do texto; 5) Quando terminada a leitura e o Registro no balão final, passamos à partilha do que foi importante para cada um, dos balões significativos, avançando com a troca de experiências e de reflexões.

Um exemplo foi com um grupo de quase quarenta pessoas de diferentes setores da empresa de gestão de risco. Como esse grupo só poderia se reunir por uma hora, dividi o texto em duas partes. E fizemos

---

[7]. Utilizei uma estrutura semelhante, de um texto com falas de autores diversos e balões para o leitor inserir sua "fala", em uma Roda fictícia, no capítulo em que explico o que é a Roda em *A Roda e o Registro*.

a segunda em um segundo dia, também com uma hora. Como o número de participantes era grande, na hora da partilha eu os dividi em trios e cada um pôde ler os seus balões nesse pequeno grupo e conversar com maior intimidade. Só no final abrimos uma grande Roda para o fechamento. A participação foi intensa. Dois anos depois, algumas pessoas de um dos setores que participaram da atividade pediram-me para repeti-la, pois havia pessoas novas na equipe e entendiam que seria ótimo para a integração e para maior sintonia entre eles. Desta vez, organizamos um encontro de duas horas. Tivemos 23 participantes e a dinâmica foi outra, sem a constituição de trios. Desta vez, os balões escritos pelos participantes só foram partilhados na grande Roda e por quem quis.

A concentração no momento da leitura e dos registros foi muito grande, assim como na partilha na Roda, com relatos de emoção da volta à infância. Quatro pessoas já tinham feito essa atividade dois anos antes naquele grupo de quarenta pessoas. Fiquei surpresa com o quanto aquela atividade os tinha marcado e como exercitaram o que aprenderam. Eu imaginava que fazê-la por duas horas seria cansativo, sobretudo para quem já fizera uma vez. Mas, pelo contrário, expressaram que agora podiam aprofundar os aprendizados, pois escutar é um enorme desafio para alguns. Houve relatos de sua repercussão na dinâmica familiar. Uma grata surpresa.

> Todo o conteúdo exposto tem relação direta com o nosso dia, pois quando chegamos ao trabalho são tantas cobranças, tarefas e pessoas querendo falar com você sobre tantas coisas que às vezes nem temos tempo de parar e escutar realmente o que foi dito, ou seja, deixamos nos levar pelos acontecimentos e não trabalhamos o escutar. Foi muito proveitoso e vou utilizar como experiência para melhorar a minha "arte de escutar".
>
> Andréia, Área de Pessoas na CS

> A atividade de hoje me fez refletir sobre o quanto é importante o saber ouvir, o quanto precisamos estar atentos ao ritmo de vida que levamos e saber administrar nosso dia a dia de forma saudável e leve.
>
> Carol, Área de Pessoas na CS

> Acho que a área em que trabalhamos pede que sejamos ouvintes. Atendemos pessoas o tempo todo e em diferentes situações. Atendemos pessoas que são nossos clientes internos (colaboradores) e atendemos colegas de trabalho que dependem da clareza do nosso trabalho. Esse momento de reflexão foi importante para aqueles que confessaram não ser ouvintes e para aqueles que puderam se reconhecer e descobrir como ser um bom ouvinte é importante.
>
> Glauciene, Área de Pessoas na CS

> Tudo faz sentido. Alguém que não saiba ouvir pode afetar toda uma equipe. Ainda mais na nossa área, que só é lembrada quando alguma coisa está errada.
>
> Luana, Área de Pessoas na CS

> Essa conversa me fez refletir bastante, perceber que preciso me soltar mais, me expor mais, porque, diferentemente do que acontece com muitas pessoas de apenas falar e não querer ouvir, eu faço exatamente o contrário e não exponho minhas opiniões, me retraio e acredito que isso faz muito mal para mim.
>
> Jaqueline, Área de Pessoas na CS

Outro exemplo de utilização dessa atividade foi na Formação On-Line. Nessa ocasião, enviei o texto por e-mail para todos. Cada um o leu, preencheu os balões em branco e redigiu outro texto, este com suas reflexões sobre a atividade, seus aprendizados e teorizações a respeito, mas não necessariamente expondo o conteúdo de seus balões. Este novo texto foi, por sua vez, enviado aos quinze participantes da FOL, representando o momento da Partilha. Nesse caso, por se tratar de professores e pesquisadores, os relatos de experiências não se referiam só às experiências individuais deles, mas também às experiências de seus alunos em salas de aula, assim como seus desafios para mediar a escuta de uns e a fala de outros.

> Estava me desafiando a conseguir pensar e compreender diferentes modos de escuta que estamos implementando nesta e em outras Rodas e comunidades aprendentes. Neste sentido, ouvimos os outros quando lemos e valorizamos o que escrevem, desde quando falam; até seus gestos, movimentos sinestésicos e estéticos podem ser ouvidos e interpretados. É escuta também quando desafiamos outros a lerem produções das Rodas e a se manifestarem sobre elas, tanto no sentido de sua qualificação quanto no sentido de reconstruções a serem propostas a partir de um exame coletivo das ideias expressas.
>
> João, FOL

> Penso que a escuta inicia antes da conversa. No respeito pelo outro e pela sua origem. Hans-Georg Gadamer, em *Verdade e método*, chama isso de horizonte, e diz que um verdadeiro diálogo ocorre com a fusão de horizontes, nos quais aqueles que participam do diálogo saem diferentes da conversa. Com base nisso e no texto sobre a arte de escutar, eu penso que reconhecer o horizonte daquele que fala é o início da escuta e, portanto, o início da conversa.
>
> Paulo, FOL

> O exercício da escuta constitui-se complexo e recursivo, pois nos constituímos numa sociedade em que pouco ou nada escutamos, mas precisamos falar. Desta forma, a escola, ao longo de sua história, constituiu-se

ancorada na oralidade e ainda de forma muito incipiente na escrita, na leitura, no diálogo e na escuta.

Jackson, FOL

Ouvir tem sido uma prática constante. Busco fazê-la de maneira atenta, pois a escuta respeitosa demonstra consideração pelo outro. Quando me deparo com situações em que a atitude do outro é muito diferente da minha, questiono-me sobre por que penso como penso e o que me leva a adotar as posições que adoto. Neste processo, muitas vezes reafirmo princípios e diretrizes de vida, outras vezes revejo-as... A escuta cuidadosa é fundamental para uma relação democrática, pois o diálogo favorece a troca de pontos de vista e a interação entre as pessoas.

Maria Cristina, FOL

Acredito que o silêncio é importante, inclusive nas Rodas. Mas... seria possível? Nossa fala está relacionada com nossa agitação do dia a dia. Muitos afazeres, muitas leituras, muitas novidades a cada instante, que nos deixam atordoados e com vontade de contar o que nos aconteceu. Assim, assunto é o que não falta, mas falta às vezes esse tempo precioso de ficar em silêncio, para ouvir-se, ouvir-se com o outro, ouvir o outro. Estar atento ao que o outro diz, procurando escutá-lo e buscando o máximo possível não nos distrair, é uma tarefa difícil, complexa, mas que precisa, assim como tantas outras que nos parecem óbvias, ser aprendida.

Cleiva, FOL

Para terminar (começar) quero registrar que antes de escrever este texto fechei o arquivo com meus diálogos dos outros balõezinhos e outras anotações, e busquei o silêncio interno. Decidi dar tempo ao texto e fui dormir. Hoje cedo, retomando o texto, expresso que o primeiro passo para o exercício da escuta foi dado. "Escutar" sobre o escutar. Gostei muito do exercício do diálogo, do que "escutava". E vocês?

Diana,[8] FOL

Em relação à escrita do último balão, eu diria que fui "tocado" de diferentes modos ao longo do texto. Revisitei, na memória, lembranças da infância. Algumas boas, outras nem tanto. Quando da pergunta "E na sua infância, você foi escutado?", as lembranças envolvem meu pai. Aquelas que cultivo mesmo são todas boas. A melhor: escutar suas histórias, ou melhor, "causos", como costumamos dizer por aqui, quando em noites de frio e chuva ficávamos em volta do fogão a lenha. Ali, quando mergulhava nas histórias e partilhávamos o pão torrado na chapa quente, mesmo sem dizer uma palavra, me sentia "escutado".

Moacir, FOL

Ao longo destas reflexões e interações, me lembrei de uma pequena história de Paulo Freire, uma historinha que ele contou num encontro em Pelotas, muitos anos atrás: ele estava na Suíça participando de um evento, e estava sentado bem atrás, ficava apenas ouvindo o que se falava, quando de repente alguém perguntou a ele: "Paulo, por que não dizes nada?" E ele teria respondido: "Por que falar se tudo o que gostaria de falar já está sendo dito?" Achei uma excelente lição sobre o ouvir o outro por alguém que certamente tinha muito a dizer...

João, FOL

---

8. Diana Paula Salomão de Freitas é professora na Universidade Federal do Pampa (UNIPAMPA), RS.

PARTE III

Uma empresa em (trans)formação

10.
Um ambiente formativo: apesar dos antagonismos e graças a eles

> *"Não se pode reformar a instituição sem uma prévia reforma das mentes, mas não se pode reformar as mentes sem uma prévia reforma das instituições."*
>
> Edgar Morin

O ambiente, seja o cultural, o familiar, o social, ou mesmo a natureza, tem grande influência na formação humana. O ambiente determina um contexto cujos vários elementos nos alimentam e/ou constrangem enquanto deles cuidamos ou destruímos. Gerando grandes consequências para todos.

Gaston Pineau, em sua teoria tripolar da formação, destaca o ambiente como um dos três polos da formação.[1] Ele refere-se mais especificamente ao ambiente natural, e denomina a relação que temos com ele de Ecoformação. Apesar de basear-me em sua teoria tripolar, alarguei sua ideia de ambiente, incluindo aquele que nossa subjetividade capta pelo "clima" das instituições das quais participamos. No campo

---

1. Pineau diz que a formação é o resultado de nossas interações conosco, com os outros e com o ambiente, sendo esses os três polos de sua "teoria tripolar da formação", que por sua vez se referem, respectivamente, à Autoformação, à Heteroformação e à Ecoformação. Cf. Capítulo 6 deste livro.

empresarial, há estudos e pesquisas sobre o clima organizacional. Para além das discussões sobre as metodologias que pretendem analisá-lo, podemos identificar que há elementos que afetam a formação humana, por exemplo, o quanto ela é hierarquizada, como o poder é utilizado, as margens de participação, as possibilidades de diálogo aberto, de opressão, de controle etc.

Na terceira parte do livro *Rodas em Rede*, "Uma escola em (trans)-formação: apesar dos antagonismos e graças a eles", introduzi essa ampliação da Ecoformação ao abordar a escola como o ambiente no qual os professores se formam enquanto trabalham. Aqui, abordo a empresa de maneira similar: um ambiente no qual os profissionais aprendem e se formam enquanto trabalham, através das experiências, interações e clima que ali experimentam e, sobretudo, pela reflexão que fazem sobre o que vivem. Abordo o ambiente profissional como um "terreno ou *oikos* (casa) onde oportunidades formativas estão presentes, previstas ou não, desejáveis ou não, deformativas, às vezes".[2]

Vale lembrar aqui que a formação não se resume às experiências em si, mas se alimenta da maneira como as vivemos, da reflexão sobre elas e do significado que lhes atribuímos no contexto de nossa história de vida, única e singular, como abordei extensamente em *Rodas em Rede*. Por isso, uma mesma experiência vivida por várias pessoas terá significados diferentes para cada uma. "O que foi formativo para uns pode não ter sido sequer significativo para outros, em razão de suas características de personalidade, seus contextos e momentos de vida que estão vivendo."[3]

Assim como a escola, o ambiente empresarial é um ambiente complexo, repleto de antagonismos, e que resiste a modelos que o simplifiquem. A realidade complexa, segundo Edgar Morin, não pode ser

---

2. Cf., em *Rodas em Rede*, "Guia da tarde".

3. *Idem*.

reduzida a componentes ou a leis que a expliquem. A complexidade surge "onde se perdem as distinções e clarezas nas identidades e causalidades, onde as desordens e as incertezas perturbam os fenômenos, onde o sujeito-observador surpreende o seu próprio rosto no objeto de sua observação, onde as antinomias fazem divagar o curso do raciocínio".[4]

Em uma organização como a escola ou a empresa, diretores, professores e gestores vão encontrar essa realidade. E, como diz Philippe Perrenoud, devido à divisão de trabalho de uma organização, o responsável é *"condenado à complexidade!"*[5]

> Mesmo quando assumimos lucidamente essa responsabilidade, como componente principal do papel profissional, não é fácil enfrentar a complexidade todos os dias. Para domesticá-la, é melhor falar dela, reconhecer que faz parte do mundo e também de nossa *relação com o mundo*, devido, por um lado, às nossas contradições, ambivalências, instabilidades e aos limites pessoais e, por outro, às divergências e aos conflitos entre atores sobre a situação e as decisões a serem tomadas.[6]

E, em uma empresa, as contradições são várias, sobretudo quando a pensamos como um local de aprendizagens experienciais dos adultos, não só nas dimensões técnicas, mas relacionais, comportamentais, humanas.

Vale destacar alguns movimentos ocorridos nas últimas décadas no âmbito da formação de adultos e sua relação com o mundo do trabalho, como a crescente mobilidade profissional e a noção de competência

---

4. Morin, Edgar. *O Método I: a natureza da Natureza*. Lisboa: Publicações Europa-América, 1997, p. 344.

5. Perrenoud, Philippe. *Ensinar: agir na urgência, decidir na incerteza*. Porto Alegre: Artmed, 2001, p. 30 [grifo do autor].

6. *Ibidem* [grifo do autor].

como referencial da formação. Em contraste com a relativa estabilidade anterior, assistimos à emergência de novas profissões e ao declínio de outras, assim como a processos de mudanças profissionais individuais: muda-se com muito mais frequência de entidade empregadora, como também de profissão ao longo da vida. É nesse contexto que a noção de competência emerge, entendida não como um atributo pessoal, independente do contexto, nem como uma somatória de atividades certificadas por diplomas de uma educação formal, mas sim como algo da ordem do "saber mobilizar" no contexto da prática, da ação.

> Esta noção de competência conduz a relativizar a importância das formações iniciais, prévias ao desempenho profissional, e a evidenciar as potencialidades formativas da experiência em contexto de trabalho.[7]

E do ponto do vista organizacional, temos assistido à passagem de uma estrutura hierárquica, baseada na segmentação e na prescrição de tarefas (organização taylorista) para modalidades de organização em rede, que privilegia os projetos e as equipes, favorece uma perspectiva de responsabilização individual, que está no cerne do modelo da competência. E esta lógica de responsabilização individual se faz acompanhar de processos de avaliação permanente do que se faz, com processos de gestão individual da carreira, conduzindo a modalidades de negociação direta e pessoal das condições de trabalho, como destaca Rui Canário.[8]

Algumas contradições podem ser ressaltadas nesse contexto de trabalho. Por exemplo, a valorização do trabalho em equipe e de uma cultura de colaboração, ao mesmo tempo que essas novas modalidades de

---

[7]. Canário, Rui. "Formação e adquiridos experienciais: entre a pessoa e o indivíduo". *In* Figari, G. Rodrigues, P. Alves, M. P. & Valois, P. *Avaliação de competências e aprendizagens experienciais – saberes, modelos e métodos.* Lisboa: Educa, 2006, p. 41.

[8]. *Idem*, pp. 41-42.

gestão da carreira e de regulação do mercado de trabalho são incentivadoras do mérito e da iniciativa pessoal, favorecendo uma lógica individualista e de concorrência.

Outra contradição é promover uma humanização do desenvolvimento dos adultos no seio de relações de trabalho que subordinam os indivíduos à sua capacidade de produtividade. Citei anteriormente[9] o paradoxo destacado por Rui Canário quanto ao movimento de reconhecimento e validação de aprendizagens adquiridas pela experiência, que nasceu de uma inspiração humanista proveniente do movimento da Educação Permanente dos anos 1970, e que acabou substituída por uma lógica educativa de formação de "recursos humanos".

Há, por vezes, uma contradição também entre *métodos* inovadores, que se filiam à crítica de uma educação escolar tradicional, heteroformativa, que valorizam a centralidade da pessoa e a *finalidade* mais ampla de seu contexto de aplicação, como, no caso, uma empresa. Essa contradição entre métodos e finalidades constitui, segundo Canário, o cerne da ambiguidade que define a situação paradoxal em que estão mergulhados os educadores e formadores de adultos.

> Os formadores de adultos vivem, assim, uma situação que pode definir-se como de duplo constrangimento, ou seja, vivem uma prática que remete, simultaneamente, a uma revalorização da experiência humana e a subordinação desta a uma racionalidade econômica que tem como fundamento a produção de mercadorias e o poder do dinheiro. A ação do educador não é totalmente determinada. É possível alargar a sua estreita margem de manobra se a sua prática for acompanhada de um exercício de lucidez que permita situá-la entre uma razão instrumental e uma razão emancipatória.[10]

---

9. Cf. no Capítulo 8 deste livro a seção "Portfólios de aprendizagem e formação".
10. Canário, Rui, *op. cit*, pp. 45-46.

É no quadro dessas tensões que tenho buscado alargar o campo de ação e a margem de manobra para experiências formativas nos vários contextos da vida, que certamente incluem as vividas nos ambientes de trabalho. É no cotidiano, heterogêneo e descontínuo, no universo das práticas, que tenho encontrado brechas e procurado alargá-las, avaliando a cada momento a margem de manobra possível e os antagonismos presentes. "A prática nos permite sair das contradições onde a teoria nos aprisiona", pois "o concreto das práticas nos convida a assumir a tensão e a vivê-la na história".[11]

Apesar dessas contradições, e até mesmo graças a elas, o ambiente de trabalho é um palco semelhante à vida, no qual há oportunidades a serem aproveitadas e também criadas para favorecer a formação individual e coletiva. Sejam as escolas, no caso de professores, as empresas, onde existem variados ramos profissionais, os hospitais, no caso de profissionais de saúde, entre outros. Cada um desses ambientes traz contradições a serem enfrentadas no dia a dia e oferece experiências de diversos tipos que, do ponto de vista da formação, são oportunidades formativas, porque são tomadas como objetos de reflexão no contexto das histórias de vida individuais, dos sentidos que cada um consegue extrair, das escolhas que faz e fará a cada momento. Há sempre margens de manobra, senão no mundo externo, no campo da interioridade.

E acho que aí está um dos importantes trabalhos a serem feitos com os adultos no ambiente profissional (e também, obviamente, fora dele) para ajudá-los a ampliar o potencial formativo das experiências que vivem: criar instâncias para a reflexão sobre suas experiências em espaços de partilha (e assim amenizar a solidão tão frequente). E aqui se encontra o potencial das Rodas nas empresas, pelo espaço aberto para a reflexão, para o distanciamento da prática, para enxergá-la e enxergar-se. Sobretudo

---

11. Meirieu, Philippe. *Aprender... Sim, mas como?* Porto Alegre: Artes Médicas, 1998, p. 29 e p. 38.

quando as Rodas fazem parte do projeto da empresa, que busca oferecer "condições favoráveis à formação", como as citadas em *Rodas em Rede*.[12] Entre essas condições estão a afetividade, a presença do humor, do lúdico e da alegria, a compreensão do "erro" como parte do processo de formação (e de inovação), uma avaliação processual, a presença de uma agressividade sadia, isto é, aquela inerente ao ato de aprender, entendido como a transformação de informações em algo novo, a valorização da sensibilidade, da capacidade de estar a sós e espaços sistemáticos para a reflexão sobre as práticas.

Este é o projeto da empresa cujo *case* apresento a seguir. Para tal, é necessário contar sua história, desvelando alguns dos conflitos e contradições do percurso, e a maneira como se buscou minimizar as "condições desfavoráveis à formação". Entre elas, a pressão por metas e prazos, sobretudo num contexto de rápido crescimento que impunha soluções emergenciais e "de cima para baixo", conflitando com o tempo necessário para a assimilação de cada nova estrutura, para o pensar junto, para a transformação pessoal dos gestores, muitos deles acostumados com relações de poder autoritárias, presentes em sua trajetória de vida profissional (quando não também de sua história familiar e escolar).

Se os gestores são responsáveis pela construção de um ambiente propício à formação dos membros de suas equipes, que condições eles mesmos têm para seu desenvolvimento, para sua Autoformação? Como propiciar uma experiência que não se teve ou não se conhece? E que por vezes nem mesmo nela acreditam como auxiliar para atingir os resultados de sua equipe... Como introduzir espaços para perceber suas emoções e saber lidar com elas, tendo vivido 20, 30 ou 40 anos sob a égide do racional e da valorização da lógica dos diplomas e da assimilação de conteúdos e informações desconectados de seus contextos específicos,

---

[12]. Cf. em *Rodas em Rede* o Capítulo "A construção de conceitos", seção "Condições favoráveis à formação".

de suas emoções e do cultivo de relações humanas saudáveis? Os gestores são cada vez mais cobrados por sua "inteligência emocional",[13] mas têm poucas chances de desenvolvê-la.

Um ambiente formativo é aquele que promove e potencializa as "condições favoráveis à formação", ao mesmo tempo que as contradições, sempre presentes, sejam consideradas nos processos reflexivos de análise dos resultados, desejados ou não, e no constante processo de repensar o que se faz, e por que se faz. Um ambiente formativo é, portanto, dinâmico e transformador para as pessoas e suas condições de trabalho.

A história a seguir busca evidenciar os caminhos de uma empresa para enfrentar esses desafios de formação de pessoas no contexto de um mercado em mudança, que exige novas mentalidades e propósitos.

---

13. Conceito introduzido por Daniel Goleman em seu livro *Inteligência emocional*, em 1995, sendo amplamente divulgado desde então, não só no âmbito específico da Educação, mas do trabalho.

11.
O começo da história

O início do trabalho na CS[1] já revelava o que eu encontraria. Dois focos, aparentemente contraditórios (mas na realidade complementares), estariam sempre presentes, representados pelos dois sócios, com suas personalidades opostas. Um, extrovertido e apaixonado pelas pessoas e pelos palcos. O outro, introvertido e especialista em números e estatísticas.

Conheci inicialmente o fundador da CS, que é também o sócio majoritário e presidente. Nossa conversa para a apresentação da Metodologia Roda & Registro foi longa, mais de quatro horas, o que nos surpreendeu, pois a ideia era apenas fazer uma apresentação. Mas acabamos ambos contando nossas histórias de vida enquanto falávamos das empresas que criamos. E encontrávamos nessa maneira de falar do universo profissional nossa primeira identidade: a existência de uma estreita relação entre a vida profissional e a pessoal, apesar de percursos muito diferentes: eu, com longa carreira na área de Educação, e ele,

---

1. Já venho me referindo a essa empresa pela sigla CS. Trata-se da ClearSale S.A., que atua na prevenção à fraude e autenticação de vendas em diversos segmentos de mercado, entre eles, e-commerce, telecomunicações e financeiro, com volume de 50 milhões de pedidos por ano. Em 2010, tinham por volta de 100 colaboradores, número que passou para 700 em 2014, e 1.400 clientes. Faço a identificação da empresa com a anuência de seus sócios, com quem mantenho contato, e que autorizaram o Registro de sua história neste livro.

ex-atleta olímpico, com curso em Ciência da Computação. Também se evidenciava outra aproximação: um idealismo na constituição de espaços mais humanizados no mundo do trabalho.

Pedro trazia o espírito esportivo e a disposição para enfrentar barreiras (participou de duas Olimpíadas, na corrida de obstáculos), e logo no início de sua vida como empresário percebeu que a maior delas, e seu maior desafio, seria montar uma equipe. Ele perdera, de uma vez, os 25 funcionários, ficando só com dois estagiários. Percebeu que a chave seria investir nas pessoas, para além das habilidades profissionais de quem o acompanhasse. Investir em um ambiente de trabalho através do qual as pessoas pudessem identificar um sentido de vida. Para isso, percebia a necessidade de práticas de desenvolvimento com foco na sensibilidade. Em síntese, uma abordagem mais humanista. E pretendia fazer isso através de sua empresa de tecnologia.

A etapa seguinte seria a conversa com o seu sócio, estatístico. Nessa segunda conversa, Bernardo questiona-me quanto aos resultados que teriam, e em quanto tempo, caso aceitassem minha proposta. De fato, em um mercado competitivo, é preciso agir com cautela e analisar os investimentos em vista de seus resultados, sobretudo quando se tem a perspectiva de grande crescimento e a intenção de se tornar "a melhor operação do Brasil". Não bastava uma boa intenção, louvável do ponto de vista humano, e necessária do ponto de vista da criação e manutenção de equipes. Era preciso também ser viável do ponto de vista financeiro.

Minha resposta ao Bernardo foi: "Não sei! Depende das pessoas, de como e quando vão entrar na Roda." Contei alguns *cases* curtos, algumas histórias que evidenciavam que não dá para ter controle quando ainda não sabemos quais serão as questões a trabalhar, e essas vão aparecendo no processo das Rodas, quando os vínculos de confiança se estabelecem. É também no processo das Rodas que elas vão sendo resolvidas. "Minha proposta é trabalharmos mês a mês e começarmos com vocês dois. Se houver resultados em um mês, avançamos. Caso contrário, abortamos. E, mês a mês, repetimos essa avaliação", sugeri.

Topado o desafio, antes de finalizar o primeiro mês, já haviam me pedido para iniciar também um trabalho com o gerente de operações, que estava tendo problemas de aceitação por sua equipe, pela maneira que a conduzia. E este também foi muito receptivo, logo tomou consciência de seu ponto fraco, não só presente no campo profissional, mas que atrapalhara seu casamento, já desfeito. Sua tomada de consciência promoveu uma abertura a ponto de pedir-me para trabalhar com os membros de sua equipe direta, com ou sem sua presença. E com isso, aos poucos, sua aceitação pela equipe aumentou, o clima foi se transformando enquanto os resultados também avançavam.

A partir daí, mês a mês, outros iam sendo convidados a entrar na Roda. Seguíamos com as avaliações mensais, sem a ânsia numérica, mas contando com as evidências, subjetivamente percebidas, de que os obstáculos, relativos ao comportamento humano, estavam sendo removidos e as pessoas se tornavam mais disponíveis e felizes para trabalhar.

Assim, aumentávamos o número de Rodas e o número de pessoas envolvidas. Após um ano, estávamos com sete gestores/grupos de gestores com a metodologia das Rodas (nesse momento, ainda todas coordenadas por mim), sendo cada Roda de duas horas de duração, num total de 14 horas semanais. Esses eram os números. Refletidos, obviamente, nos custos. Mas os resultados apareciam, já refletidos nas equipes dos gestores que entravam na Rede de Formação.

E, para maior concretude e compreensão do tipo de formação que iniciávamos, assim como para possibilitar sua multiplicação pelas várias áreas e equipes da empresa, propus uma "estrutura" que lhe desse suporte, composta por cinco "S" (subjetividade, sensibilidade, socialização, saber e sabor) e cinco estações pelas quais todos – gestores e colaboradores – passariam, ininterruptamente, em espirais de aprofundamento. Ininterrupto à semelhança do processo de Autoformação, que se estende por toda a vida.

12.
As cinco estações da formação: da acolhida à certificação

Estações nos remetem a tempos e espaços definidos, nos quais os trens passam, param e prosseguem a jornada. Os passageiros, por sua vez, podem passar por uma mesma estação diversas vezes, em seus percursos cíclicos de idas e vindas do trabalho, idas e vindas dos estudos. Percursos muitas vezes repetidos, mas que fazem parte de uma jornada mais longa, a jornada de uma vida, através da qual cada "passageiro" se forma no desenrolar de uma trajetória individual, única.

Nessa trajetória, as etapas não se repetem, mas se sucedem como uma espiral. Estamos ora começando, ora finalizando, ou no meio de um caminho. Dependendo de como a interpretamos, podemos estar no fim de uma, no início de outra, ou, ainda, e ao mesmo tempo, no meio de uma grande etapa que abarca tantas outras.

Foi com essa ideia que criei as estações de formação para o ambiente formativo da CS. Ao circular pelas estações, presentes no próprio cotidiano de atividades na empresa, cada colaborador faria o seu próprio percurso, muitas vezes junto com as pessoas de suas equipes formais de trabalho, outras vezes com grupos diferentes, podendo ganhar com a diversidade de contato, o que já era uma intenção do Pedro, ao criar semanalmente o momento que ele chamava de "T!erça" (ou simplesmente "T!"): uma hora por semana para outro tipo de atividade, corporal, artística ou cultural, reunindo pessoas de todas as áreas da empresa.

Cada estação do ciclo de formação é regida por um princípio, isto é, por um dos pilares que sustentam essa formação. Tudo começa com a acolhida da pessoa, tanto ao entrar na empresa quanto ao integrar novas equipes. A Estação "Ser Acolhido" é regida pelo princípio de que "a afetividade está na base". As demais estações não têm uma sequência preestabelecida. São os gestores de cada área da empresa que definem as atividades e os momentos em que ocorrem, elaborando um Plano de Desenvolvimento de Pessoas para a Área da maneira como percebem ser mais efetivo para as características de seu cotidiano. As outras quatro estações, com seus respectivos princípios, são: "Aprender Crescendo" ("o profissional é uma pessoa"), "Aprender Fazendo" ("aprendemos pela prática"), "Aprender Trocando" ("aprendemos com o outro") e "Certificar Praticando" ("avaliações contextualizadas").

Vale a pena retomar aqui a concepção de avaliação na qual se baseia a estação "Certificar Praticando". Ela foi a que causou maior estranhamento, exatamente pelo fato de ir contra o modelo hegemônico heteroformativo e classificatório, praticado por meio de provas teóricas, elaboradas por um examinador, como se fazia anteriormente na CS no processo de treinamento de novos analistas na área da Operação, reproduzindo o modelo praticado pela grande maioria das instituições de ensino, da escola básica à universidade.

A estação "Certificar Praticando" enfatiza, pelo contrário, um processo contínuo de observações e análises dos avanços no próprio contexto de aprendizagem, neste caso o contexto de trabalho e o contexto do processo de desenvolvimento individual, em vez de usar um instrumento padronizado de avaliação.

Já me referi ao pensamento de Jussara Hoffmann acerca da avaliação na Parte I deste livro, e o retomarei adiante, ao tratar do Programa de Desenvolvimento Individual (PDI) elaborado para a CS, a partir dos desafios de criar uma prática mais coerente com os pressupostos de formação adotados. A "certificação da aprendizagem" seria durante o próprio processo de trabalho, à medida que este incorporasse reflexões sistemáticas sobre os processos operacionais, cada vez mais adequados aos novos desafios do cotidiano, assim como aos processos de aprendizagem e de desenvolvimento dos colaboradores em todos os níveis hierárquicos. A Metodologia R&R, com sua insistência na reflexão sobre as práticas, de maneira sistemática, individual e coletiva, introduzia em atividades e fóruns diversos desafios para uma mudança de padrões de pensamento e de ação mais coerentes com a abordagem autoformativa que se pretendia praticar. A seguir, uma caracterização de cada uma das estações:

- SER ACOLHIDO: Tudo começa com a acolhida da pessoa como ser humano. Acolhida afetiva, apresentações iniciais de quem chega e de quem já está. Apresentação da empresa, dos porquês e para quês. Apresentação da área, seus objetivos, atividades, estrutura. No processo de "ser acolhido", constrói-se um senso de pertencimento. Ser acolhido não se refere só aos novatos na empresa, mas deve ocorrer todos os dias e se efetivar com a progressiva sensibilidade de uns com os outros, percebendo como estão e se necessitam de um apoio, um incentivo, uma ajuda. E também nas situações de promoção ou celebrações de aniversários, casamentos etc. E por que "ser acolhido", e não simplesmente "acolher"? Porque o objetivo é colocar-se no lugar do outro e procurar fazer algo que tenha sentido *para ele*. Não basta a minha intenção de acolher, mas o outro *sentir-se* acolhido.

- APRENDER FAZENDO: Aprendemos não na teoria, mas enquanto fazemos. É na prática e pela prática que as teorias e os conceitos são assimilados, compreendidos e podem ajudar a resolver os problemas e as situações concretas do cotidiano. É no envolvimento com os contextos específicos e reais que as competências e habilidades vão sendo desenvolvidas e podem mais facilmente ser transferidas para outros contextos, também específicos.

- **Aprender Crescendo:** Como o profissional é uma pessoa, e uma parte importante da pessoa é o profissional, investir na pessoa e nos valores propriamente humanos é promover um desenvolvimento também dos aspectos profissionais. O lúdico, as artes, a sensibilidade, os afetos, os relacionamentos e a diversidade ganham espaço nessa estação, que proporciona sair da rotina, olhar para dentro de si e "pensar fora do quadrado", agindo, progressivamente, com mais criatividade e autonomia.

- **Aprender Trocando:** Aprendemos com os outros, pela interação, pelos confrontos e pelas oposições. Pela troca, novos conhecimentos são construídos, melhorando a qualidade das atividades profissionais e dos processos pessoais e interpessoais. Ouvir sem preconceito, ter paciência com o outro e consigo, analisar uma situação a partir de diferentes pontos de vista, controlar as próprias emoções, argumentar e arriscar-se são alguns desses aprendizados, que, por sua vez, melhoram a qualidade da comunicação.

- **Certificar Praticando:** Em vez da tradicional separação dos momentos de aprendizagem e avaliação, é no próprio cotidiano do trabalho que podemos identificar seus resultados, em vez das provas descontextualizadas. É nas situações do cotidiano que identificamos pontos fortes e pontos fracos de cada um, assim como pela identificação de seus resultados, realimentando os processos de desenvolvimento. Se houve aprendizagem efetiva, ela deve aparecer na prática profissional e repercutir nos resultados alcançados pelo grupo e individualmente.

Figura 12.1 – Representação das "Cinco Estações da Formação" e de seus possíveis percursos.

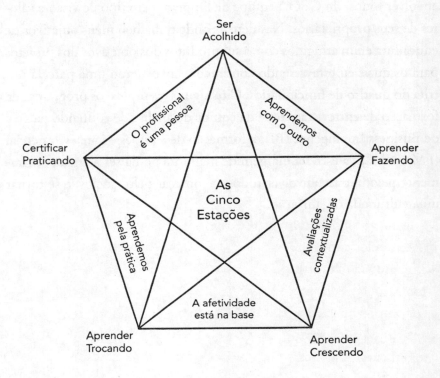

Cada estação em um vértice do pentágono, e o princípio a ela correspondente no lado oposto. A sequência das estações não é definida *a priori*, apenas a 1ª é previamente estabelecida: Ser acolhido, pois tudo começa na acolhida da pessoa. A sequência avança a partir do que for significativo para cada área, podendo, inclusive, passar várias vezes por uma mesma estação.

O primeiro contato com essas cinco estações era na chegada de novos colaboradores na empresa, com sua participação em uma série de atividades, nas quais discutiam em grupos e representavam o entendimento das cinco estações em cartazes. Mais importante do que os nomes das estações era a prática de um "espírito de formação" voltado às pessoas, suas interações e diversidade, discutindo os "porquês" e "para quês".

Essa foi a primeira empresa em que trabalhei, na qual pude desenvolver uma abordagem mais humanista de forma direta e procurando envolver todos, do CEO à equipe de limpeza, pelo tipo de visão e valores de seus proprietários. Nas demais onde trabalhei, meus objetivos de educadora eram atingidos como subprodutos dos objetivos dos projetos para os quais eu estava sendo contratada, envolvendo uma parcela restrita do quadro de funcionários. Cito alguns exemplos: os programas de formação de entrevistadores e da equipe de análise de conteúdo na área de Business Intelligence (BI); a formação de equipes da área Comercial (FM). Na CS, a estreita margem de manobra podia ser alargada, exatamente pelo fato de envolver todos, a começar pelos sócios, e se tornar uma cultura da organização.

13.
Os cinco "s": sensibilidade, subjetividade, socialização, saber e sabor

Após um ano do início das Rodas na empresa, entrou um terceiro sócio, Mauro, inicialmente diretor de TI e, após dois anos, vice-presidente de Pessoas e Tecnologia, pois, com o crescimento do número de colaboradores, houve a necessidade de constituição de uma nova área, a de Pessoas. Mauro tem um percurso de vida e de formação singular. Cursou Engenharia Agronômica, mas trazia, de sua história de vida, uma bagagem humanista, com fortes lembranças do pai, professor, e das experiências no escotismo (foi chefe de escoteiros do Pedro), além de habilidades com números e planilhas, fazendo ótima parceria com o Bernardo na gestão sustentável da empresa. Com sua entrada, a dinâmica das conversas na Roda de sócios tornou-se menos polarizada nos dois extremos. Mas os dois polos – focar nas pessoas ou nos resultados – continuaram presentes porque, apesar de antagônicos, muitas vezes são também complementares e ajudam a equilibrar os olhares e os projetos.

Mauro se identificou de forma intensa com os cinco "S", os cinco elementos transversais que perpassam a concepção de formação adotada na empresa, de modo que dou a palavra a ele para apresentá-los:

Convidado pela Cecília para contribuir com um relato mais pessoal da experiência de educação de adultos vivida pela CS nestes últimos anos, resolvi tomar por tema, entre os muitos que me foram propostos, os cinco esses.

Primeiramente, para que o leitor não comece a ler este texto iludido, pensando que vamos falar da aplicação dos famosos cinco esses dos programas de qualidade japoneses, desde já esclareço que não se trata disto, mas sim de outros cinco "S" ligados à ideia de uma educação integral.

A questão da educação de adultos, em particular no ambiente corporativo, enseja de forma geral uma grande quantidade de ideias as mais diversas possíveis. Para a CS o ponto-chave é a educação integral, sintetizada na frase: "Todo profissional é uma pessoa, e uma parte importante da pessoa é o profissional."

Para a CS, portanto, não cabe esquecer a vida particular quando se entra pela porta da empresa a cada dia, mas, antes disso, cabe harmonizar uma vida profissional bem-vivida, de metas alcançadas e de grandes conquistas, com um plano de vida que privilegie também a família, a saúde, a política e a sociedade, o lazer, os estudos, as finanças, a espiritualidade ou a falta consciente desta e a alegria do dia a dia. Se o trabalho atual não é o seu sonho, deve fazer parte do caminho para ele.

Os cinco "S" são termos bem escolhidos para representar esta proposta de integralidade. São eles:

1. Sensibilidade
2. Subjetividade
3. Socialização
4. Saber
5. Sabor

Vou começar pelo óbvio, que é o *Saber*. Na nossa sociedade, dentro do sistema tradicional de ensino, o foco é este. Nas escolas e faculdades, o currículo é uma sucessão fixa de disciplinas com ementas definidas que essencialmente concentram-se na aquisição de conhecimentos e habilidades. O foco é saber algo, como saber matemática, ou saber fazer algo, como saber programar um computador ou saber tocar piano. Nas empresas em geral, quando se pensa em desenvolvimento de pessoas, o foco também é este. Saber escrever e falar bem, saber executar bem determinado trabalho...

A CS não é diferente e também precisa muito dos saberes, afinal o saber compõe o substrato básico para o desenvolvimento do trabalho ou mesmo para o relacionamento com outras pessoas. Na verdade, quando começamos a sistematizar nossas ideias do que chamamos de "UAH!", iniciamos na área de Operação, desenvolvendo o treinamento dos analistas de autenticação, que compõem a massa maior de trabalhadores da empresa e que vêm para uma profissão que lhes é originalmente desconhecida. Por esta razão nos colocamos a formá-los, o que leva uns bons seis meses.

Neste sentido, não há problemas na aplicação de técnicas heteroformativas, principalmente nos pontos iniciais, quando a pessoa desconhece o que será seu trabalho. Podemos então ser "tradicionais" e inscrever pessoas em cursos externos ou desenvolver cursos internos. Isto é mesmo necessário, e, de forma geral, a maioria das empresas o faz.

Ocorre que o desenvolvimento pessoal é muito pobre quando se centra apenas no saber, e a distinção da integralidade da formação começa a se evidenciar quando olhamos os outros "S".

Falemos da *Sensibilidade* então. A sensibilidade envolve a capacidade de entender os outros, o ambiente e a sociedade. A arte é um componente forte, mas não o único, de desenvolvimento da sensibilidade; quem toca um instrumento musical sabe que o saber tocar não é suficiente, mas que a verdadeira emoção da música vem da sensibilidade que acompanha a execução.

Abrindo uma frente mais ampla, vamos incluir no nosso raciocínio a *Subjetividade* e a *Socialização*. A primeira (subjetividade) refere-se à sensibilidade consigo mesmo, a capacidade de se entender, superar comportamentos condicionados, libertar-se de ideias preconcebidas e abrir-se para a compreensão do outro. A socialização, de sua parte, abrange a capacidade de conviver harmonicamente e contribuir para grupos de pessoas de todas as dimensões.

Apesar de hoje em dia ser mais ou menos claro que, quando a educação se centra apenas no saber, ela deixa a desejar, a grande questão é como desenvolver sensibilidade, subjetividade e socialização de forma consistente e efetiva. Não tenho dúvida de que muitas escolas discursam estas ideias, mas desconheço que haja tal filosofia de formação disseminada nas empresas. A questão, no final, não é ter ou não o discurso, mas praticá-lo de forma consistente com resultados progressivos. Esta prática com certeza não é recorrente nas escolas, universidades ou empresas, não sem razão, porque é extremamente mais fácil falar do que fazer. Gostaria então de dar alguns exemplos práticos vividos na CS:

- Sistematicamente (quase semanalmente) temos Rodas em todos os níveis, reunindo pessoas com seu líder imediato. Este investimento de 2,5% do tempo de todas as pessoas da empresa abrange todos os cinco "S", com temas específicos. Entretanto, a questão fundamental não é o tema tratado, mas a continuidade das Rodas sempre com as mesmas pessoas, o que cria uma espiral de maturidade no grupo com consequente desenvolvimento de sensibilidade, subjetividade e socialização.
- No treinamento de entrada na Operação, área em que começou a UAH!, separamos todas as questões de normas comportamentais para serem tratadas em Rodas, sempre com o intuito de discutir a razão das normas, o que com certeza demanda mais tempo, mas é mais efetivo.
- Quando uma pessoa entra na CS, ela passa por alguns ciclos do que chamamos de currículo básico. Neste contexto, todas as terças-feiras, por aproximadamente um ano, a pessoa tem uma programação especial que se inicia com cinco encontros com diretores para

abordar temas altamente relevantes relacionados à empresa (expectativas profissionais, cultura organizacional, filosofia educacional, planos de desenvolvimento individual, *feedback*, visão geral dos negócios etc.). Na sequência, seguem outros três ciclos com aproximadamente cinco semanas cada, para aprofundar e rediscutir a cultura empresarial, a filosofia educacional da empresa e trabalhar os planos de vida de cada funcionário.

- Todo funcionário novo, excluídos os operadores de autenticação, o pessoal da limpeza e da manutenção predial, passa no período inicial por microestágios em todas as áreas.
- Semanalmente, todos os funcionários participam de uma atividade de uma hora na terça-feira, que chamamos de T!, com o objetivo de desenvolvimento pessoal em algum dos "S". Dessa forma, temos mais um investimento de 2,5% do tempo das pessoas. O que se destaca aqui é a continuidade do processo durante anos, com poucas interrupções, o que demonstra nosso compromisso de continuidade do processo.

O quinto "S" é o meu favorito: *Sabor*, a capacidade de saber ser feliz, que também é algo que se pode desenvolver, focando primeiro nas alegrias do dia a dia, mas também na felicidade conquistada pela realização de objetivos pessoais de mais longo prazo.

Diria que os quatro "S" anteriores são a base para ser feliz, mas não são uma garantia. É necessário sonhar, às vezes bem alto, para criar um rumo, mas a felicidade é quase um hábito a ser desenvolvido, na qual a evidência externa passa por constantes sorrisos, saudações calorosas de bom-dia e um ambiente harmônico na empresa e em casa, a despeito das agruras da vida. Aqui também se pode usar a metodologia de Roda e Registro e programar atividades para crescimento pessoal.

Temos pesquisas de clima semestrais que mostram nosso ótimo ambiente e ganhamos constantemente prêmios de empresa ótima para trabalhar. Entretanto, dar exemplos bonitos é legal, mas não se deve imaginar que nossa vida corporativa é toda cor-de-rosa. Temos nossas dificuldades, que, no meu modo de entender, basicamente poderiam ser resumidas em três frentes:

1. Primeiramente, a CS tem uma taxa de crescimento alta e constantemente contrata muita gente, o que faz nossa média de tempo de empresa ser muito baixa. Isto nos leva a um recomeçar constante, com muitas pessoas novas para ambientar e fazer crescer nesta cultura.
2. Temos problemas com líderes que não estão tão envolvidos com nossa cultura e nossos ideais, o que nos leva a um constante esforço no seu desenvolvimento. Também entre os líderes há um crescente número de contratações, especialmente nos escalões que tratam diretamente com os funcionários e que são os mais críticos no processo.
3. A filosofia da CS pode levar (e algumas vezes, de forma esparsa, já levou) a uma falsa ideia de desregramento, como se não houvesse deveres ou limites, como há em toda empresa. A CS é um local de trabalho onde as pessoas também têm que bater metas e buscar a excelência. Mas procuramos fazer com que esse processo seja participativo ou, como dizemos, "de dentro para fora", o que é mais difícil, por vezes mais lento, porém, acreditamos, mais sustentável.

Alguém poderia dizer que os cinco "S" são apenas cinco palavras "bonitinhas", que talvez não abranjam tudo o que a integralidade exige ou que são palavras imprecisas e que deveriam ser substituídas por palavras mais claras. Eu, entretanto, sou absolutamente apaixonado por esses cinco "S". A Cecília, a meu ver, quando bolou os cinco "S", foi extremamente feliz, pois sintetizou em cinco palavrinhas uma ideia tão vasta. Isto facilita a compreensão das pessoas e dos líderes, permitindo que se foquem, além de ser uma interessante formulação para o nosso marketing interno.

14.
A estrutura hierárquica e a Rede de Formação

Tendo como objetivo envolver toda a empresa com a Metodologia Roda & Registro, mesmo que aos poucos, o trabalho com a Roda dos sócios precisava ser mantido durante todo o trajeto. E os resultados com esse grupo precisavam ser efetivos e progressivos, pois é frequente que "o buraco seja mais em cima", isto é, nos níveis hierárquicos superiores, uma vez que deles vem o exemplo. A real influência dos gestores sobre suas equipes está no que efetivamente eles *fazem*, para além do que falam.

Para a incorporação da Metodologia R&R, era preciso que os sócios a praticassem, ensinassem, não como uma técnica, mas que a entendessem e a incorporassem com seu estilo próprio, em seu cotidiano de trabalho e de relações. Os sócios precisavam colocá-la em prática com todos aqueles com quem tivessem contato, de modo que uns influenciassem os outros e pudéssemos construir uma Rede de Formação. Certamente este não seria um processo rápido, nem linear. Cada um se defrontaria com seus modelos de gestão, nascidos de suas experiências de vida.

> O processo de entrar na Roda foi enriquecedor e constante nestes últimos quatro anos. Começamos nossas conversas de Roda & Registro em 2010, com a minha presença e a do meu sócio Bernardo. A cada Roda íamos

entendendo melhor a subjetividade, cada um no seu ritmo, com importância desta na conversa franca que instigava a própria percepção. Eu percebi que às vezes a minha ação intempestiva e emotiva gerava um impacto profundo nas pessoas no meu entorno. Nas Rodas, aprendi o impacto destes rompantes e consegui uma âncora interna que possibilitava um pensamento adicional antes de me comunicar com muita emoção. Fiquei mais centrado, e o ambiente profissional, mais leve e aberto. A Roda se espalhou na empresa como uma rede com um entendimento mais profundo quando a usamos como a principal dinâmica no nosso Encontro de Líderes.[1]

Pedro, sócio e presidente

Ganhei um espaço de alinhamento e abertura/transparência com os sócios, no qual se pode falar com o Pedro questões delicadas que iriam se acumular caso não tivéssemos este fórum.

Bernardo, sócio e VP das Áreas de Estatística e Operações

O processo de incorporação de R&R e da abordagem de formação que essa metodologia propõe foi feito coletivamente. E não poderia ser diferente, à medida que ela pressupõe que a "formação pertence àquele que se forma", de acordo com a abordagem autoformativa. Assim, os caminhos da formação em cada contexto específico são diferentes de pessoa para pessoa e se revelam somente ao caminhar.[2]

---

1. Os Encontros de Líderes ocorriam trimestralmente: durante um dia inteiro, os gestores se reuniam para refletir sobre os desafios da empresa, tanto para a análise de seus resultados e discussão das estratégias futuras quanto para formar as lideranças.

2. Antonio Machado, poeta espanhol, eternizou essa ideia com grande sensibilidade: "*Caminante, son tus huellas el camino y nada más; caminante, no hay camino, se hace camino al andar. Al andar se hace el camino, y al volver la vista atrás se ve la senda que nunca se ha de volver a pisar. Caminante, no hay camino sino estelas en la mar.*" [Caminhante, são suas pegadas o caminho e nada mais; caminhante, não há caminho, faz-se caminho ao andar. Ao andar se faz o caminho, e ao voltar a vista para trás se vê a senda que nunca se voltará a pisar. Caminhante, não há caminho, mas sulcos ao mar. (Tradução livre)]. Antonio Machado, poema XXIX de *Provérbios y Cantares*, 1912.

E, nesse caminho, reencontram as marcas de suas histórias de vida, através das quais construíram referências, modelos, ideais, de maneira consciente ou não.

> Desenvolvi verdadeira ojeriza por reuniões, minha experiência com reuniões impostas e inúteis me traumatizou. Desta forma, para conseguir realmente produzir, criei uma estratégia modificando minha sala de trabalho, eliminando as famigeradas mesa e cadeira de gerente ou diretor e transformando a sala numa sala de reuniões, sem nenhuma reunião recorrente, mas com dezenas de microrreuniões, convocadas na hora, com as pessoas pertinentes para resolver o problema do momento.
>
> Ao entrar na CS, repliquei este modelo, que realmente tem virtudes, mas não soluciona tudo, e encontrei estabelecida a Metodologia Roda & Registro trazida pela Cecília, como alicerce para o desenvolvimento das pessoas. Se uma Roda não é uma simples reunião, com certeza implica reunir as pessoas, e isto vinha contra meu "uso e costume". Por outro lado, não reunir é realmente absurdo se pensarmos que queremos desenvolver equipes e pessoas.
>
> *Mauro, sócio e VP de Pessoas e Tecnologia*

Quando propunha que Mauro fizesse Rodas em continuidade com sua equipe (isto é, como atividade recorrente: em um mesmo dia da semana e em uma mesma hora), ele resistia, pois eram fortes as suas lembranças das reuniões improdutivas nas outras empresas onde trabalhou. E estas eram mais fortes do que qualquer argumento que eu podia oferecer, mesmo que fundamentado. Por acreditar que o processo de formação é baseado nas experiências de cada um e no sentido que se dá a elas, eu não deveria insistir. Mas, tempos depois, a partir de novas experiências e oportunidades de reflexão, Mauro percebeu que havia um *sentido para si* na recorrência: estava ali a chave que buscava para o desenvolvimento de sua equipe, sendo este um ponto que ele identificava como fraco em sua atuação como diretor até aquele momento. Foi com esse insight que ele criou, em sua rotina semanal, o "Dia do Importante".[3]

Já para o Bernardo, um de seus temas caros, carregado de *sentido para si* (mas também para outros), é o da Inovação, frequentemente presente em suas apresentações para vários grupos da empresa. E foi também tema de um post que escreveu para compor o blog[4] que Pedro escrevia para o jornal *O Estado de S. Paulo*. Nesse texto, Bernardo expõe sua percepção da importância de um ambiente propício para a Inovação, no qual também se percebe como vê as relações humanas no ambiente empresarial:

> Toda criança é criativa. Há quem conteste esta ideia, mas a maioria dos estudiosos de educação defende que as crianças têm a criatividade inata, e o contexto em que ela cresce pode fazer com que parte desta criatividade seja suprimida ou atrofiada. Um ambiente familiar de medo e de punição certamente fará com que a criança ouse menos e assim a criatividade se esvaece.
>
> Todos os estudiosos de inovação defendem que uma das condições impeditivas para a fluidez da inovação numa empresa é uma cultura empresarial de medo, punição ou de exposição do colaborador que comete alguma falha. A inovação só floresce num ambiente de segurança psicológica. Há ainda uma série de outros fatores, a inovação é como uma espécie rara que só pode emergir naturalmente, diante de uma intersecção de variáveis do ambiente.

---

3. Contei com mais detalhes esse processo do Mauro na Parte II, ao abordar as "Rodas em continuidade".

4. Link para o blog do Pedro: <http://blogs.pme.estadao.com.br/blog-do-empreendedor/tags/clearsale/>.

Bernardo destaca também a troca de informações como algo propício na constituição desse ambiente e enfatiza a importância do "erro", o que é um pensamento, no mínimo, raro no meio empresarial (para não dizer também no contexto escolar):

> Para se ter uma empresa inovadora, é necessário um ambiente propício, e este ambiente passa pela livre troca de informações, pelo *feedback* honesto e pela celebração de erros. Incubadoras de startups do Vale do Silício reúnem vários empreendedores num lugar comum de trabalho e criam um ambiente onde todos apresentam seus protótipos para que os demais criadores deem seus *feedbacks*. A troca de informação é desejada, solicitada e honesta. Há muito que se evoluir neste aspecto no Brasil. Até mesmo os erros devem ser celebrados, desde que tenham sido corretamente implementados e tenham gerado aprendizados.
>
> A necessidade de inovar nasce da necessidade de resolvermos algum problema e precisamos querer resolvê-lo. Formas extrínsecas de estímulo à inovação já foram testadas e falharam. Crie um ambiente propício e a inovação virá de forma intrínseca, como quase tudo que permeia o ser humano: de dentro para fora.

Assim, os sócios foram, pouco a pouco, incorporando os princípios da Autoformação e construindo suas práticas com estilo próprio, "de dentro para fora", isto é, com um *sentido para si*. E influenciando os demais líderes de suas áreas de responsabilidade, a começar pelos diretores, que também influenciavam os membros de suas equipes, muitos deles também gestores de outras equipes. Desse modo, foi-se construindo a Rede de Formação, pouco a pouco, em paralelo à estrutura hierárquica, na qual o poder não se mantém baseado no cargo, nem é exercido pelo "comando e pelo controle", mas legitimado pela capacidade de gerir pelo exemplo, pela coerência e valorização da pessoa (ver Figura 14.1).

Figura 14.1 – Organograma e Rede de Formação.

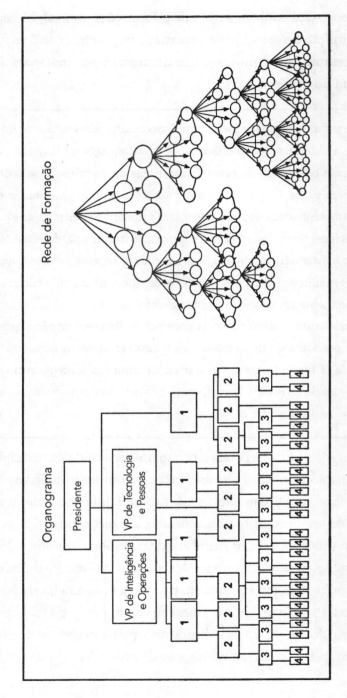

O Organograma (à esquerda) indica os níveis hierárquicos, definindo quem se reporta a quem no que se refere a tarefas, metas e prazos. Assim, diretores (1) se reportam as VPs, gerentes (2) aos VPs, gerentes, coordenadores (3) aos gerentes e assim por diante. A Rede de Formação (à direita) é formada pelas Rodas das equipes de todos os gestores: sócios (P+VPs), diretores, gerentes, coordenadores, supervisores. Assim, o participante de uma Roda é coordenador de outra, a de sua equipe.

236   CECÍLIA WARSCHAUER

Essa é uma apresentação apenas didática do processo da formação em rede, pois na prática ela não se efetiva de modo tão linear e é permeada por momentos críticos, nos quais parece que um gestor não vai avançar, o que dificultaria o processo de formação na rede que dele depende. Entretanto, a rede não se constitui só na verticalidade, na hierarquia da relação entre gestores e suas equipes diretas, mas também na horizontalidade, pelas várias instâncias de trabalho com equipes mistas, seja nos projetos de gestão matricial,[5] seja em vários outros nos quais membros de diferentes equipes são envolvidos, às vezes por vários meses.

A horizontalidade é uma prática frequente nessa empresa, pelo desejo de inovação e pelo rápido crescimento, que demanda muita criatividade. E esta, por sua vez, se baseia na sinergia e na troca de informações, como lembrou o Bernardo em seu depoimento. Além disso, a troca de informações não se dá só na horizontalidade ou na verticalidade, pois ela faz parte de uma rede comunicacional complexa, e "a primeira e mais óbvia propriedade de qualquer rede é a sua não linearidade – ela se estende em todas as direções", como destaca Fritjof Capra.[6]

> Por exemplo, um sistema familiar pode ser definido por uma rede de conversas que exibe circularidades inerentes. Os resultados de conversas dão origem a mais conversas, de modo que se formam laços de realimentação autoamplificadores. O fechamento da rede resulta num sistema compartilhado de crenças, de explicações e de valores – um contexto de significados – continuamente sustentado por mais conversas.[7]

---

5. Gestão Matricial é uma forma de gestão de projetos na qual as equipes são compostas por pessoas de diversas especialidades, reunidas para realizar tarefas em caráter temporário. Essas equipes cruzam as fronteiras organizacionais e, nessa estrutura, as pessoas permanecem vinculadas às suas respectivas unidades funcionais e movimentam-se na organização para desenvolver determinados projetos.

6. Capra, Fritjof. *A teia da vida*. São Paulo: Editora Cultrix, 1997, p. 78.

7. *Idem*, p. 172.

Também no ambiente profissional, conversas dão origem a mais conversas, sobretudo quando se pretende um ambiente aberto à inovação e à formação contínua dos profissionais. E pelas conversas formam-se vínculos não apenas profissionais. Relações pessoais e vínculos de amizade são criados de maneira espontânea e podem, por sua vez, alimentar as atividades profissionais, por exemplo, ao favorecer a comunicação e a abertura para novos pontos de vista. Por vezes é impossível separar as dimensões pessoais e profissionais na complexa rede de conversas e interformação.

> Sempre no contexto profissional existe o fator do poder da hierarquia, e a abertura para o olhar humano da Roda começa principalmente com o líder se abrindo, sendo sincero e compartilhando algo do seu passado que o tenha tocado como pessoa. Perceber a pessoa no profissional é algo profundo e lento e cada novo entendimento de como funciona a Roda já é um progresso.
>
> *Pedro, sócio e presidente*

> Quando fazemos Roda com a equipe, podemos conversar sobre diferentes assuntos e fazer diferentes atividades. Isso tem ajudado muito no trabalho da equipe, como uma equipe. Aqui no Suporte, lidamos com muitos problemas, e também com as pessoas que estão com esses problemas, e que nos chamam. O estresse é inevitável. Com maior interação entre a equipe, as pessoas deixam de ser somente colegas de trabalho e se tornam amigas, ajudando umas às outras a contornar as diferentes situações que aparecem no dia a dia. Acredito que é muito mais fácil se tornar amigo de uma pessoa com quem se trabalha junto do que manter uma amizade vinda do ambiente pessoal para o ambiente profissional.
>
> *Kendy, coordenador de suporte de TI*

No que se refere à incorporação de ações de formação no contexto de trabalho, cada profissional-pessoa busca caminhos próprios, com sentido para si. Um exemplo é o caso do novo diretor de TI, Rogério,[8] que assumiu o cargo ao ser promovido de sua função anterior, de gerente. A propósito, essa promoção foi uma conquista de ambos, do Rogério e do Mauro: o primeiro por seus méritos, e o segundo pelos resultados de sua prática de desenvolvimento de pessoas, que favoreceram essa promoção.

> Temos o processo de Rodas em algumas equipes, Rodas com foco não técnico, que são as Rodas propriamente ditas, que acontecem periodicamente. O processo começou com a incorporação de algumas reuniões em formato circular para discutir assuntos técnicos, assuntos do dia a dia, ou mesmo a metodologia de desenvolvimento de sistemas que aplicamos aqui na TI. Começamos de forma errada, chamando isso de Roda. Aí, sentimos a necessidade de discutir assuntos que não eram técnicos no formato de Roda, o que foi incorporado por algumas equipes. Começamos com os gerentes, e isso foi se disseminando entre os coordenadores, principalmente quando a Cecília começou a fazer Roda com eles. E depois, cada coordenador, dependendo do nível de sua equipe e, principalmente, do tempo entre os ciclos de desenvolvimento dos projetos, começou a aplicar essas Rodas. Esse processo de partir do técnico fez sentido para as pessoas. Isso é o mais importante! Então, inicialmente, ficou separado o que é técnico do que não é. Mas depois, em algumas Rodas, houve uma junção, como na Roda de gerentes, em que conseguimos fazer a pauta e, dentro da pauta, se alguém quiser, já coloca um assunto que não é técnico. Por exemplo, a pessoa voltou de férias e quer falar delas ou quer propor a organização de um evento de almoço ou de churrasco, ou ainda tratar de um problema

---

8. Rogério entrou na CS como gerente de TI e foi promovido a diretor quando o anterior, Mauro, assumiu a vice-presidência de duas áreas, Tecnologia e Pessoas.

> de relacionamento interpessoal ou de gestão que precisa ser resolvido. Então tratamos da gestão de pessoas dentro das Rodas também.
>
> *Rogério, diretor de TI*

Além do Rogério, outras pessoas foram promovidas ou mudaram de área, buscando maior afinidade com seus anseios individuais de formação e/ou carreira. É o caso da Renata,[9] que passou pelas áreas de TI e Comercial antes de chegar à de Pessoas, com a qual mais se identifica.

> Participar das Rodas é engrandecedor, mas ser coordenadora de Rodas é ainda mais desafiador e, por isso, mais gratificante. Já diria Paulo Freire, grande pensador brasileiro, que o conhecimento só existe por relações. Para o educador, o conhecimento surge apenas da relação dialógica e recíproca entre um trinômio formado pelo próprio conhecimento, o falante e o ouvinte.
>
> O processo de Rodas é justamente o estímulo a esse ambiente de diálogo, que, feito com seriedade e recorrência, cria laços de confiança entre as pessoas. Esse espaço é fundamental, uma vez que a confiança é a grande questão da atualidade. As crises que vivemos não são econômicas ou sociais antes de serem afetivas. Infelizmente, acreditar nas pessoas, o pressuposto inicial da confiança na base de cada conversa, está cada vez menos presente na nossa sociedade. As Rodas são o resgate desse valor tão negligenciado, principalmente nos ambientes corporativos.
>
> Em agosto de 2013, passei a ser coordenadora de Rodas voltadas aos analistas recém-chegados na empresa. De início, apesar de receptivas, as pessoas mostravam-se desconfiadas da motivação empresarial para aquilo existir: "Conversar em vez de produzir?! O que será que a empresa está querendo? O que ela ganha com isso, e quais os possíveis lucros a serem

---

9. Renata é formada em Filosofia, mestre em Comunicação e atualmente doutoranda em Psicologia.

gerados?" Diversas dúvidas rondavam a cabeça das pessoas, e, de fato, a empresa pode lucrar ao estimular esse ambiente autoformativo de conversa, confiança e boa relação entre gestores e colaboradores, tal como entre colaboradores e seus pares. Mas não é esse o ponto principal.

O grande motivo para a existência das Rodas é o próprio desenvolvimento das pessoas. Acreditando no poder formativo da Roda, com o tempo fui realizando mais encontros e mantendo o mesmo grupo de pessoas. É importante que o mesmo grupo seja mantido, pois somente dessa forma o ambiente de confiança se configura. Para minha surpresa, paulatinamente as pessoas começaram a se abrir, como flores que desabrocham no tempo certo e em terreno fértil. Sentiram-se confortáveis para compartilhar segredos, fazer piadas saudáveis (e é papel do coordenador não permitir que surjam preconceitos e desconforto nas Rodas), contar suas necessidades e até seus medos. Por meio das Rodas, ficou ainda mais claro que falar pode ser transformador, que os canais podem ser limpos por meio das conversas (evitando as fofocas, que não levam ninguém a lugar nenhum) e que a confiança é um valor que se consolida a partir do constante diálogo, quando cada um pode reconhecer as várias facetas que existem em si e também nos outros.

Renata, coordenadora da Área de Pessoas

Vários tipos de Roda compõem a Rede de Formação. Roda dos sócios, Rodas de gerentes, Roda de coordenadores, Roda dos supervisores, Roda do comitê,[10] Grupos de afinidades[11] e Roda dos coordenadores

---

10. A Roda do comitê é formada por uma pessoa de cada área da empresa, com o objetivo de organizar as atividades que ocorrem semanalmente, e da qual todos os colaboradores participam, por uma hora. Essa hora semanal é chamada de 'T!'. Abordo mais detidamente o "Comitê das T!s" no Capítulo 19.

11. Os Grupos de afinidades fazem parte das atividades de formação (T!s), sendo que, nesse caso, o comitê organiza apenas a logística para os encontros, pois esses grupos têm autonomia quanto ao desenvolvimento das temáticas. A coordenação desses grupos é feita por participantes voluntários, que têm interesse em desenvolver suas habilidades de liderança. Abordo mais detidamente os Grupos de afinidades no Capítulo 19.

de Roda[12] são algumas delas, além das que se criam espontaneamente, já citadas, alimentando a rede de conversas. O sociólogo Norbert Elias explica o que ocorre nessa rede:

> Cada um dos interlocutores forma ideias que não existiam antes ou leva adiante ideias que já estavam presentes. Mas a direção e a ordem seguidas por essa formação e transformação das ideias não são explicáveis unicamente pela estrutura de um ou de outro parceiro, e sim pela relação entre os dois. E é justamente esse fato de as pessoas mudarem em relação umas às outras e através de sua relação mútua, de se estarem continuamente moldando e remoldando em relação umas às outras, que caracteriza o fenômeno reticular em geral.[13]

As conversas nas Rodas, além de gerarem resultados para as negociações e tomada de decisões nas equipes, é meio e motor para o desenvolvimento das pessoas, aumentando a sua capacidade colaborativa e criativa, desenvolvendo habilidades de comunicação (falar, ouvir e refletir) e sua inteligência emocional, pela tomada de consciência dos sentimentos e emoções no processo das conversas, potencializada pelos Registros, que, quando lidos, geram mais conversas. Quanto mais confiança está construída, mais partilhas são possíveis. Quanto mais partilhas, mais confiança é construída. Pessoas se formam (e se transformam) enquanto trabalham, ao mesmo tempo que a empresa delineia uma cultura criativa, de colaboração e inovação nos seus negócios.

---

12. A Roda dos coordenadores de Roda tinha como objetivo desenvolver habilidades de liderança para a condução das pequenas Rodas que eram feitas nas T!s. A maioria de seus participantes não tinha qualquer experiência com a gestão de grupos. Inicialmente aconteciam a cada 15 dias. Depois passaram a ser feitas bimestralmente com os coordenadores dos Grupos de afinidades, centrando a formação no relato das experiências e na reflexão sobre elas (Aprender Fazendo e Aprender Trocando).

13. Elias, Norbert. *A sociedade dos indivíduos*. Rio de Janeiro: Jorge Zahar Editor, 1994, p. 29.

Ao longo de minha carreira pude participar de alguns bons treinamentos sobre liderança e desenvolvimento de pessoas. Percebi que me identifiquei com aqueles mais diretos, que apresentavam uma proposta clara, desenvolviam o conteúdo de maneira lógica e programada e por fim entregavam um resultado conclusivo e imediatamente aplicável. Aqueles dos quais poderíamos sair, ao final do processo, com um material que contivesse um resumo formatado do que foi visto, os conceitos e os jargões, as dicas e os lembretes. E estes treinamentos me foram muito úteis.

Na CS, através das Rodas aplicadas pela Cecília, tive a oportunidade de experimentar um processo de desenvolvimento com uma proposta bastante diferente do que conhecia até então. Demorei algumas sessões para perceber que um modelo com características tão distintas e que desse tanto valor para a experiência dos meios em si, sem muita preocupação clara com os fins, poderia, sim, trazer resultados surpreendentes. Se no formato mais tradicional a linha de aprendizado é mais estruturada e objetiva, na Roda o que dá o tom é a liberdade e a subjetividade. O primeiro modelo dá para replicar e ensinar, o segundo precisa ser vivido e sentido. Um permite que os resultados sejam vistos mais imediatamente, enquanto o outro exige mais tempo para que sua sutileza seja completamente percebida. Enquanto um é mais individual, o outro é essencialmente coletivo. Um pode se perder com o tempo, o outro cria a cultura da empresa.

Não creio que exista apenas um formato de sucesso ou que o mesmo modelo possa ter os mesmos resultados para pessoas e/ou contextos distintos. Mas tenho certeza de que estaria desperdiçando uma oportunidade única de crescimento se não estivesse aberto à proposta das Rodas. Espero estar pronto para poder aproveitá-las ainda mais.

Henrique, gerente de Marketing

Quando os espíritos amadurecem, o ambiente de trabalho evolui. Quando o ambiente é fértil, as pessoas se transformam. Um processo alimenta o outro.

Nessa Rede de Formação, eu também, como coordenadora dessas Rodas, me defrontei por várias vezes com minhas experiências anteriores, tanto nas escolas como nas empresas por onde passei. E eu precisava trabalhar-me internamente para acompanhar esse processo complexo, cujos caminhos estão sempre, a cada novo grupo, a ser desvendados. Um processo de formação que é, também, uma interformação.

Todos temos pontos fracos e feridas – um calcanhar de aquiles –, frutos de nossas histórias de vida, o que muitas vezes nos faz permanecer em zonas mais confortáveis em lugar de avançar por terrenos delicados. Não é diferente com os três sócios ou com os demais gestores ou colaboradores dessa empresa. Nem comigo mesma. E aqui está uma grande fonte de prazer – e de dor – desse trabalho: cresço junto com ele à medida que percebo e enfrento meus próprios pontos fracos. E, para isso, utilizo os recursos de R&R comigo mesma, registrando o que ocorre e percebendo o que sinto, para tomar consciência do que se passa. Além disso, por vezes, busco apoio fora da empresa, participando de outras Rodas de Formação.

15.
O poder na Rede de Formação

Vamos analisar agora mais especificamente as relações de poder em uma estrutura como essa, na qual a hierarquia não é a única definidora das relações de trabalho, pois estas se dão de maneira mais semelhante a uma rede do que a relações em um fluxo linear.

Ao pensarmos em uma mudança paradigmática, necessária para responder aos desafios atuais nos vários âmbitos da vida, seja ecológico, econômico, social, organizacional ou educacional, as relações de poder também devem adquirir outro fluxo, não mais de dominador e dominado. O modelo de dominação em relação à natureza já mostrou aonde leva: à devastação e aniquilação das condições de vida no planeta. Não é sustentável. Também as relações de trabalho devem ser revistas para fazer frente aos inúmeros desafios atuais. Uma mudança de mentalidade. Mudança de paradigma. O clássico modelo de "comando e controle" na gestão das empresas também não é sustentável. Para se perpetuar, as empresas precisam saber navegar em um cenário de incertezas, dando respostas criativas. Não há fórmulas a serem copiadas.

Fritjof Capra distingue dois tipos de relação de poder sobre os outros: o "poder como influência" e o "poder como domínio". "A influência é mais no sentido de outorga de poder e o domínio é mais no sentido de poder corrupto."[1] Então a verdadeira autoridade seria aquela que personifica a confiança e a quem, por isso, é atribuída responsabilidade.

> Todos nós sabemos que a responsabilidade é difícil. Quanto mais responsabilidade você tem, tanto mais árdua ela é. Por isso, uma pessoa responsável que acumula poder tentará, por sua vez, outorgar poder a outros, de modo a distribuir a responsabilidade, a descentralizar a responsabilidade. Pois uma só pessoa não é capaz de manipular responsabilidades em excesso. Desse modo, se você acumula poder, há somente duas maneiras de exercê-lo. Uma delas é a de se agarrar a ele. Isso é não ser responsável, isso é poder corrupto, e, naturalmente, a maior parte do poder é desse tipo. Você ingressa no poder tendo em vista o próprio poder. Na outra maneira de exercer o poder, você diz: "Eu tenho poder demais, responsabilidade demais e preciso distribuí-los." E, assim, usa o seu poder para outorgar poder a outros.[2]

A outorga de poder é usualmente entendida, no contexto organizacional, como delegação de poder. E tem sido equivocadamente associada à ideia de uma simples transferência de responsabilidades de um nível superior para um nível abaixo na linha hierárquica, de modo que quem recebe essa parcela de poder deve dar conta, a partir desse momento, tanto de pensar sua execução quanto dos resultados a serem alcançados. Entretanto, é frequente encontrarmos gestores que receberam uma parcela de responsabilidade para a qual não estão preparados, geralmente porque suas experiências anteriores foram em outros contextos ou cultura organizacional.

---

1. Capra, Fritjof & Steindl-Rast, David. *Pertencendo ao Universo*. São Paulo: Cultrix/Amana, 1994, p. 175.

2. *Ibidem*.

Cabe, portanto, nesse caso, uma ação do gestor na passagem do poder, partilhando *know-how*, pensando junto nas estratégias a serem adotadas, e realizando um acompanhamento sistemático, no qual discutem avanços e dificuldades e reavaliam prazos. Assim, delegar significa não só atribuir responsabilidade ao outro, mas, principalmente, acompanhá-lo, montando um plano estratégico inicial que possa servir como norte. E, assim que a pessoa for conseguindo entender e criar por si novas estratégias para novas situações, seu gestor pode se afastar. Portanto, delegar implica também *formar*.

David Steindl-Rast dialoga com Capra dizendo que "o poder deveria ser outorgado à medida que a pessoa merece essa confiança. Mas, na sua maioria, as autoridades que detêm o poder tendem a permanecer dependuradas nele até muito tempo depois de terem merecido a confiança".[3] E aí o poder fica estático, com dominação por parte do nível do topo sobre todos os outros níveis que estão abaixo dele. "Mas se você vê o poder como um fluxo constante para fora, dirigido no sentido de outorgar poder a outros e de fortalecer a autoridade deles, esse é um poder dinâmico", diz Capra, que conclui: "É por isso que eu digo que a estrutura ideal para o poder como influência é a rede. Você consegue um retorno não na hierarquia, mas na rede."[4]

Portanto, em vez de uma relação de mando e submissão, as relações de poder se constroem pela responsabilidade, sendo essa exercida em mão dupla: tanto dos membros de uma equipe quanto de seu gestor. Os membros da equipe se comprometem e se responsabilizam para atingir os resultados acordados para sua equipe (porque veem sentido, também para si). O gestor, por sua vez, delega poder e atua se responsabilizando pela criação de condições favoráveis para o desenvolvimento dos membros de sua equipe, o que também é caminho para a construção

---

3. *Ibidem*.
4. *Idem*, p. 176.

de confiança nele, alimentando um círculo virtuoso de gestão de poder. Este, por sua vez, alimenta a produtividade individual e da equipe, pela motivação gerada em uma tal dinâmica. Uma dinâmica coerente com o processo de Autoformação.

Figura 15.1 – Poder como domínio *versus* poder como influência.

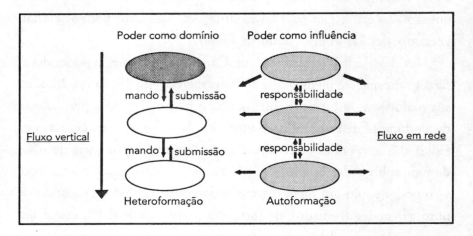

Comparação entre dois modelos de gestão: o primeiro, "poder como domínio", pode ser aproximado da Heteroformação, uma vez que o poder da formação está fora da pessoa que se forma, enquanto no segundo, "poder como influência", o poder da formação cabe àquele que se forma, mas que não o faz sozinho, e sim em uma rede de interações, como na Autoformação.

A CS é uma empresa que precisou se reinventar algumas vezes, revendo práticas, estruturas e estratégias para ultrapassar seus momentos críticos. E, para enfrentá-los, adotou um modelo de gestão cada vez mais colegiado, criando várias instâncias para a reflexão coletiva. O que se dá com contradições e conflitos. Mas, quando identificados, e quando existe como base real de confiança e prática cultural da conversa, podem ser temas de novas conversas (informais ou nas Rodas), para minimizar seus efeitos indesejados.

> Como a Roda & Registro é uma metodologia de crescimento e de formação humana e subjetiva, fica o desafio de as pessoas aderirem ao método e principalmente ao entendimento de como ela funciona visto que a pessoa tem que estar aberta principalmente para o seu próprio crescimento. É uma via de mão dupla e, no contexto corporativo, onde existe o poder, existe o atropelo da hierarquia. Começamos então a fazer uma reunião de resultados a cada trimestre para alinhar a estratégia geral com os líderes da empresa. Depois de dois anos, decidimos que a Roda & Registro é algo estratégico e muito importante para o crescimento sustentável da empresa, pois o nosso *core business* demanda muito da sensibilidade humana e da autenticidade.
>
> *Pedro, sócio e presidente*

Formar para a responsabilidade, entendida como uma via de mão dupla, não é fácil, sobretudo porque no Brasil temos uma herança autocrática e de heteronomia, marcada pela sujeição ao outro, àquele que detém um poder, o que dificulta o aprendizado da autonomia, do diálogo horizontal, da cooperação entre diferentes e da formação de competências coletivas. Algo que precisa ser praticado, treinado, cultivado.

Responsável é aquele "que garante, que responde". "Responsabilidade é sensibilidade, a capacidade de dar uma resposta apropriada",[5] diz David Steindl-Rast. "A autoridade não é algo de que se abra mão quando se tem responsabilidade", diz o filósofo Mario Sérgio Cortella em um curso sobre poder e competências para gestores. Portanto, não se trata de anular a autoridade, mas de saber como usá-la em benefício do coletivo, e não de si próprio. Isso é fazer uso do poder como influência, no lugar do poder como domínio, corrupto.

Para o exercício do poder como influência há muitos aprendizados a serem realizados, que envolvem a pessoa como um todo. Sua história,

---

5. *Idem*, p. 91.

suas experiências, suas emoções, sua intuição, ao lado de sua racionalidade. "Talvez a responsabilidade seja precisamente o ato de *temperar* o intelecto racional, o pensamento linear, por meio da sabedoria ecológica intuitiva."[6]

Também Peter Senge, o conhecido autor do livro *Quinta disciplina*, considera o domínio da liderança ligada ao *ser*. Liderar não está na esfera de comportamentos, pois não se trata de algo que fazemos, mas da expressão do nosso ser.

> A maior parte dos livros recentes sobre liderança trata do que os líderes fazem e como operam, porque o mundo torna difícil a vida para eles, e do que as organizações precisam fazer para melhor desenvolver líderes. Tais livros são recheados de conselhos aparentemente práticos a respeito das coisas que os indivíduos e organizações devem fazer de diferente. Ainda assim, poucos penetram em profundidade nas novas ideias acerca da natureza da verdadeira liderança.[7]

Senge destaca o pensamento e o convite de Robert Greenleaf para a escolha que um líder deve fazer: servir. Sem a capacidade de servir, sua capacidade de liderança fica profundamente limitada. "*Apenas e tão somente* quando a escolha de servir é a base da formação moral dos líderes é que o poder hierárquico que separa o líder de seus liderados não se corrompe."[8] Senge destaca que o potencial de corrompimento da hierarquia se dissolveria se os líderes escolhessem servir àqueles que lideram, se eles enxergassem seu trabalho, sua razão fundamental de existência como serviço verdadeiro. E estaria aí uma "boa parcela da

---

6. *Ibidem* [grifo do autor].

7. Trecho do texto da introdução escrita por Peter Senge ao livro *Sincronicidade*, de Joseph Jaworski, Rio de Janeiro: Best Seller, 2008, p. 15.

8. *Ibidem*.

explicação para a 'falta de liderança' da maior parte das instituições contemporâneas, guiadas como são por pessoas que chegaram a posições de autoridade por causa de habilidades técnicas ou de tomada de decisões, de bom senso político ou de desejo de riqueza e poder".[9]

> Cada vez mais as hierarquias se enfraquecem, e instituições de todos os tipos, desde organizações multinacionais a sistemas escolares, trabalham por intermédio de redes informais e grupos autoadministrados que se formam, operam, se dissolvem e se formam outra vez. Não é suficiente escolher servir àqueles que se lidera formalmente, porque você pode não ter subordinados formais nas novas estruturas organizacionais.[10]

A liderança não é uma qualidade que existe em algumas pessoas, apesar de ser essa uma forma comum de pensar. "Procuramos indivíduos especiais com potencial para a liderança em lugar de desenvolvermos o potencial de liderança existente em todos nós."[11]

E assim voltamos ao papel e à importância fundamental da formação. E da formação no ambiente de trabalho, por ser este o local onde líderes podem praticar e aprender pela experiência o que não aprenderam em outros contextos e práticas, profissionais ou não.

Na CS, além da formação dos gestores das áreas formais, há equipes cujos membros são de diferentes áreas da empresa, dissociando, portanto, cargo ou posição hierárquica na participação desses grupos. Alguns são de caráter temporário, respondendo a necessidades específicas de um dado momento, e outras de caráter permanente. A Roda dos coordenadores de Roda foi um exemplo de grupo temporário,

---

9. *Idem*, p. 16.
10. *Ibidem*.
11. *Ibidem*.

que funcionou por quase um ano, criado para atender à necessidade de formação de pessoas que estavam coordenando os pequenos grupos nas T!s sem experiência prévia na condução de grupos. Nessas Rodas de formação, a base era a troca de experiências e a reflexão sobre elas. Nessas trocas e reflexões, os coordenadores podiam aprender a base conceitual da Autoformação, a Metodologia R&R e um modelo de liderança coerente com essa base conceitual e metodológica mediados pela própria experiência em curso.

Já o Comitê das T!s (ocorrência semanal para preparar as T!s) e os Grupos de afinidades (ocorrência quinzenal, como parte das atividades das T!s) são de caráter permanente. A coordenação desses grupos é feita em alternância, de modo que uma pessoa que exerceu o poder num dado período pode ser participante em outro. Essa alternância enfraquece a ideia de hierarquia e amplia as chances de as pessoas vivenciarem situações de liderança, entendendo "de dentro para fora" as dificuldades que acompanham a condução de grupos.

16.
As cinco estações na prática: o caso da área de TI

A partir dos textos explicativos e de Rodas de conversa sobre as estações de formação – ou estações da UAH! – descritas no Capítulo 13, os diretores e gerentes de cada área passaram a refletir e registrar as ações que já faziam parte de seu "ambiente formativo interno", ou UAHi, como passou a ser chamado, destacando quais se relacionavam com cada "estação" de formação. Essa era uma estratégia de análise das ações que buscava identificar se algum aspecto da formação pretendida, representado por alguma "estação", estava faltando. Em caso positivo, buscariam complementar introduzindo outras atividades. Assim, poderiam defini-las em consonância com suas características singulares, seja de prioridades, seja dos estilos de gestão e personalidades das pessoas envolvidas, ao mesmo tempo que tinham matriz para a análise.

Com o crescimento da empresa e o consequente crescimento do número de pessoas de cada área, surgia de forma mais intensa a necessidade de lidar com o antagonismo unidade/diversidade, isto é, manter as características fundamentais da cultura da empresa – como uma unidade – e ao mesmo tempo incentivar a diversidade, ao dar autonomia para cada área definir suas atividades e processos com sentido para eles. Um Registro seria feito por cada área, com seu estilo, linguagem e atividades específicas. Mas, apesar disso ser explicitado, algumas áreas resistiram inicialmente a esse processo, mesmo que não o verbalizassem. Na prática, faltavam atividades formativas nessas áreas, e o seu Registro se dava de forma um tanto burocrática. As resistências fazem parte desse processo de elaboração "de dentro para fora", em tensão com o que chega "de fora para dentro".

Mas não foi o caso da TI, talvez pelas características de seus gestores ou de seus projetos de trabalho, geridos de maneira matricial, acostumados, portanto, a uma lógica na qual há bastante flexibilidade e mobilidade de pessoas, envolvidas em projetos concomitantes em diferentes equipes. Desde o início, o diretor da TI prontificou-se a apresentar o que estavam fazendo na área quanto às atividades e estações de formação, assim como suas dificuldades e pontos a melhorar. Lembro-me de uma Roda entre diretores, divididos em duplas, na qual um diretor apresentava a outro o que fazia em sua área: como estavam se apropriando, inventando e lidando com a formação dos colaboradores, relacionando-os às "estações". Nessa ocasião, tanto o outro diretor como eu mesma, que fazia ali o papel de coordenação, podíamos dar sugestões para o que estivesse faltando ou para as dificuldades enfrentadas. Ao mesmo tempo, o próprio relato de um podia dar ideias ao outro. Essa Roda, em si, era um "Aprender Trocando" entre diretores.

Rogério, o diretor de TI, também se prontificou a ser entrevistado por mim, anos depois da criação das estações, para relatar histórias e atividades da área. A seguir, transcrevo trechos de sua narrativa.

Ser Acolhido

Montamos um plano de trabalhar as Estações da UAH! dentro da TI, que parte do Ser Acolhido: temos momentos de acolher as pessoas, tanto os aniversariantes como aqueles que entram na nossa área. Aí já começam a entender um pouco o contexto da TI e da empresa. Por exemplo, tivemos recentemente uma situação bem interessante. Foi um Ser Acolhido de alguém que estava saindo, o Marcelo; montamos até um vídeo e vamos encaminhar o link para ele. Percebemos a emoção dele ao ser acolhido também na saída. A saída dele foi programada, já havíamos conversado com ele uns três ou quatro meses atrás; infelizmente não íamos poder continuar com os projetos que ele tocava, porque tínhamos uma questão de redução de custos. Mas conseguimos passar um pouco da nossa gratidão naquele momento, e depois no vídeo ficou bem claro, com as pessoas dando o depoimento pessoal, de quão gratas elas eram e continuam sendo, principalmente pelo conhecimento que o Marcelo trouxe. Então, procuramos não só acolher quem está chegando, mas quem está saindo. Essa forma de acolher o Marcelo foi boa tanto para ele quanto para nós. Entra aí boa dose de "subjetividade" e de "sensibilização". Mas muitas vezes isso não é possível por questão de legislação, quando a pessoa é CLT. Nesse caso, infelizmente, só podemos avisá-la no mesmo dia em que ela vai sair. Mas depois que ela saiu, fazemos algo como ligar para ela, mandar um e-mail ou marcar uma reunião fora da empresa. Isso vale a pena, porque damos muito valor à pessoa quando ela está aqui. Então, nessas saídas que não podem ser avisadas e que têm certos procedimentos de segurança (como não poder mais acessar o notebook que usava), tentamos deixar a saída também mais tranquila. No caso da saída do Heitor, que foi a primeira pessoa que eu demiti, havia cinco pessoas para demitir naquele mesmo dia. Ele foi a primeira e se sensibilizou muito, disse: "Ah, Rogério, eu não posso sair agora, é quase Natal, a empresa não pensou nisso..." Eu falei: "A empresa pensou, mas, infelizmente, não teve jeito." Eu senti que ele estava meio sem rumo. No outro dia, eu enviei um e-mail para ele, dizendo: "Encaminha o teu currículo, eu vou tentar te ajudar". E três semanas depois, não sei se foi pela minha indicação, ele já estava empregado e agradeceu. Depois ele mandou um e-mail agradecendo, esteve aqui outro dia para pegar algumas coisas dele, supertranquilo, de boa.

Então, muitas vezes é conversar com a pessoa, pois ela ajudou muito a empresa enquanto esteve aqui e tentamos não perder esse vínculo (claro que depende da situação). O Ser Acolhido aqui vai desde a entrada da pessoa e também quando ela passa de uma equipe para outra dentro da nossa área. Procuramos acolher a pessoa no contexto dela e no dia a dia também, como com um bom-dia quando ela chega. E também nas promoções. Nós as celebramos num mesmo dia do mês, quando comemoramos a chegada dos novos, os aniversariantes e os promovidos. Temos lá no painel o quadro com o nome dos aniversariantes, com uma guirlanda ou uma estrelinha, e os promovidos têm as frutas, que penduramos no dia da promoção. Ela fica sabendo que vai ser promovida porque tem uma fruta no lugar dela, pendurada no teto. E depois o gestor fala que ela vai ser promovida, o principal é a surpresa. Ela sabe o que significa a fruta: o abacaxi é uma promoção vertical e a banana é horizontal. É a surpresa de ser promovido sem ser avisado.

Aprender Fazendo

Temos uma equipe que é preparada para o Aprender Fazendo. Por exemplo, na equipe de projetos internos, quando as pessoa entram, quem é mais experiente auxilia na capacitação dos novos, mesmo que seja um "Júnior", que ficou um ano como estagiário. E quando outro estagiário atingir o nível dele, ele sai dessa equipe e vai para uma equipe em que as pessoas têm mais experiência, para ele Aprender Fazendo com outras pessoas e também Aprender Trocando. O estagiário entra, é apresentado à nossa metodologia e ele tem um período de estudo para, se ele não conhecer as linguagens, poder aprender; depois ele começa já fazendo projetos e entregando para a empresa. O que a gente procura com isso? Ter atividades direcionadas, explicar o que ele tem que fazer e deixar ele fazer.

Quando vemos que um time não vai conseguir entregar o que é esperado, procuramos deixá-los aprender com o erro, claro que o erro não pode causar impacto financeiro para a empresa, mas dizemos: "Meu, vocês falaram que vão entregar todas as atividades em quinze dias, então vamos lá." E se não conseguem entregar, na nossa "reunião de retrospectiva", que faz parte de nossa metodologia de trabalho, a gente fala sobre isso: "Bom, não conseguiram entregar, o que aconteceu?" "Ah, vocês colocaram essa estimativa que estava muito otimista." O Aprender Fazendo vai desde os aspectos técnicos, mas envolve também o trabalho em equipe. Esse é o nosso Aprender Fazendo: a pessoa começa na empresa, estagiário ou júnior, e vai aprendendo a atividade, vai fazendo e aprendendo com os erros e com o dia a dia.

Aprender Trocando

O Aprender Trocando acontece durante o trabalho, no cotidiano: uma pessoa senta junto com outra, que faz a revisão do código dela, ou faz uma revisão da atividade dela. Também quando a gente tem um problema, a gente se reúne, ou junta algumas pessoas diante de um computador e tentamos fazer com que todos entendam o problema. Cada um dá a sua opinião sobre as formas de resolvê-lo, que é outra forma do Aprender Trocando. Além dessas, temos as reuniões técnicas, que são algumas reuniões periódicas semanais. Uma delas é às quartas-feiras, com os seniores, coordenadores e gerentes: cada um fala o que está fazendo, coloca algum problema que tenha, e as outras pessoas passam a discutir a partir dali. Temos também todas as sextas com os gerentes. Um exemplo de Aprender Trocando muito interessante aconteceu na última reunião de gerentes. Tínhamos uma situação que necessitava de um investimento de 300 mil dólares em licenciamento da Microsoft para se adequar às suas novas exigências. E isso tinha que ser feito até outubro deste ano. A gente sentou, colocou esse problema na mesa e começamos a discutir: "Vamos migrar para a versão atual que eles exigem, mas não podemos migrar o nosso sistema agora." "Mas se fizermos isso e isso?" Então saímos da reunião com um apontamento de investimento em torno de 2 mil reais. Saímos de um investimento de uns 300 mil dólares para um em torno de 2 mil reais. E isso numa discussão de 40 minutos. Utilizamos muito isso aqui na TI: trazer um problema e conversar sobre ele com várias pessoas. Isso traz muitos resultados para a empresa.

Então o Trocando é um dos pontos principais que utilizamos aqui, quando a pessoa já tem alguma experiência e capacidade técnica (o que adquire através do Aprender Fazendo). Quando já tem essa experiência, ela chega numa reunião dessas e consegue dar sua opinião. O importante é que seja possível manter essas pessoas motivadas e dentro da empresa. É um custo muito grande para a empresa treinar essas pessoas e, após sete, oito ou dez anos, quando elas conhecem bem o negócio da empresa, a perdermos. Às vezes alguns questionam o custo de manter essas pessoas, mas elas têm um nível de entrega muito alto, conseguem resolver problemas muito complexos em pouco tempo e dar soluções em pouco tempo. O Trocando é trabalhado assim aqui na TI.

Aprender Crescendo

É no Aprender Crescendo que precisamos evoluir aqui na TI, que é trabalhar nas Rodas ou em atividades fora da empresa, investir na pessoa, no crescimento pessoal, na forma de socialização, na interação. Muitas vezes temos uma abordagem muito técnica, e a gente agora precisa transpor isso e trabalhar também o pessoal. Porque isso é muito importante.

Eu gosto de dar um exemplo, é um exemplo que aconteceu aqui na TI: temos um coordenador, o João, que participa do "grupo de afinidades" na T!erça sobre videogames. E ele conheceu pessoas de outras áreas lá, algumas da Operação. E quando precisamos testar uma parte do sistema só com alguns usuários, que pudessem dar um *feedback* claro, dizendo só se está funcionando ou não, eu falei: "Olha, João, por que você não fala com as pessoas do seu grupo da T!erça?" Ele desceu, foi à sala onde elas trabalham, falou com elas, que prontamente o atenderam e testaram o sistema. Ele voltou e disse: "Agora eu entendi por que a T!erça tem esses grupos de afinidades, principalmente para criar essa ligação com as pessoas e principalmente para quebrar as barreiras entre o pessoal e o profissional." Esse é um exemplo muito latente que deixa muito clara a importância do Crescendo, da relação pessoal e profissional. Esse exemplo foi muito bom para mostrar o quão importante é a gente se relacionar com as pessoas, com as outras áreas, e na maioria das vezes isso não se dá pela parte técnica, porque temos diferenças de natureza de tarefas que muitas vezes separam uma pessoa da outra. É pelo Crescendo, pelas atividades fora do dia a dia profissional, para que as pessoas tenham um contato e uma ligação.

Para isso, procuramos promover atividades fora, como um churrasco, um almoço, mas também atividades que desafiem as pessoas a evoluir. Tenho outro exemplo: uma pessoa aqui da TI me procurou falando de sua dificuldade de falar em público e pediu minha ajuda para que ela pudesse evoluir nisso. Aí eu consegui que ela organizasse uma dinâmica dentro da Reunião de Líderes da empresa para ela exercitar a fala em público e poder evoluir profissionalmente. Ela conseguiu. Foi muito boa a dinâmica que ela fez. Então o Crescendo não é só formado por atividades externas, mas também por identificar o que as pessoas precisam melhorar e colocar desafios, não desafios técnicos, mas desafios pessoais para ela evoluir. E isso pode ter repercussão na motivação.

Certificar Praticando

O Certificar Praticando fazemos no dia a dia. Depois que o estagiário começou a fazer as suas atividades e passou a ser "Júnior", ele já tem certo nível de responsabilidade, de entrega. A certificação de seu trabalho é a sua entrega, que é testada por uma equipe, é validada. Se tiver algum problema, ele é apontado e ele tem uma responsabilidade por aquela entrega. Depois, ele passa para "Pleno", chegando a "Sênior". Com isso, a responsabilidade dele vai aumentando e as formas de certificar o trabalho através da prática mudam. Um exemplo: um "Sênior" é responsável por publicar aquilo que desenvolveu, e deixar para o cliente testar ou publicar em produção, que é a melhor forma de certificar que o trabalho dele foi bem-feito. Então o Certificar Praticando começa do estagiário, que faz as entregas pequenas, e vai até o gerente, que, com as discussões sobre os problemas, consegue dar soluções, inclusive soluções para o cliente. Essa é a forma de Certificar, na prática, pela prática. Cada um vai resolver os problemas mais ou menos complexos de acordo com o seu nível de "senioridade". Como funciona: identificamos uma situação e verificamos se aquela pessoa tem o nível de "senioridade" ou de capacitação técnica para resolver aquele problema. Se ela consegue resolver ou se chega a alguma solução, ou mesmo se não consegue, é uma forma de ela se certificar pelo conhecimento que adquiriu ao longo do tempo.

17.
Das resistências iniciais à prática de R&R: o caso da área de estatística

Por mais que uma estrutura e conteúdos de formação estejam claros, o que realmente importa na Roda é como cada um se apropria de seus elementos e lhes dá um sentido em sua própria prática, o que por sua vez está ligado à sua personalidade e suas experiências anteriores, tanto profissionais quanto em outros âmbitos de vida.

Neste capítulo, trago a maneira como Rafael, diretor da área de Estatística, se apropriou, pouco a pouco, da Metodologia R&R. Rafael era conhecido na empresa por criticar explicitamente tudo com o que não concordava ou que questionava, além de sua aguda inteligência. Já estava na empresa quando iniciei o processo das Rodas em Rede, de modo que ele foi acompanhando todas as fases, mesmo que não envolvido diretamente no início. Muito jovem, em termos de idade, está à frente da área mais ligada à Inovação, um dos grandes diferenciais da empresa no mercado em que atua.

Fiz uma entrevista com ele, na qual revelou, com muitos detalhes e de maneira analítica (como um bom estatístico), como foram suas vivências durante cinco anos com as Rodas e os Registros. Falou de suas resistências iniciais, de como foi gradualmente entendendo essas ferramentas como parte de uma metodologia mais ampla e como foi, aos poucos, percebendo o que ela poderia agregar a ele como gestor e à sua área, que também crescia rapidamente, devido ao ritmo de crescimento da empresa. A metodologia foi incorporada em toda a sua área, tendo alguns de seus elementos utilizados de maneira sistemática por todos. Foi surpreendente, para mim, ouvir essa história de apropriação de R&R de alguém que tem como princípio não aceitar nada que lhe seja apresentado como algo que "tem que" ser feito, mesmo que seja o presidente da empresa onde trabalha a lhe dizer isso. E ele percebe isso em diferentes âmbitos de sua vida. Nada que lhe venha de fora, pronto a ser implantado, é bem recebido por ele. "Gosto de fazer as coisas do meu jeito."

A área de Inteligência estatística foi a que eu menos acompanhei na empresa, apesar de ter encontrado diversas vezes com o Rafael para tratar de assuntos variados, como, por exemplo, sessões de autoconhecimento com a atividade do Brasão, contar do Comitê de elaboração das atividades para as T!s e convidá-lo para ser seu coordenador, além de alguns outros encontros de acompanhamento nesse processo do Comitê, ou ainda para pensar em mentores para os grupos de afinidades das T!s, sendo ele um desses mentores. Minha surpresa, quando me relatou na entrevista sobre suas resistências, vem do fato de não as ter sentido nas ocasiões em que conversamos a respeito do Comitê, mas, pelo contrário, nossas conversas fluíam com a criação conjunta dessas novas instâncias de conversa, no que ele muito contribuía e até assumia papéis em sua condução.

Sua resistência era, especificamente, em relação ao que lhe era apresentado pronto, com algum "tem que", como enfatizou durante a entrevista. O que me chamava a atenção era sua disponibilidade para "fazer com". Eu sabia que ele não gostava de nomes como "Roda" ou o das estações, mas em sua área havia um clima de cooperação, de muita conversa, amizade e criatividade. Durante os cinco anos, não me preocupei em acompanhar as Rodas em sua área. Ele as fazia do "jeito dele" e tinha bons resultados, e eu me dedicava às áreas da empresa que tinham dificuldade para favorecer as conversas, acolher os novos gestores e equipes.

A entrevista com Rafael revelou-me qual era o "jeito dele" e como foi aos poucos assimilando "de dentro para fora", isto é, com sentido para ele, as ferramentas de R&R. Contou-me como venceu as resistências iniciais a vários de seus elementos e que estão hoje incorporados em toda a área de estatística, como prática não só dele, diretor, mas de seus gerentes com suas respectivas equipes.

> O diretor de cada área vê e pratica a metodologia de um jeito bem específico. Vou fazer primeiro um histórico bem pessoal de como fui introduzindo a metodologia na minha área.
>
> Eu entrei em contato com a metodologia pelo Pedro, contando que tinha te conhecido e que estava fazendo Rodas com você, junto com o Bernardo. Depois, disse: "Agora o Jorge tem que fazer Rodas." Mas foi só há uns dois anos que entendi como metodologia.
>
> Fui muito pouco apresentado à teoria da metodologia no começo, talvez eu tivesse tido uma experiência mais profunda se tivesse sido apresentado à teoria, ou não, talvez tivesse sido resistente também.
>
> Minhas primeiras lembranças da metodologia R&R se confundem com as coisas da UAH!: o Aprender Fazendo, o Ser Acolhido. Hoje vejo que é uma metodologia, com várias ferramentas, baseada em crenças. Como, para mim, é importante entender o que é cada coisa para poder usar, e não fui apresentado, demorei a perceber. Pensava, no início, que você conversava com as pessoas porque era importante para o Pedro e o Bernardo que você conversasse com aquelas pessoas. Mesmo quando fizemos as nossas primeiras Rodas: era você conversando com as pessoas, mas eu não via como uma metodologia que poderia ser aplicada em vários lugares e contextos. Eu não chamava de metodologia. Hoje eu chamo.

A criação do Comitê das T!s foi marcante e eu fui seu primeiro coordenador. Foi uma experiência muito importante para mim, porque eu era muito crítico em relação às T!s, e ter que organizá-las me ajudou a ser menos crítico ou a ter críticas mais direcionadas. Mas até aquele momento eu não entendia o Comitê como parte de uma metodologia. Só entendia que era uma reunião que tinha que ter uma pessoa de cada área, não existia, para mim, o conceito de que havia um processo a ser aplicado. Havia só uma prática. E o que me levou a perceber que é uma metodologia foi ver os efeitos no Pedro e no Bernardo, fui percebendo mudanças no discurso e nas práticas deles. Eu sempre fui mais próximo do Bernardo, tanto pessoal quanto profissionalmente, e menos do Pedro. E, à medida que o Bernardo foi se envolvendo mais e foi trazendo elementos da metodologia em momentos de resolver problemas, fui vendo que existia algo a mais, que tinha uma utilidade.

Então, primeiro vi umas pontas do iceberg, com o que era visível. Depois, foi uma visão utilitarista. Por exemplo, para aculturar na empresa, como no caso do Jorge. E também via utilidade para resolver problemas. Outra utilidade também foi com relação ao Comitê. Quando entrava alguém novo na minha área, eu falava para fazer parte do Comitê, por acreditar que poderia entender melhor os processos se participassem dele, achando que poderia acontecer o mesmo que tinha acontecido comigo. Foi o caso do Omar e do Gustavo. E também para eles essa participação foi muito boa para entender.

Então, nessa visão utilitarista, eu percebia que servia para aculturar alguém e para resolver conflitos ou problemas muito sérios. E só depois fui percebendo que era uma metodologia. E algumas partes dessa metodologia foram me pegando aos poucos.

A primeira grande ficha caiu no momento em que vi um desenho sobre as Rodas em Rede. Eu já tinha visto aquele desenho antes, mas foi quando o vi de novo e escutei você falando dele no contexto de uma

> escola que o entendi: lá a diretora fazia Roda com as professoras e as professoras faziam com os alunos. Naquele momento, minha área estava maior e eu começava a ficar mais distante das pessoas. Então o desenho fez muito sentido. Ali percebi que as informações poderiam transitar nas Rodas em Rede: as informações poderiam ser passadas na Rede! Da Roda de sócios para Roda da diretoria, da Roda de cada diretor para a de seus gerentes e das deles para a de suas equipes. Foi esse o momento do primeiro clique. Foi essa relação de hierarquia que me ajudou a entender como eu podia replicar aqui dentro.

Os desenhos a que Rafael se refere estão exemplificados na Figura 17.1, em que eu mostro, em paralelo, as Rodas articuladas em Rede em duas organizações, uma escolar e outra empresarial. Mesmo que nos dois casos o objetivo fosse construir as Rodas como espaços para o conversar, são construções "de dentro para fora", que demandam tempo para criar os vínculos de confiança. E também tempo para que façam sentido a partir da realidade concreta de cada caso, suas características, projetos e desafios.

No primeiro desenho mostro a trama tecida em uma escola,[1] na qual fomos introduzindo as Rodas, passo a passo, à medida que faziam sentido para os professores, alunos e projeto da instituição. Era o mesmo caminho que fazíamos na CS, introduzindo aos poucos novos espaços para o conversar, tanto quanto fizessem sentido para os gestores, suas equipes e o projeto da empresa.

---

1. Essa é a Escola Novo Ângulo, que depois se tornou NANE, a que me refiro na Parte I deste livro.

Figura 17.1A – Rodas em Rede numa instituição escolar

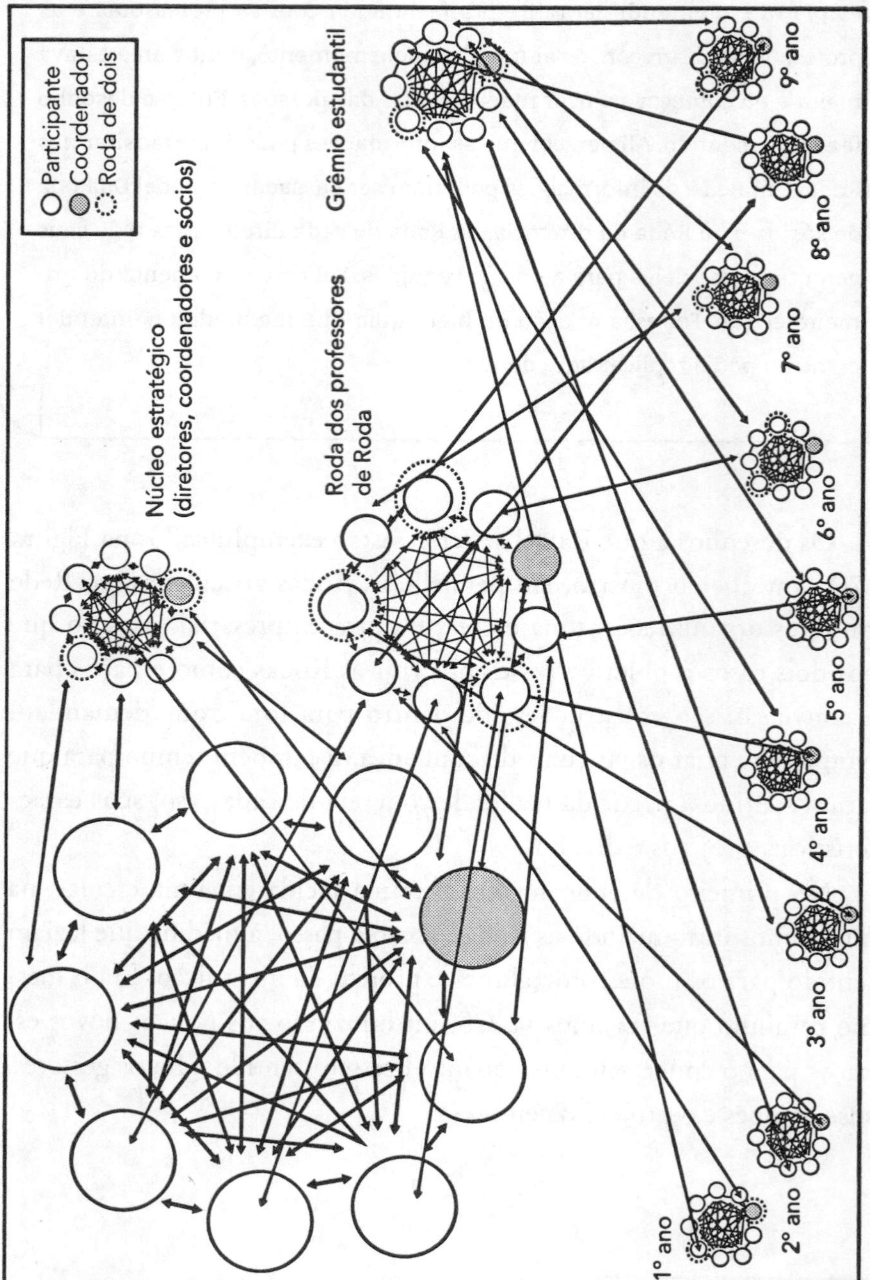

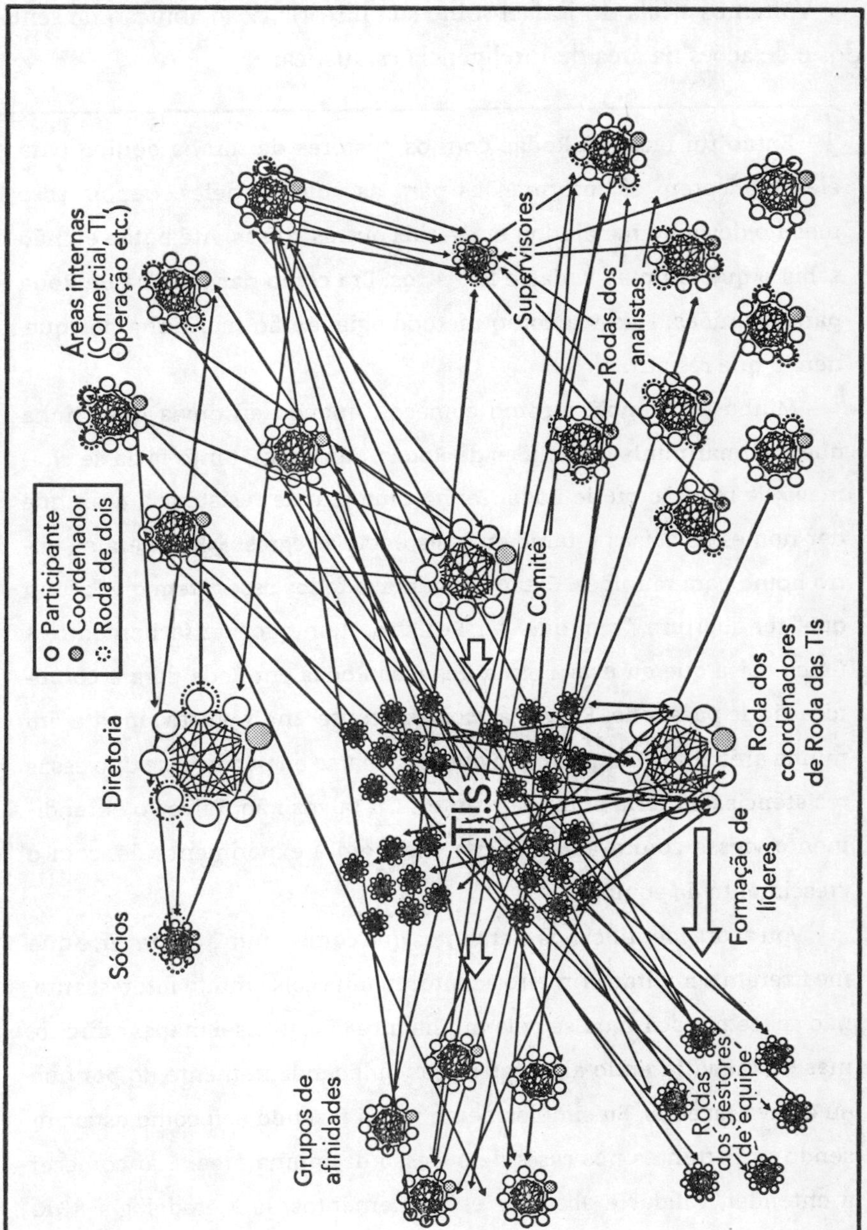

Figura 17.1B – Rodas em Rede numa empresa

ENTRE NA RODA! **267**

Voltemos à fala do Rafael sobre sua história de atribuição de sentidos e de ações na área de Inteligência estatística:

> Então fui fazendo Rodas com os gestores da minha equipe para eles replicarem as informações para as equipes deles. Depois esse mesmo desenho me ajudou em várias outras coisas. Até então eu não sabia o que eram as Rodas e Registros. Era como dar o nome de Roda para Reuniões. Não via como metodologia, então não tinha por que, nem a que resistir.
>
> Minha resistência mesmo começou quando eu ouvia que "tinha que" chamar minhas reuniões de Rodas. Para mim, tanto fazia se chamava de reunião ou de Roda. Tenho uma grande resistência a ter que dar nomes às coisas e também resistência a regras. E Roda era só outro nome para reuniões. Então eu ignorava todos esses "tem que": "tem que" ter abertura, "tem que" ter Registro, "tem que" ter fechamento. A única coisa que eu usava era a Rede, as Rodas em Rede para a comunicação ir passando. Eu via as coisas acontecendo positivamente em minha área sem qualquer "tem que". Talvez, se eu não tivesse tido essas resistências eu teria entendido antes. Ou talvez não. Talvez o entendimento viesse com o amadurecimento, com a experimentação, com o crescimento da equipe.
>
> Vou agora identificar os elementos que começaram a aparecer, e que me fizeram acreditar. Primeiro aconteceu uma coisa muito interessante, não sei se por acaso ou se pela minha intuição, não sei mapear direito, mas eu me vi fazendo algumas coisas independentemente do por que eu estava fazendo. Eu simplesmente me vi fazendo e vi como estavam sendo importantes nos *cases* de sucesso da minha área. E aí comecei a entender, validar e absorver esses elementos da Metodologia R&R. Alguns desses elementos apareceram quase espontaneamente dentro de mim. E só depois, quando parei para racionalizar, é que percebi que eram partes da mesma coisa. Eu não sei se eles surgiram porque surgi-

riam de qualquer jeito, ou porque fiquei escutando muita gente falando sobre isso e aí fui aplicando sem querer. Eu não sei por quê. Só sei que ficou claro para mim quando me peguei tentando explicar para os meus gestores. Entraram dois gestores recentemente, um deles é a Fernanda, que tem oito pessoas respondendo para ela. Tive que estruturar bastante para fazer dela uma multiplicadora, e ter contato com as pessoas da equipe dela, através dela. Para chegar neles, teria que ser através dela. Quando eu me peguei falando para ela que coisas eu via como importantes é que eu percebi que coisas que eu via como importantes! [Risos]

Foi aí que alguns desses elementos da Metodologia Roda & Registro vieram à tona. E que são importantes não só para gerir minha equipe, mas para construir um ambiente autoformativo, que a gente pretendeu construir. O elemento mais importante hoje é a recorrência.

No ambiente autoformativo, a formação é mais rápida quando você, recorrentemente, expõe as pessoas a determinadas coisas, sejam as Rodas, sejam oportunidades de se colocar, ou ainda experiências do cliente. Qualquer coisa que se torne importante para mim (e não posso escolher cem coisas, tenho que escolher poucas), eu tento fazer dela algo recorrente. Essa crença na recorrência virou crença minha também. E entendo que ela more dentro da Roda & Registro, da metodologia como um todo. E tem tudo a ver com a Rede. E esse é justamente o segundo elemento importante. Não digo segundo em ordem de importância, pois são os dois combinados que são a força da minha crença na metodologia.

Um exemplo: pelo fato de as várias Rodas (a dos diretores da CS, a minha com meus gerentes e a dos meus gerentes com seus times) serem todas recorrentes, isto é, com horário para começar e dia certo da semana para acontecer, posso pegar a ata da reunião da diretoria e ler na reunião com meus gestores e escolhermos juntos quais itens da ata gostaríamos de repassar para as pessoas dos times. Isso hoje é fundamental para mim, para manter as coisas que eu gosto em minha área e que seriam difíceis de serem mantidas por causa do tamanho.

Essa questão da recorrência com a Rede, não por acaso eu fui acreditando e aprendendo mais recentemente, isso tem muito a ver com o tamanho. Com o tamanho da CS, obviamente, mas também com o tamanho da minha área. Manter determinadas coisas, determinados níveis de conhecimento, de visão de negócio, de visão do todo dentro da área, sem esse processo seria muito difícil. Hoje esse é o meu principal jeito de passar informação: é através da recorrência e da Rede.

Outro elemento importante, secundário, mas importante, é a pauta aberta. E por quê? Porque combinada à recorrência, à Rede e à pauta aberta, qualquer informação pode chegar a qualquer lugar, sem uma reunião extra, se as Rodas acontecerem de verdade em todas as áreas. Por exemplo, um estagiário da minha área vai falar com minha gerente, que vai falar comigo, que vou falar na diretoria, que vai falar com o Luis [diretor de Operações], que vai falar com os coordenadores da área dele, que vão falar com os supervisores, que vão falar com os analistas. Pode até demorar, mas a informação, em tese, pode chegar a qualquer lugar.

A abertura da pauta tem mais de um papel. Tem esse de permitir que as informações circulem por diferentes níveis e áreas, ao permitir que qualquer um possa levar algo como pauta e expor a sua opinião sobre alguma coisa que não necessariamente seria tema da reunião. Mas há também outro papel, que não enxerguei tão bem, embora eu acredite nele teoricamente. Não sei se minha experiência não é completa o suficiente e outras áreas podem ter experiências diferentes, ou simplesmente não funciona tanto quanto os outros elementos da Roda & Registro. Eu acredito que teoricamente ajuda as pessoas a se expor, a expor mais os problemas que elas estão vivendo. E por que eu digo que isso não funcionou tanto para mim? Porque, ainda assim, os problemas sérios que eu encontro aparecem em fóruns mais individuais. Por exemplo, é nas Rodas individuais com os meus gerentes que aparecem as coisas mais sérias. Não sei se eu não estabeleci de verdade as Rodas com os meus gerentes, ainda, mas quando olho para as Rodas da diretoria eu também acho que não é lá que os problemas

> de verdade são tratados. Então, embora eu entenda que da metodologia se espera isso, eu não experimento isso. Acho que os assuntos importantes, até os muito importantes, a gente resolve nas Rodas com as equipes, principalmente os profissionais, mas a coisa pesada mesmo, a coisa difícil de lidar ou difícil de conversar, acaba vindo no individual.

Além das Rodas dos diferentes grupos da hierarquia, é também importante que haja esses encontros individuais a que referiu Rafael, e que na Metodologia R&R chamamos de Rodas de dois. Elas também fazem parte da Rede. Como bem observou Rafael, há assuntos que não são levados para as Rodas com grupos, sobretudo os grupos maiores, mas nos encontros individuais podem aparecer com maior facilidade. As Rodas de dois também precisam ter recorrência, isto é, um ritmo de ocorrência (semanal, quinzenal etc.), de modo a viabilizar que assuntos mais delicados possam aparecer e ser tratados, antes que fiquem ainda mais difíceis e complexos. Essa Roda de dois é também o fórum para os *feedbacks* constantes, para o acompanhamento dos PDIs, assuntos que tratarei em capítulo mais adiante.

> Isso de falarmos dos problemas sérios na Roda dos gerentes era uma expectativa que eu tinha, mas ainda não consegui que aconteça. Observando a Roda da diretoria, eu dizia para mim: "Ah, quando eu conseguir a Roda recorrente com os meus gerentes, vai dar tudo certo, a gente vai falar tudo nessa Roda". Mas isso também não funcionou e eu estou tentando perceber que elementos podem ajudar nisso, como, por exemplo, ter um número menor de pessoas na Roda. Então, ter a pauta aberta não resolve isso, apesar de teoricamente resolver. Não sei por quê. Não tenho uma explicação muito lógica. Mas como a pauta aberta funciona naquele primeiro aspecto, que é de fazer que qualquer mensagem chegue a qualquer um, em algum tempo já é o suficiente para que eu goste muito desse elemento. E virou uma prática minha já absorvida, que é começar qual-

quer encontro nosso perguntando: "O que a gente vai fazer?" "O que você quer falar?" "Qual é o objetivo de hoje?" Às vezes eu coloco isso de outro jeito, como: "O que vai fazer a gente ficar feliz ao fim dessa reunião de hoje?" Parece meio bobo, mas isso ajudou bastante. Uso isso não só nas Rodas em Rede ou nas ações mais estruturadas, mas eu tento fazer isso também com clientes. Acabou virando uma prática de verdade. Eu uso muito e se tornou algo natural para mim começar as reuniões desse jeito.

Destaco agora outro conjunto de elementos da metodologia: o Registro e o fechamento. Eles não me parecem fundamentais, mas não sei se isso é porque eu não tenho disciplina suficiente ou se porque tenho ainda memória boa, apesar de ter *cases* bons com eles. Ou ainda se porque estabelecemos bem os objetivos no começo e só terminamos uma Roda com a certeza de que esses objetivos foram atingidos e falando o que vamos fazer depois. É óbvio que às vezes eu Registro e às vezes eu fecho, mas não é uma coisa que eu fico repetindo para meus gerentes que eles devam fazer. As outras duas sim, por exemplo: "Ficar atrasando para suas Rodas é muito ruim, porque a recorrência é muito importante." E também digo que é muito importante que levem para as Rodas das equipes deles o que tratamos na Roda dos gerentes para que as equipes se sintam conectadas com a nossa Roda de gerentes, assim como se sintam conectadas com a estratégia da empresa.

Então são esses elementos que eu replico, que eu explicitamente falo. Em relação ao Registro e ao fechamento eu não falo muito. Eu acho que são úteis, eu uso, mas não é uma coisa que eu fale "Nossa, foi fundamental na minha formação!". Dizendo isso, eu fecho os elementos de R&R que eu entendo como importantes e como eu os uso.

Fica claro nesse depoimento do Rafael o quanto foi importante *viver a experiência* com a Metodologia R&R e, aos poucos, incorporar o que fazia sentido para ele, podendo inclusive levar alguns de seus elementos para outros contextos, como o atendimento a clientes. Isso costuma acontecer quando ela é incorporada e se torna algo natural.

Figura 17.2 – Matriz genérica das Rodas em Rede

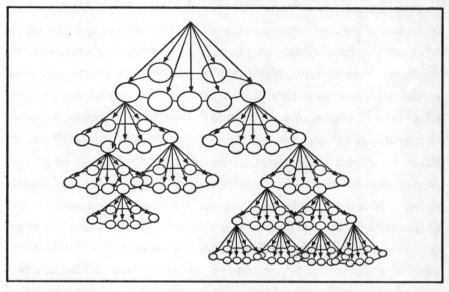

As Rodas em Rede ganham configuração própria a cada contexto em que são aplicadas, como nos casos da escola e da empresa.

Na realidade, essa metodologia é uma sistematização de ações intuitivas para muitas pessoas, mas não para outras. Para Rafael, terminar uma reunião com a clareza de que seus objetivos foram atingidos e saber quais os próximos passos eram algo natural. Se essa é uma prática intuitiva, o fechamento já está sendo feito. E, para quem não a tem de forma intuitiva, pensar no final de uma reunião que precisa fazer seu fechamento (e treinar-se para isso) poderá avançar para reuniões mais produtivas, ao identificar no fim de cada uma se atingiu seus objetivos, o que faltou da pauta e que ações serão necessárias para dar continuidade ao que foi decidido naquele fórum.

É muito comum haver resistências ao que recebemos de fora. Não tão comum é ter consciência delas e explicitá-las, como fez Rafael na entrevista. Por isso dediquei um capítulo deste livro ao seu depoimento, que pode gerar uma identificação dos leitores e mobilizar elementos para sua reflexão.

Para diferentes pessoas, com suas personalidades e experiências prévias particulares, os elementos da metodologia serão incorporados de maneira e ritmos próprios. Lembro-me de outro diretor que participou três vezes (em épocas diferentes) de minha apresentação da metodologia do ponto de vista teórico. Nessas sessões, eu apresentava os elementos da metodologia, sua base na Autoformação, dava exemplos no contexto educacional e empresarial, mostrando os dois desenhos aos quais Rafael se referiu, juntamente com o desenho da matriz genérica das Rodas em Rede (ver Figura 17.2). Eram sessões interativas, nas quais os participantes levantavam questões e davam outros exemplos de suas histórias de vida. Mas foi só na terceira vez que ele compreendeu, contou-me. O que teria faltado nas duas primeiras sessões que dificultou essa compreensão? Do meu ponto de vista, faltava a sua prática. Quando ouviu a apresentação teórica pela terceira vez, já havia conduzido Rodas e participado de muitas outras. À medida que foi praticando, os elementos da metodologia puderam fazer sentido. E possibilitar o seu "clique" de entendimento, aquele momento de insight, de "cair a ficha", como se referiu Rafael. Essa é a minha hipótese. E às vezes ficamos no nível das hipóteses, sem ter certeza do que gerou o quê. Ou mesmo do que deve vir antes para facilitar a compreensão: a teoria ou a prática?

Entender para praticar ou praticar para entender? Estudar primeiro as bases teóricas de algo ou vivenciá-lo para depois analisar e depreender seu sentido, podendo compreender a "teoria por trás" daquela prática já com lastro na própria experiência? Citei esse paradoxo no capítulo "Algumas dificuldades para entrar na Roda": "para entender a Roda é preciso vivê-la, mas para isto é preciso, primeiro, tê-la entendido!" E Rafael passou exatamente por essa situação paradoxal, como demonstra em seu relato, também exemplar do pensamento de Edgar Morin: "Não se pode reformar a instituição sem uma prévia reforma das mentes, mas não se pode reformar as mentes sem uma prévia reforma das instituições."

18.
Motivação e ambiente formativo

"Você não consegue ligar os pontos olhando para a frente; você só consegue ligá-los olhando para trás."

Steve Jobs

O tema da motivação apareceu como pauta de várias Rodas, em vários grupos, de áreas diferentes, durante os cinco anos de R&R na CS. De maneira mais pungente na área da Operação, pela necessidade dos supervisores de lidar com os operadores "desmotivados" de suas equipes. Cada supervisor tinha uma equipe de 20 operadores, na grande maioria muito jovens. Para enfrentar essa situação, alguns buscavam vídeos motivacionais, que sugeriam aos outros e pediam novos títulos. Era a ocasião para abordar o tema de seu ponto de vista conceitual, mesmo que superficialmente, em uma primeira etapa.

Levei para a Roda o pensamento de alguns especialistas no assunto. Entre eles, nomes tradicionais da administração, como Cecilia Bergaminie, Peter Drucker, assim como as contribuições do conhecido psicólogo Daniel Goleman sobre as implicações das emoções na motivação e de Marie-Christine Josso, que tratou desse tema em um de seus seminários sobre as "Histórias de vida na formação", oferecidos para profissionais de diferentes áreas de atuação. O quadro conceitual se completou com o pensamento de especialistas na formação de gestores que escrevem sobre o tema em jornais e lidam com contexto profissional muito próximo ao deles, nas empresas. Foi uma "Roda conceitual", colocando o pensamento desses autores em diálogo, como se conversassem entre si.

A superficialidade na abordagem conceitual ganhou profundidade com o processo que se seguiu. Iniciamos com registros das reflexões individuais, sua partilha no grupo e a relação com suas próprias motivações para o trabalho de supervisor. Nesse processo, também resgataram suas motivações quando eram operadores, como os membros de suas equipes. Foi ficando claro que a motivação é individual e multifatorial. Que envolve emoções e sentimentos. Que diferentes pessoas têm diferentes objetivos ao se engajar em determinado tipo de trabalho. E que os vídeos motivacionais, por melhores que sejam, não atuam diretamente na motivação para o trabalho, pois esta depende do sentido que cada um lhe atribui. Mas concluíram que eles podem ser usados em alguns momentos, até como sensibilização para as reflexões nas Rodas de suas equipes. E que conversar sobre o tema favorece a tomada de consciência dos fatores que motivam cada um.

Esse tema retornou algumas vezes como pauta das Rodas, quando também resgatávamos sua base conceitual. E não só porque a sua compreensão e possibilidades de ação fazem parte de um processo de reflexão e experimentação, como também pela entrada de novos integrantes no grupo de supervisores. Quando iniciei a Roda com eles, eram três supervisores ao todo. Com o crescimento da empresa, muitos operadores foram promovidos a supervisores, além de outros que vieram de fora, trazendo para as Rodas suas experiências em outras empresas.

Chegamos a 22 supervisores e precisamos dividir o grupo em dois para que todos tivessem espaço para falar. Com 11 em cada grupo, um espaço de confiança para partilhas podia ser construído. E com ele, progressivamente, pudemos diminuir a frequência das Rodas: de semanal para quinzenal e posteriormente mensal. Isso porque as trocas de experiências e ajuda mútua passaram a fazer parte da cultura, não dependendo das Rodas propriamente ditas para acontecer: na hora do almoço, nos corredores ou ao sentar-se lado a lado para trabalhar catalisavam o processo de formação e promoviam um ambiente formativo, no qual as ações formativas ultrapassavam os momentos específicos dedicados à formação. Passaram a fazer parte do jeito de trabalhar, da cultura da empresa.

Outra área da empresa que levou para as Rodas comigo a preocupação com a motivação foi a TI. Essa é uma área muito vulnerável a perder talentos, chamados por outras empresas. Nos primórdios da CS havia ao todo 25 funcionários, todos dessa área e, de um dia para o outro, 23 pediram demissão, atraídos pelos salários do mercado. Nessa crise, o fundador da empresa passou a refletir sobre a questão da motivação, a começar pela sua própria. "Tenho que fazer alguma coisa, até para eu me encontrar", contou Pedro.[1] E foi a partir daí que intuiu que deveria dedicar parte do tempo de trabalho de seus colaboradores para outro tipo de atividades, que provocassem um maior senso de pertencimento e de prazer de estar e trabalhar na empresa. Algo que também o motivasse. Foi quando criou a "T!erça-feira": uma hora nesse dia da semana dedicada a aprendizados e reflexões para além da dimensão propriamente profissional. Durante essa hora, inicialmente, ele próprio criava e conduzia as atividades: atividade física, histórias de vida, leitura, música, jogos.

A empresa cresceu muito nos anos seguintes. As atividades nas "T!erças" continuaram com temas diversos e em turnos, para abarcar os setecentos colaboradores. Mas com esse porte o presidente não poderia mais conduzir nem estar presente em todas as atividades. E a responsabilidade por manter equipes motivadas passava a ser tarefa dos gestores,

---

1. Lo-Buono, Iris. *A ClearSale tem um segredo*. São Paulo: ClearSale, 2011, p. 23.

nos diferentes níveis hierárquicos: diretores, gerentes, supervisores, seja nas atividades no dia a dia, nas T!s por eles organizadas, ou mesmo nas Rodas, algumas conduzidas por mim, outras por eles. O objetivo era formar um ambiente motivador com relação ao desenvolvimento pessoal e profissional.

> Com o tempo, as ações de motivação e envolvimento foram reunidas debaixo de um guarda-chuva único, a UAH!. O objetivo é desenvolver os funcionários do ponto de vista pessoal e profissional. "Nós nos perguntávamos por que os colaboradores iam perdendo a criatividade", diz Pedro. "Porque em geral tudo é imposto dentro de uma empresa, e eles são vistos apenas como profissionais. Com a UAH!, procuramos quebrar esse paradigma."[2]

A preocupação com a motivação aparecia com frequência na pauta das Rodas de gerentes e também na de coordenadores da área de TI, em cujas equipes havia colaboradores muito novos, tanto de idade como de experiência profissional. Eu organizava as conversas, levando atividades e mobilizando as conversas e troca de experiências de gestão, de modo a terem novos recursos para conduzir as equipes, compreender e favorecer a motivação de seus membros. Rogério, o diretor da área, envolveu-se muito com o tema.

> O que eu percebi no dia a dia é que algumas pessoas são motivadas quando têm um desafio maior, quando têm uma meta. Muitas pessoas são motivadas pelo cotidiano, por ser direcionado a fazer alguma coisa e outras pessoas são motivadas por problemas, por desafios, por resolver problemas. O que eu procuro fazer aqui na TI é distribuir essas pessoas

---

2. Castanheira, Joaquim (org.). *Vai que dá – dez histórias de empreendedores que transformaram sonhos grandes em negócios de alto impacto.* São Paulo: Portfólio-Penguin, 2014, p. 182.

de acordo com as suas habilidades e o que as motiva. Por exemplo, se eu tenho um gerente ou um especialista que é motivado pela resolução de problemas, eu não devo colocar essa pessoa para atuar num processo de desenvolvimento com métodos mais rígidos e com atividades num escopo fechado. A motivação dela é resolver problemas, é ir além, é pesquisar, então ela não participa, ou participa menos de um time para esse tipo de ação. Por outro lado, temos pessoas que se motivam pelo dia a dia, querem chegar aqui e saber o que têm que fazer e ser direcionadas, principalmente pela idade e pela experiência profissional. Uma pessoa que está começando agora, um estagiário ou um júnior, não se motiva ainda por ir além, pesquisar ou resolver problemas.

Foi a partir dessa preocupação que Rogério pensou em fazer uma atividade, uma T! específica para os 45 colaboradores, mais voltada para o cotidiano e atividades deles.

Eu vou preparar uma próxima T!erça sobre motivação, na qual o objetivo é tentar identificar qual o nível de motivação das pessoas. Com algumas perguntas, elas vão, em grupos, discutir o que motiva uma pessoa, o que não motiva, o que desmotiva. O objetivo dessa T!erça é discutir isso e também mostrar quais são os rumos ou como estamos indo ao longo do ano. Porque o ano passado foi um ano difícil em que infelizmente tivemos que demitir algumas pessoas para reduzir custos e o objetivo agora é mostrar qual o retrato financeiro, o retrato estratégico da empresa até o momento e para onde estamos indo. Porque ficar sem esse *feedback* é muito ruim para a motivação.

Eu observava o ritmo de trabalho deles, cada vez mais exigente e com maiores limites, tanto de tempo quanto de espaço físico, para se reunirem, pois a empresa crescia rapidamente e as salas disponíveis eram insuficientes (com o grande número de contratações, o prédio em que estavam sediados ficava pequeno e as salas de reuniões cediam lugar a mais baias de trabalho). Confesso que eu fiquei por vezes surpresa com o crescente envolvimento e jogo de cintura deles para conseguir esses momentos de reflexão, até mesmo para aqueles voltados para o autoconhecimento. Sair um pouco daquele cotidiano fervilhante propiciava não só novas estratégias para conduzi-lo, como o acesso a um sentido maior.

Em uma dessas Rodas, por exemplo, Rogério levou como pauta algumas perguntas: "O seu dia a dia é sustentável?", "Há motivação para vir todo dia para a CS?", "Por quanto tempo vou ficar feliz fazendo o que faço?" Essas perguntas suscitaram muitas reflexões e relatos de vida. Ao analisar as conversas nessa Roda, percebi que esse grupo demonstrava, pelo tipo de reflexão, uma abertura para um nível profundo na compreensão dos problemas e fenômenos da vida. Era isso que os motivava. E era também isso que poderia ajudá-los a lidar com a motivação de suas equipes. Quando digo nível profundo, estou me referindo a uma abordagem no "nível do significado" e no "nível do sentido". Explico.

Segundo o psiquiatra Marco Antonio Spinelli,[3] podemos analisar os fenômenos ou problemas da vida em quatro níveis de profundidade. Acompanhando sua descrição e exemplo, temos no primeiro nível uma abordagem direta do fato (exemplo: Quebrou a perna. O médico faz uma cirurgia e coloca a perna na posição para reparar o estrago.). O nível dois é o levantamento de todos os fatores de risco e estresse físico e/ou mental envolvidos no caso (exemplo: Como se deu o acidente? Como o paciente pisa no chão? Tem o quadril desalinhado? Está muito acima do peso?). O nível três é o nível do significado. Depois de passado um tempo, a pessoa pode abordá-lo analisando

---

3. Dr. Spinelli escreveu mais de uma vez sobre os quatro níveis de compreensão dos fenômenos e problemas em seu blog, sobretudo em 2010 e 2011. Disponível em: <http://blogdomarcospinelli.blogspot.com.br/>.

qual o significado daquele evento em sua vida (exemplo: Como cuida da própria saúde e como preza ou não sua segurança? Por que ele não respeita os próprios limites?). Já no nível quatro, passado um tempo maior ainda, a pessoa pode olhar para trás e buscar o sentido daquela situação em sua vida (exemplo: Por que teve que passar por ela naquele momento de sua vida?). É nesse nível de compreensão que o significado vira sentido, é ali que a percepção do fato e da vida se tornam mais profundos. Por exemplo, o homem acima do peso que quebrou a perna no futebol de final de semana pode perceber que a partir desse fato precisou aprender sobre paciência cuidando de si mesmo. É um nível raro de se atingir, por vários motivos, desde a pressa e a pressão que sofremos das pessoas e do tempo para apresentar resultados (perceptíveis no nível um) até a coragem e o tempo necessários para reflexões mais profundas, que não envolvem o imediatismo dos resultados, e podem ser incômodas, por evidenciar algumas "feridas emocionais" que podem, eventualmente, ainda estar presentes.

Foi ao perceber a motivação daquele grupo de gerentes para a busca de significado e sentidos mais profundos ligados à vida que propus a atividade da Linha da Vida.[4] Confesso, entretanto, que fiquei surpresa com a aceitação da proposta e também com a maneira que "mergulharam" nela, a começar pelo contraste entre o ritmo de trabalho deles, com grande pressão para cumprir prazos e metas, e o ritmo de uma atividade como essa, que exigia a elaboração concentrada de um Registro individual das histórias de vida e uma escuta longa e sensível da história de cada membro do grupo.

A Linha da Vida foi feita aos poucos, em várias Rodas, para viabilizar suas várias etapas. A cada encontro espantava-me o nível de disponibilidade interior (que contrastava com o ritmo de trabalho fora das Rodas e a pressão dos cronogramas, sempre muito apertados)

---

4. Essa atividade é descrita neste livro na Parte II, Capítulo 9, como uma das atividades a serviço da Autoformação.

para explorar o sentido de suas vidas, expondo seus percursos, dificuldades, questões, ansiedades nas várias etapas, relacionamentos familiares e conjugais. É bem verdade que esse grupo de gerentes já tinha percorrido um grande caminho junto. Anos de convívio e de acompanhamento do crescimento veloz da empresa, deparando-se com os problemas dela decorrentes, como foi o caso de terem que demitir, de repente, várias pessoas para uma readequação às novas necessidades orçamentárias e dos novos projetos da empresa. A oportunidade de analisar não apenas a vida individual, mas a da empresa em um maior nível de profundidade, ajudava-os a enxergar suas contradições e compreendê-las em uma perspectiva mais ampla, resultando em maior motivação, inclusive pelo fato de poderem buscar, conjuntamente, estratégias para lidar com elas.

A condução dessas Rodas me colocava um desafio duplo. Por um lado, garantir um ambiente acolhedor e sensível às pessoas que ali narravam suas histórias de vida em seu próprio ritmo e sem interrupções. E, por outro, fazer alguns cortes para estabelecermos relação com o tema da motivação, que era o "tema gerador" daquele grupo e que nos levou àquela pesquisa autoformativa. Se eu não encontrasse o momento de fazer esse corte sem atropelar o autor e narrador da história, usava o momento final da Roda, o de fechamento, para trazê-lo como ponto de reflexão. Assim não perderíamos a conexão com um dos objetivos profissionais que nos levaram àquela atividade: atuar na motivação dos demais colaboradores da área de TI.

E, de fato, após várias Rodas com essa atividade, uma por mês, Rogério, o diretor da área, me perguntou se ele poderia reproduzir a atividade com outras equipes da área. Hesitei, por saber dos riscos, mas considerei a participação e o tipo de intervenções feitas pelo Rogério nesse longo processo. Fiz uma série de ressalvas e cuidados a tomar, pois essa atividade expõe demais e em um ambiente profissional não é algo simples. Mas o autorizei e entreguei o material de suporte, teórico e prático. Felizmente o resultado foi muito positivo; alguns participantes dessas atividades me procuraram espontaneamente para dizer o quanto tinha sido bom. Confesso que fiquei aliviada.

Aquela era uma situação ímpar, arriscada, mas algo de profundo havia se passado naquele processo, e Rogério estava sintonizado com ele, tendo exposto sua história e, através dela, evidenciado as origens de sua sensibilidade e caráter. Aquelas Rodas o haviam habilitado a conduzir outras Rodas em um contexto tão delicado. As revelações das dificuldades e ansiedades de cada um de seu grupo, e dele mesmo, os motivaram para avançar com o trabalho nessa concepção de formação.

Vários teóricos e práticos também revelaram que esse olhar para trás, conectando elementos da própria história, é uma chave para identificar motivações presentes no percurso e também pistas para os próximos passos e projetos. O ícone da área de TI, Steve Jobs, por exemplo, também contou episódios de sua história de vida, revelando as dificuldades para descobrir suas próprias motivações. Ele conta que tinha largado o curso na universidade e, sem saber o que fazer, guiado apenas pela sua curiosidade e intuição, acabou por assistir a aulas de caligrafia.

> Aprendi sobre fontes com serifa e sem serifa, sobre variar a quantidade de espaço entre diferentes combinações de letras, sobre o que torna uma tipografia boa. Aquilo era bonito, histórico e artisticamente sutil de uma maneira que a ciência não pode entender. E eu achei aquilo tudo fascinante. Nada daquilo tinha qualquer aplicação prática para a minha vida. Mas 10 anos mais tarde, quando estávamos criando o primeiro computador Macintosh, tudo voltou. E nós colocamos tudo aquilo no Mac. Foi o primeiro computador com tipografia bonita. [...] Se eu nunca tivesse largado o curso, nunca teria frequentado essas aulas de caligrafia, e os computadores poderiam não ter a maravilhosa caligrafia que eles têm. É claro que era impossível conectar esses fatos olhando

para a frente, quando eu estava na faculdade. Mas aquilo ficou muito, muito claro olhando para trás 10 anos depois.[5]

Foi também o que nos contou Magda Soares, quando analisou sua história de vida profissional, apresentando-a como tese de livre-docência na universidade. Ela fala da maneira como costuramos nossas escolhas diárias, como sobre um invisível "risco do bordado". Um risco só identificado quando, no presente, reconstruímos o passado e o interpretamos.[6]

Ouvir relatos como o de Steve Jobs, de Magda Soares, ou de profissionais como o Rogério e os gerentes da área de TI pode ser um convite para outros fazerem o mesmo. Um convite para entrarem nessas Rodas e descobrirem suas motivações. Em minha vida, tive várias oportunidades como essa, abordando minha vida a partir de diferentes ângulos e junto a diferentes grupos, fora de instituições ou dentro, como durante a pesquisa que resultou na tese de doutorado:

> É com o olhar de hoje que construo o sentido dessa história. O distanciamento permite um olhar panorâmico e a descoberta de ligações entre vivências até então sentidas como circunstanciais, quase aleatórias. Mas essa pesquisa não é algo confortável, nem fácil, demanda um esforço que envolve além do racional, um trabalho com a subjetividade e a sensibilidade. Mas como há outros que empreendem escavações semelhantes, conhecer o relato de suas experiências pode ajudar a construir um afastamento e ampliar a compreensão do vivido.[7]

---

5. Steve Jobs, no famoso discurso aos formandos de Stanford. Disponível em: <https://macmagazine.com.br/2008/12/12/transcricao-completa-do-maravilhoso-discurso-de-steve-jobs-na-universidade-de-stanford-em-2005/>.

6. Soares, Magda. *Metamemória-memórias: travessia de uma educadora*. São Paulo: Cortez, 1991, p. 40.

7. Warschauer, Cecília. *Rodas em Rede: oportunidades formativas na escola e fora dela*. São Paulo: Paz e Terra, 2001, "Guia da noite".

São várias as ocasiões em que podemos fazer esse processo, observando a própria vida a distância, e não só em situações de formação. É o que fez o neurologista Oliver Sacks, que, ao descobrir um câncer terminal, escreveu uma carta aberta e a enviou ao *The New York Times*:

> Nos últimos dias tenho conseguido ver a minha vida de uma grande altitude, como uma espécie de paisagem e com uma profunda ideia de conexão entre todas as partes. Isso não significa que eu desisti da vida. Ao contrário, eu me sinto intensamente vivo e quero – e espero –, no tempo que me resta, aprofundar minhas amizades, dizer adeus para as pessoas que amo, escrever mais, viajar se tiver forças, atingir novos níveis de entendimento e compreensão. Isso vai envolver audácia, clareza e simplicidade no discurso; tentar acertar minhas contas com o mundo. Mas haverá tempo, também, para alguma diversão (e algumas tolices, também). Sinto uma repentina clareza de foco e perspectiva. Não há tempo para nada que não seja essencial.[8]

Oliver Sacks, ao observar a vida "de grande altitude", identifica sua motivação para o tempo que lhe resta. Dessa perspectiva, consegue diferenciar o essencial do acessório e desenha seus novos projetos de vida pela via do significado. Entre eles, atingir novos níveis de entendimento e compreensão, algo que só os humanos, quando sintonizados com sua própria humanidade, podem fazer.

Vários são os relatos de pessoas que viveram situações extremas, através das quais puderam acessar outro nível de compreensão, de valorização da vida, de significado, motivação e também, paradoxalmente, de gratidão por tê-las vivido, chegando ao 4º nível de profundidade na análise dos fenômenos da vida: o nível do sentido. Muitos desses relatos

---

8. Sacks, Oliver. "Minha própria vida". *O Estado de S. Paulo*, 20/2/2015, p. A9 (a versão original da carta foi publicada no *The New York Times*, em 19/2/2015).

podem ser encontrados nos livros de Viktor Frankl,[9] Rachel Naomi Remen[10] e David Servan- Schreiber.[11]

Mesmo que em um ambiente de trabalho altamente exigente, como é o caso dos profissionais de TI, uma parada para refletir sobre as próprias motivações profissionais e de vida é possível. A atividade ajudou cada um a conectar-se com sua própria motivação, por meio de sua narrativa, auxiliada pelo Registro esquemático na sua Linha da Vida. Naqueles encontros cada um fazia o exercício de afastar-se da própria vida, para enxergá-la em um todo, de nova perspectiva. E assim ajudavam os demais narradores a fazer o mesmo e a buscar como vivê-la com significado e projetos para o futuro. Para mim, observar como eles saíam desses encontros, reflexivos e animados, era muito motivador. E me estimulava a continuar na mesma direção.

> O narrador é uma espécie de conselheiro do seu ouvinte. E se hoje esta expressão "conselheiro" tem um sabor antiquado, mesmo neste sentido, então é porque diminuiu muito a habilidade de transmitir, oralmente ou por escrito, algumas experiências. [...] Um conselho, fiado no tecido da existência vivida, é sabedoria.[12]

Mas é preciso enfatizar que processos como esse têm grande carga emocional e demandam muita delicadeza e preparo. Lembro-me de duas Rodas marcantes nesse sentido. Uma delas foi em um grupo de educadores, ao desenharem cenas de sua história de vida e as apresentarem para os outros

---

9. Frankl, Viktor. *Em busca de sentido: um psicólogo no campo de concentração*. São Leopoldo: Sinodal; Petrópolis: Vozes, 1991.

10. Remen, Rachel Naomi. *Histórias que curam: conversas sábias ao pé do fogão*. São Paulo: Ágora, 1998.

11. Servan- Schreiber, David. *Podemos dizer adeus mais de uma vez*. Rio de Janeiro: Objetiva, 2011.

12. Benjamin, Walter. "O narrador: observações acerca da obra de Nicolau Lescov". *In Os pensadores*. v. XLVIII. São Paulo: Abril Cultural, 1975, p. 65.

participantes da Roda, professores seus colegas. Nessa ocasião, uma estagiária de psicologia que assistia se assustou, temendo que a emoção expressa desestruturasse a pessoa. Entretanto, foi o inverso, sua expressão em forma de choro foi libertadora, sobretudo pelo acolhimento do grupo.

Outra situação foi na apresentação dos Brasões pessoais com os gestores da Operação na CS. Uma das participantes, ao falar de seu mentor ali representado – seu pai –, contou de sua forte ligação com ele e de sua morte. Ficamos todos emocionados. Cada um por um motivo. Eu também, e claramente pelas lembranças de meu pai, falecido pouco antes dessa vivência. Uma enorme conexão se estabeleceu ali. E confiança para se ajudarem nos próximos desafios de trabalho que os aguardavam.

No papel de coordenadora de Rodas como essas, episódios de minha própria história também puderam ser relatados, dependendo da intimidade já construída, da confiança conquistada e do momento específico do grupo. Relatando ou não, ao fazer parte desses processos, pode haver uma mobilização interior daquele que coordena o processo. Em uma dessas ocasiões, sonhei que dizia a um grupo: "Nesse processo faz parte desenterrar esqueletos e vir a emoção. Sem ela não há motivação, pois é a emoção que move."

19.
Outras oportunidades formativas

Neste capítulo, darei exemplos de outras situações potencialmente formativas no contexto da CS. Digo potencialmente porque uma situação (ou atividade) será mais ou menos formativa, dependendo de como cada pessoa a vive e que sentido lhe atribui no contexto de sua vida. Entretanto, há algumas situações que têm grande potencial formativo, por proporcionarem reflexões sobre o vivido, escutas e partilhas, que estimulam a descoberta de um sentido para si. Por isso as identifico como "oportunidades formativas".

Vale lembrar que as descrições e narrativas das "oportunidades formativas" que faço neste capítulo, assim como as demais apresentadas no decorrer deste livro, permitem apreender a abordagem formativa que lhes dá suporte, a autoformação, e de que maneira a Metodologia R&R é um caminho para colocá-la em prática.

> Todo novo projeto é um projeto novo, no sentido de que, mesmo que tenha se inspirado numa ação anterior, ele deve se adaptar a contextos que são sempre diferentes, senão únicos. Isso evidencia os limites de toda generalização: o que é generalizável não são as ati-

vidades de um dado projeto, com seus caminhos próprios e sempre específicos, mas a abordagem que os sustenta.[1]

Selecionei as seguintes "oportunidades formativas" para exemplificar e também *inspirar* sua recriação em diferentes contextos. São elas: os Encontros de líderes, os PDIs e *feedbacks*, a atividade Meu gestor interno, o Comitê das T!s e os Grupos de afinidades.

Encontros de líderes

> *"Estamos aprendendo que existe um profundo desejo de redescoberta de nossa capacidade de conversarmos uns com os outros."*
>
> Peter Senge

Durante o processo de introdução de R&R na empresa, os Encontros de líderes, que eram realizados *quando* e *como* o CEO decidia, passaram a ter uma periodicidade fixa, além de uma estrutura a ser seguida, mais partilhada e coletiva. A cada três meses, uma dupla de diretores se responsabilizava pela organização, montando um comitê para ajudá-los, se julgassem necessário. Com o crescimento da empresa e sua profissionalização, o CEO precisava se afastar de aspectos mais operacionais, como a definição dos conteúdos desses encontros e o comando direto de suas atividades. Foi para o Pedro um aprendizado de como delegar, pois definir as atividades e conduzi-las era algo de muito prazer para ele. No início, até resistia, mas aos poucos foi encontrando meios de participar sem conduzir – nem atrapalhar a condução de outros –, sobretudo por perceber que essa era uma importante oportunidade de formação para

---

1. Castro-Almeida, Carlos; Le Boterf, Guy; Nóvoa, António. "Évaluation participative en cours de projet: vers une autre approche de l'évaluation des projets de coopération technique?". *Education Permanente*, nº 113, 1992, p. 210.

os líderes. Aprender a delegar e conter-se para dar oportunidades aos outros, mesmo que o resultado não fosse exatamente o que ele queria, não foi simples. Idas e vindas. Avanços e retrocessos. Aliás, como muitas de nossas aprendizagens na vida.

Essa estrutura fixa trimestral das reuniões de líderes foi definida na Roda de sócios com a participação de alguns diretores, na qual discutimos a necessidade de criar *continuidade*, tanto de uma recorrência temporal quanto de uma estrutura básica permanente, ao mesmo tempo que permitisse um espaço para a *descontinuidade*, isto é, abertura para inovações, surpresas e atividades que respondessem ao momento específico de cada reunião. Uma estrutura fixa, que desse suporte, sem rigidez. Estávamos novamente encarando a complexidade, com a coexistência de seus polos antagônicos.

Ainda no polo da continuidade deveria haver, sempre, atividades de integração e artísticas, além de pequenas Rodas que manteriam as mesmas pessoas de uma reunião para a outra (durante um ano, isto é, por quatro reuniões). Isso permitiria maior profundidade das interações e ganho de tempo, pelo conhecimento mútuo e pela confiança construída aos poucos em cada Roda. As reuniões de líderes se constituíam, então, como mais uma instância de conversas na Rede de Rodas. Um dia inteiro de conversas a cada três meses.

Como dito anteriormente, cada pessoa vive uma atividade de maneira singular e extrai dela sentidos próprios, devido a suas experiências prévias, momento específico de vida e personalidade. No depoimento a seguir, Rogério, diretor da área de TI, conta sua visão dessas reuniões de líderes:

> Eu tive uma participação muito interessante no Encontro de líderes, porque eu comecei como participante, atuava dentro dos grupos a partir da pauta definida e fazia as atividades. Então minha primeira experiência nessas reuniões foi a da troca nos grupos, para conhecer os outros líderes da empresa e assim ajudar a empresa a crescer. O segundo momento foi

na organização dessas reuniões. Agora eu já estou partindo para a segunda reunião de líderes que participo como organizador. Na primeira, eu participei da organização junto com o Pedro, a Cecília e o Rafael, e o foco foi discutir a Metodologia Roda & Registro e discutir as etapas das reuniões. Essa reunião não foi como as anteriores. O interessante dali foi que depois disso, no encontro de gerentes, principalmente da TI, tivemos um *feedback* de como foi aquela reunião e principalmente do que foi bom e do que as pessoas não gostaram. Vimos que as pessoas estavam ansiosas por algo que fosse mais direcionado para o negócio da empresa, mas, por outro lado, elas gostaram de poder ter mais tempo para discutir as coisas dentro de uma Roda, por exemplo.

Então, na segunda reunião já conseguimos fazer isso, isto é, deixar tempo para as pessoas discutirem, seguindo a metodologia R&R, tendo uma pauta definida, com um coordenador em cada Roda, um tempo definido, mas esse tempo foi maior e os temas passando pela estratégia, resultados e pessoas da empresa. Essa segmentação foi muito interessante. Já nessa terceira reunião eu estou contando com a participação e apoio do Maia, diretor do Comercial, que já vem com outras ideias, e quando levamos algumas dessas ideias para os diretores, vimos que é interessante trazer coisas novas, mas também ter um processo um pouco mais padronizado. Com isso as pessoas conseguem se encaixar dentro da reunião. Por exemplo, se mudarmos sempre a estrutura da reunião, algumas pessoas podem se incomodar e não ter muita produtividade. Por outro lado, tem gente que não gosta muito do certinho, daquele quadradinho.

Resumindo, passei por três momentos. Um primeiro momento como participante. Um segundo, como organizador (nesse segundo, conseguir pegar o *feedback* das pessoas foi muito importante, porque pudemos avaliar o que foi feito) e o terceiro momento agora é preparar a reunião pensando em como fazer essa mescla entre deixar com um formato bom, mas não ser repetitivo.

A participação de membros da diretoria na organização das reuniões de líderes foi mais uma maneira de potencializar a formação no contexto de trabalho. Assim, alguns líderes passaram a participar, em rodízio, da *concepção* das atividades a serem propostas a todos os gestores (inclusive a eles próprios). E, para alargar a participação, mesmo que indireta de todos os funcionários, incluindo os que não participavam das reuniões de líderes, algumas atividades deveriam ser feitas entre uma reunião e outra, incluindo: a partilha de elementos centrais da reunião anterior, o levantamento de aspectos positivos e negativos e a preparação da próxima reunião, com análise de planilhas e levantamento de questões. Foi a esse momento que o Rogério se referiu em seu relato.

> Os encontros de líderes têm como objetivo alinhar os aspectos estratégicos para que eles possam inspirar e dar um sentido maior para o trabalho das pessoas além da rotina diária da entrega profissional. Uma empresa de sucesso se constrói com líderes que inspiram, que sabem o caminho, que têm protagonismo, que geram confiança pessoal e profissional e tantos outros valores humanos, como a integridade, o otimismo, a coragem, a humildade. A Roda instiga esses aprendizados.
>
> *Pedro, CEO*

Como diz Rui Canário, "os indivíduos mudam, mudando o próprio contexto em que trabalham". Este é o "conceito ecológico de mudança":

> Se é hoje irrecusável o potencial formativo dos contextos de trabalho, a condição para que esse potencial passe da virtualidade à realidade, isto é, para que a experiência se converta em saber, é a de fazer do exercício do trabalho um objeto de reflexão e pesquisa pelos que estão nele implicados.[2]

---

2. Canário, Rui. "Centros de formação das associações de escolas: que futuro?" *In* Amiguinho, A. & Canário, Rui. *Escolas e mudança: o papel dos Centros de Formação*. Lisboa: Educa, 1994, p. 26.

PDIs e FEEDBACKS

> *"Não é nada fácil a decisão de aventurar-se ao desconhecido. É preciso muito preparo e acreditar que valerá a pena."*
>
> Jussara Hoffmann

Retomo aqui a concepção da avaliação do desenvolvimento de Jussara Hoffmann,[3] tecida no campo da educação, também pertinente no campo empresarial pelo fato de que, a despeito das singularidades de cada um desses contextos, ambos se referem ao acompanhamento de pessoas em desenvolvimento, sejam crianças, jovens ou adultos, em formação inicial ou profissionais experientes.

Felizmente, no campo empresarial, cada vez mais esse tipo de reflexão se faz presente. Um exemplo está no artigo. "Avaliar ou não avaliar: um assunto para reflexão", escrito por uma especialista na área de capital humano, em outubro de 2016.

> A partir de *feedbacks* de funcionários e gestores, além de pesquisas e questionamentos sobre o investimento de esforços nesse processo, se percebe um incentivo para o desmantelamento da abordagem tradicional da gestão da performance, cujo principal motivador, porém, está nos resultados que ela gera. A que serviço está afinal a Avaliação de Desempenho da sua empresa? Executar uma tarefa, remunerar, olhar o passado ou desenvolver o futuro?[4]

---

[3]. Já me referi à concepção de avaliação de Jussara Hoffmann na Parte II deste livro, ao tratar dos Registros da aprendizagem, e também nesta Parte III, ao tratar da Estação de Formação "Certificar Praticando".

[4]. Alves, Agatha. "Avaliar ou não avaliar: um assunto para reflexão" *O Estado de S. Paulo*. 30/10/2016. Disponível em: <http://abrhsp.org.br/component/content/article/9-jornalabrhsp/2259-avaliar-ou-nao-avaliar-um-assunto-para-reflexao>.

Na CS, o modelo adotado inicialmente para o desenvolvimento dos colaboradores, a que chamavam de PDI – sigla para Programa de Desenvolvimento Individual –, não era, na realidade, nem um programa de desenvolvimento nem individual. Sua formatação padronizada visava a *avaliar* todos os colaboradores de uma área quanto às mesmas habilidades, competências e comportamentos, apesar das necessidades diferentes para cada função. A maior preocupação era de terem um parâmetro para a divisão de lucros, o PLR.

Quem fazia essa avaliação era o gestor imediato, que atribuía notas para cada item (habilidades, competências e comportamentos). Com esse procedimento, pretendia-se um critério de justiça. Entretanto, o sentimento de injustiça e a desmotivação eram levados para as Rodas que eu fazia com os grupos, onde podiam falar o que pensavam, devido à regra "O que se fala na Roda, fica na Roda", o que valia também para mim. Mas, se por um lado eu não falaria do seu conteúdo, nem muito menos identificaria quem levantou o assunto, ficava atenta para uma oportunidade, em outras Rodas, para colocar esse tema em pauta e provocar reflexões sobre a concepção e o significado das práticas de avaliação incorporadas. Um modelo de avaliação praticado na maioria das instituições de ensino, pelas quais passaram os gestores, que o têm internalizado e entendido como algo natural. Um modelo heteroformativo.

Nas Rodas, à medida que esse tema aparecia, direta ou indiretamente, podíamos avançar para um processo de reflexão mais profundo, percebendo *a quê* e *a quem* serviam os tipos de prática de avaliação feitas na escola ou na empresa, como a do PDI. Nessas ocasiões, eu provocava a lembrança das experiências de vida escolar e universitária, assim como os sentimentos que as acompanhavam. A partir desse resgate e de sua relação com os modelos de formação hétero e autoformativo, podiam identificá-los nas práticas e repensá-las em busca por outras mais aderentes ao que acreditavam e queriam para si e para suas equipes, de forma mais consciente e participativa, em vez de se submeter a um sistema instituído, como é comum nas escolas. Como adultos e gestores, tinham margens de manobra para atuar como protagonistas na gestão, motivação e proposição de estratégias de desenvolvimento de suas equipes.

Durante os debates nessas Rodas, a questão da atribuição de notas para o desempenho deles na empresa retornava periodicamente, momento em que eu os desafiava a refletir e buscar as razões e os sentidos de tal prática no contexto atual de trabalho deles, para reavaliar os modelos antigos e criar um novo, mesmo que não perfeito. Reduzir as contradições, mesmo que não todas. Percebi que os debates mais frutíferos para a inovação estavam justamente nos grupos em que tínhamos a oportunidade de fazer reflexões sobre as histórias de vida, sobre as experiências e sentimentos dos anos de formação escolar e acadêmica. Questões ligadas ao significado das notas que recebiam nas provas e boletins e em sua relação com as aprendizagens efetivas. E eu provocava-os com questões semelhantes às que Jussara Hoffmann faz aos educadores, como: "Qual o significado, para o aluno, de uma nota 8 conferida a um trabalho de ciências? O que o professor comunica ao aluno sobre o que interpretou de sua tarefa?"[5]

> As notas aceitam uma gama infindável de interpretações de natureza classificatória: "o aluno foi bem no teste" ou "foi tão bem quanto vários". Essas observações genéricas em nada contribuem para que reflita sobre em que aspectos ainda precisa melhorar. O Registro de graus e de conceitos no diário do professor não o ajuda igualmente a lembrar dos "critérios" que o levaram a atribuir tal grau. O maior risco do seu uso, para além do caráter arbitrário de sua atribuição, é que são indi-

---

5. Hoffmann, Jussara. *Avaliar para promover – as setas do caminho.* Porto Alegre: Mediação, 2001, p. 134.

cadores vagos e genéricos de aprendizagem, indicando apenas uma das dimensões da qualidade – a da extensão, mesmo assim, arbitrariamente inferida pelo professor.[6]

Eu não poderia avançar demais, influenciando-os demais, para não ser algo "de fora para dentro", mas sim proporcionar subsídios para as reflexões a partir do que eles viveram no passado e viviam naquele momento, tanto ao serem avaliados quanto ao avaliarem seus liderados. Eu lançava provocações, e o debate entre eles avançava, às vezes caloroso, quando eu podia me recolher e deixar fluir as interações nesses momentos de "Aprender Trocando".

Além de acompanhar o debate, eu permanecia atenta ao relógio e à necessidade de deixar um momento reservado para o "fechamento" da Roda. Um fechamento sem a intenção de fechar o assunto e forçar uma conclusão, mas sim a de podermos sintetizar alguns pontos da discussão para a continuidade do debate na Roda seguinte e/ou definir com eles uma possível ação a partir dali, propondo "quem faz o quê e quando". Por exemplo, uma possível ação seria a de alguns deles levarem o tema para a Roda com seus gestores imediatos, levando a discussão a um nível hierárquico superior, ao introduzir esse tema na pauta daquela Roda. E com isso escapando de uma armadilha comum: a de debater e não avançar para ações.

Nesses debates, eu ia inserindo a ideia de que cabe a cada um deles sair da posição de submissão e aceitação, ou de vítima de um sistema, para assumir a responsabilidade pela sua reinvenção (sobretudo por ser essa a cultura da empresa). E que assim pudessem inverter a lógica de poder, no que se refere à avaliação do desenvolvimento de cada um, com a ênfase na própria pessoa que se forma. E aí, nesse ponto da conversa, eu retomava o que havia falado em outros momentos sobre

---

6. *Idem*, pp. 134-135.

a Autoformação. E que agora podia ganhar mais sentido pela contextualização em situações concretas para eles. Tanto por terem seus próprios PDIs, assim como seus gestores e liderados, como pela possibilidade de fazerem algo a respeito e em conjunto, pois não estavam sozinhos nesse processo: estavam com seus pares, se fortalecendo pelas partilhas, estavam comigo e podiam envolver seus gestores e equipes no debate e na criação de um instrumento mais eficaz para acompanhar o desenvolvimento individual e ser, ao mesmo tempo, fator de motivação para o crescimento pessoal, profissional e para o trabalho propriamente dito.

Portanto, as reflexões sobre os modelos de PDI proporcionavam tomadas de consciência das consequências de cada modelo avaliativo e seu impacto na motivação, assim como das implicações ao associar o PDI à política de distribuição de lucros (PLR). E essas reflexões podiam passar de uma Roda para outra, pois as Rodas se comunicavam na Rede.

Um exemplo: esse tema fez parte da Roda de gerentes de TI e chegou ao VP da área, que acumulava a função de VP da área de Pessoas, o Mauro, que, por sua vez, o levou à Roda que conduzia com suas equipes, de subáreas diversas: jurídica, administração e segurança predial, gestão da UAH!, recrutamento e seleção e a própria TI, representada ali por seu diretor. Um grupo muito heterogêneo em todos os sentidos: pessoas de diferentes áreas da empresa e de diferentes níveis na hierarquia de cargos da empresa.

Dando continuidade à rede de conversas em Roda, Mauro levava seus registros dessas Rodas para as nossas Rodas de dois, nas quais conversávamos, entre outros assuntos, sobre sua condução e utilização da Metodologia Roda & Registro. A seguir, um dos registros que Mauro me enviou (ver Quadro 19.1) ilustra o processo de discussão do PDI nesse grupo:

Quadro 19.1 – Registro de Roda

REGISTRO DE RODA

Dos colaboradores que se reportam diretamente à
Vice-Presidência de Tecnologia e Pessoas
Data: 26/3/2015

1. Qual deveria ser a função da avaliação de desempenho na CS?

Embora de início os registros individuais tenham sido em parte conflitantes, o grupo chegou ao seguinte consenso:

- A avaliação de desempenho deveria ser totalmente desvinculada da PLR e ser conectada apenas no PDI.

- Para distribuir PLR, deveriam ser consideradas apenas as metas e, neste sentido, um número de um a cem que represente o mix de atingimento de metas vermelhas e verdes é válido. Seria legal dar um nome a este número que não fosse "avaliação de desempenho". Algo com "Grau de PLR".

- Não é incorreto estabelecer metas para aquisição de conhecimento que seja relevante para a empresa.

- O PDI deve ser encarado como um instrumento de educação (desenvolvimento de pessoas).

- Neste contexto não há sentido em criar notas no PDI para dimensionar habilidades técnicas ou comportamentais. No máximo pode-se, quando houver sentido, avaliar algo como atende ou não atende, ou ainda em uma escala de cinco níveis (sem nenhum conhecimento/ conhecimento básico/ conhecimento médio/ conhecimento avançado/conhecimento no nível de um mestre).

ENTRE NA RODA!

O que importa é desenvolver as pessoas, seja no lado pessoal, seja no profissional, e qualquer escala deve apenas dar uma noção do nível a que se quer chegar.

- A visão vigente de dar notas de 1 a 20 para o comportamental e para o conhecimento deve ser abandonada. Ela é conflitante com o valor básico de "avaliações contextualizadas" que embasa nossas estações de "certificar praticando".

- Neste contexto, não há incoerência em demitir alguém que bateu todas as metas e tem um "Grau de PLR" muito bom, mas tem problemas comportamentais registrados no PDI em Rodas de *feedback*.

Da mesma forma, promoções não têm conexão direta com o "Grau de PLR", mas têm muito mais ligação com o PDI da pessoa.

2. Construção das metas

- Metas devem ser mensuráveis e simples de controlar.
- A pessoa que detém a meta não pode ser quem tem os controles da mesma.
- Uma pesquisa de opinião dos clientes ou da área da pessoa é sempre uma alternativa interessante para a construção de metas.
- Uma pessoa não deve ter muitas metas.

3. Compromissos futuros

- Registrar na intranet todas as metas de todas as pessoas de sua área até 30 de abril de 2015.

Com as discussões nos vários grupos da CS, a reformulação do modelo de PDI ganhava mais e mais sentido para as pessoas. Assim, o novo modelo ficou composto de uma minuta inicial, que cada funcionário preenchia individualmente, fazendo um primeiro exercício de Registro, que levaria para a conversa com seu gestor em uma Roda de dois, para a qual o gestor também levaria o seu parecer registrado (ver Quadro 19.2). Da conversa nessa Roda de PDI, chegariam a uma versão consolidada, acordada, também definindo conjuntamente um "Plano de Ação". E esse documento seria a base das Rodas de *feedback* futuras, na frequência que as definissem (mínimo de duas por ano). Além desses momentos formais, registrados, de acompanhamento do desenvolvimento com base no PDI, conversas no cotidiano poderiam acontecer.

Dessa maneira, o processo de acompanhamento do desenvolvimento individual estaria na definição de *ações* com vistas ao desenvolvimento futuro, em vez de se concentrar em notas, baseadas no desempenho de um período passado. Além disso, essas notas eram atribuídas de maneira subjetiva pelos gestores, sendo que o "dono" do PDI ficava sujeitado a elas e, portanto, não sujeito de seu processo formativo. Caminhava-se para que as avaliações servissem para promover o desenvolvimento, indicando "setas" de um caminho a seguir, como Jussara Hoffmann sugere, já no título de seu livro.

Figura 19.1 – Matriz da versão preliminar do PDI

EXERCÍCIO: MINUTA INICIAL DO MEU PDI

Nome: _____
Gestor imediato: _____
Função/cargo: _____ Área: _____
Data: ___/___/_____

Habilidades e conhecimentos (técnicos e comportamentais)	Nível esperado para a função (1 a 5)	Nível atual (1 a 5)	Nível esperado em 6 meses (1 a 5)

Plano de ação:

Minuta a ser utilizada, por funcionário, como preparo para a "Roda de PDI" com seu gestor imediato.

Indico a seguir como o Rogério, diretor da área de TI, descreveu as práticas de desenvolvimento de pessoas em sua área:

> Aqui na TI temos um processo que funciona na maioria das áreas internas: três ou quatro vezes por ano fazemos um *feedback* do PDI. Mas, além disso, nossa metodologia de trabalho é feita de revisões, com processos quinzenais nas sessões de "retrospectiva" quando todos dão *feedbacks*. É uma das cerimônias da metodologia na qual as pessoas escrevem o que foi bom e o que foi ruim do processo e o que aconteceu naquele ciclo de desenvolvimento. E dali já sai o primeiro *feedback*. Por exemplo, houve situações em que as pessoas, sem citar nomes, identificaram: "Oh, a gente precisa ter mais foco na qualidade do trabalho, mais jeito em testar as coisas, ser mais criteriosos nos testes." Nessas situações, o *feedback* saiu do próprio grupo.
>
> Já em outras situações em que se identificou que uma pessoa errou e o erro dela gerou um problema para um cliente – externo ou interno –, chamamos essa pessoa e conversamos. Eu recentemente vi isso acontecer: o gerente "deu um *feedback*", e a pessoa saiu da sala sem qualquer constrangimento e durante o dia trabalhou normalmente, sem qualquer problema. Fiquei sabendo que durante o *feedback* ela argumentou bastante. Teve uma troca. Acho que ouvir e ter o contexto da pessoa é muito importante.
>
> Temos também aqui o *feedback* formal, que se refere ao PDI. Por exemplo, tivemos uma situação em que uma pessoa já estava num momento em que ela precisava sair daquele time, porque ela era a que mais conhecia o assunto e não conseguia mais crescer ali. A coordenadora conseguiu identificar isso e, durante o PDI dessa pessoa, sua meta para o próximo bimestre passou a ser treinar outras pessoas para que ela conseguisse sair daquele time e avançar em seu crescimento profissional.
>
> Então, o *feedback* e o PDI são coisas muito dinâmicas. E se deixamos para fazer isso a cada seis meses ou uma vez por ano, não tem o efeito, primeiro porque a natureza do trabalho das pessoas muda constantemente. E, além disso, a pessoa evolui e muitas vezes ela pode ficar estagnada

se a gente deixá-la seis ou sete meses no mesmo lugar. Por isso procuramos ter esse *feedback* na troca que acontece informalmente, por exemplo, no almoço, numa conversa. Esses são os tipos de *feedback* que praticamos aqui na TI. A gente pode evoluir, claro, com certeza. E também há algo que eu conversei com os gerentes, de falar para a pessoa que você está dando um *feedback*, que aquilo é um *feedback*, porque muitas vezes, se você está dando um *feedback* informal num almoço, ela pode não perceber o que é e ficar algo só no nível de amizade que uma pessoa tem com a outra. Isso é diferente de um *feedback* unidirecional, no qual a pessoa fala: "Você tem que mudar nisso, nisso e nisso." Eu não concordo com esse tipo. Quando eu faço os *feedbacks*, eu gosto que a pessoa também fale.

Tivemos uma experiência nesse começo de ano em que eu, o Mauro e o Guilherme fizemos uma avaliação nossa, muito tranquila. E se as pessoas têm esse nível de maturidade, como fizemos com os gerentes da TI num grupo de seis ou sete pessoas, é muito rico, porque, se de três pessoas duas delas falam a mesma coisa de uma terceira, é sinal de que existe, sim, uma coisa na direção do que as duas pessoas estão falando. Quando é um *feedback* apenas unidirecional, é somente a opinião daquela pessoa. E aquela opinião pode estar influenciada por uma situação recente, e normalmente é o que acontece. Então eu vejo que é importante conseguir fazer esse *feedback* com mais de uma pessoa, mas claro que depende do nível de maturidade de cada uma.

Rogério, diretor de TI

Como parte desse nível de maturidade a que se refere Rogério está um nível de *relação consigo próprio*: de autoestima, de desejo de evoluir, e de saber que outros podem contribuir para isso, o que depende, por sua vez, do nível de conhecimento mútuo e da confiança entre todos do grupo. Essa confiança é uma construção, e pode levar tempo. Pode ser que não se chegue a ela, mas o grupo de gerentes de TI chegou. Pude participar das sessões de *feedbacks* coletivos desse grupo – que partiram da iniciativa deles –, e na quais havia um grande nível de exposição. Apesar da confiança e de já estarem juntos há muito tempo, muita coragem foi necessária para tal nível de exposição. Coragem para enfrentar a ansiedade, os medos e as possíveis contradições de fazê-lo no ambiente profissional, o que a intimidade criada pelas histórias partilhadas no grupo e o sigilo da Roda pareciam favorecer. O prazer também era evidente, pela firme disposição de buscarem esse caminho de autoconhecimento como via de aprimoramento profissional e pessoal.

A dinâmica dessas Rodas de *feedback* coletivo se dava da seguinte maneira: todos registravam no mínimo três aspectos positivos e três negativos de um dos membros do grupo. Em seguida, todos liam seus registros e comentavam, com exemplos, se necessário. Inclusive aquele que era o foco da atenção do dia fazia o Registro e falava de si. Uma sessão dessas levava por volta de uma hora. E na Roda seguinte o processo era repetido com outra pessoa.

Um dos gerentes descreveu da seguinte maneira sua percepção da atividade:

> Diferentemente das avaliações 360 graus mais comuns do mercado, nas quais as pessoas são avaliadas através de um formulário preenchido por chefes, pares e subordinados, além da própria pessoa, nossa atividade foi baseada na percepção de cada um de aspectos pessoais e profissionais, positivos e negativos, de maneira construtiva e ajudando a derrubar eventuais barreiras e nos possibilitando enxergar a imagem que transmitimos e, principalmente, como os outros nos percebem, o que pode ser diferente da imagem que nós achamos que transmitimos.
>
> O exercício também ajuda bastante no processo de buscar pontos para serem apresentados sobre cada pessoa, com o contexto do momento, para que sejam de fato considerados por quem escuta, tornando cada item bastante objetivo e possibilitando acompanhar o desenvolvimento da pessoa nos pontos citados.

> Como gestor, a atividade também possibilitou ter uma ótima referência de como posso aplicar este mesmo tipo de *feedback* com minhas equipes.
>
> Guilherme, gerente de desenvolvimento da TI

Sei que o meu papel na condução dessas Rodas foi muito importante, inclusive por não fazer parte da estrutura hierárquica e estabelecer a regra do sigilo: "O que se fala na Roda fica na Roda." Mas depois fiquei sabendo que repetiram a dinâmica com outro grupo, o de "Projetos Internos da TI", sendo conduzida pelo diretor. Os participantes depois me falaram do sucesso que foi a atividade. Tenho que destacar que não é recomendável que se faça esse tipo de atividade dessa forma, tanto por ser conduzida por alguém que não tem formação específica para isso quanto por ser o gestor das demais. Mas foi um sucesso. E o atribuo à pessoa desse diretor, cuja simplicidade, humildade e traços de caráter são reconhecidos por todos. E pudemos conhecer sua origem quando ele contou sua história de vida durante a atividade que fizemos posteriormente, a Linha da Vida, que relatei no capítulo sobre "Motivação e ambiente formativo".

Meu Gestor Interno

> *Os melhores guias são os que percorrem o caminho conosco, enfrentando as mesmas dificuldades e provocando-nos a andar mais depressa.*
>
> Jussara Hoffmann

A atividade Meu Gestor Interno foi repetida algumas vezes durante os anos de introdução da Metodologia R&R e da abordagem autoformativa na CS. Ela era lembrada nas Rodas por aqueles que participaram e gerava a curiosidade dos novos supervisores, que passaram a fazer parte do grupo. Discutimos algumas adaptações para a nova realidade do grupo, que enfrentava novos desafios. Inicialmente foi chamada de "Desafios do meu gerente interno", e o grupo era formado por supervisores cujo gestor imediato era o gerente da área de Operação. Posteriormente, com o grande crescimento da CS, outro nível hierárquico foi necessário. Não eram mais só três supervisores, mas 22. Então passei a denominá-la "Desafios do meu gestor interno" ou, simplesmente, "Meu gestor interno", na dupla referência aos coordenadores a quem passaram a responder e a eles mesmos, na imagem de ter dentro de si o seu gestor interno a quem no final das contas respondem de verdade: cada um a si mesmo. E essa imagem do gestor interno representa bem a ideia da Autoformação.

Um dos supervisores que acompanhou esse crescimento da CS, fazendo parte da equipe dos supervisores desde minha entrada na empresa, participou dessa atividade três vezes[7] e destacou-a como a que mais o ajudou em seu próprio desenvolvimento. Ricardo já era supervisor da Operação quando comecei a fazer as Rodas com eles, evoluiu muito profissionalmente e permanecia na empresa quando finalizei o ciclo de Rodas lá, mais de cinco anos depois. Seu depoimento é bastante ilustrativo do potencial formativo dessa atividade e também da concepção da Autoformação como um processo sem fim, no qual cada um pode retomar os mesmos aspectos de si mesmo, durante a vida, e verificar os movimentos feitos. Movimentos em espiral, que passam pelo mesmo ponto em um determinado plano, mas já em um nível superior a cada novo ciclo de aprendizagem e formação.

> Em minha viagem pelos meus registros e pela memória, destaco a atividade dos "Gerentes Internos" como a melhor. Com essa atividade consegui listar algumas coisas que eu precisava melhorar. Comparando os itens

---

7. Como as equipes vão se modificando, alguns entram e outros saem – seguindo seu percurso de desenvolvimento e carreira –, algumas atividades são repetidas após longos períodos. São novidades para os que chegaram depois, e para os que já a fizeram antes são oportunidades para perceber a própria transformação no tempo, identificando como se via e como se vê, como reagia e como reage, como pensava e como pensa.

> listados nas várias vezes que a fiz, considero que obtive uma boa melhora, por exemplo, na administração do tempo, nas atividades técnicas, habilidades pessoais e conhecimentos gerais.
>
> *Ricardo, supervisor da Operação*

A própria atividade foi uma construção coletiva. Levei a ideia e elaboramos a matriz juntos. Inicialmente em duplas, os supervisores listaram seus desafios na função de supervisor. Alguns deles haviam sido recém-promovidos da função de analistas para a supervisão e alguns eram bem jovens, um deles com 19 anos. As necessidades da empresa em termos de qualificação e maturidade dos supervisores aumentavam na medida direta de seu crescimento e maior complexidade. E essa atividade traduzia em detalhes as novas expectativas e cobranças sobre os supervisores. Eu os acompanhava nessas novas etapas da empresa e via o quanto era difícil para a maioria deles. Mas pude também acompanhar o quanto as partilhas no grupo os ajudavam a avançar. Nada como ter aqueles que enfrentam as mesmas dificuldades conosco. São esses os nossos melhores guias, como diz Jussara Hoffmann.

Após a etapa de levantamento dos desafios em duplas, reunimos os itens listados e os consolidamos em uma lista única. Em seguida, individualmente, cada um marcava com um xis os itens que identificava como relevantes para si, na coluna assinalada com seu nome, listando assim os *seus* desafios individuais. Depois, cada um ditava para os demais o que assinalou em sua coluna. Dessa maneira, todos podiam perceber não só que estavam todos no mesmo barco com aspectos a desenvolver, como também identificar quem seriam os parceiros com os mesmos pontos fracos, quem os teria mais desenvolvidos e poderiam, eventualmente, ajudar. Com a lista completa, pudemos analisar na horizontal quais os desafios mais assinalados. E pude basear-me nessa análise para criar atividades para enfrentar esses desafios.

O Quadro 19.3 reúne alguns dos desafios listados pelos Supervisores para o seu autodesenvolvimento partilhado:

Quadro 19.2 – Desafio dos gestores internos da equipe de supervisores

DESAFIOS	Itamar	Ricardo	Lourdes	Camila	Rogério	Abraão	Lidiane	Prieto	Katy	Lukas	Douglas
Habilidades técnicas											
Planejamento diário											
Planejamento a longo prazo											
Acompanhar os nºs da meta											
Fazer rodas semanais											
Dar *feedbacks* individuais											
Formar os multiplicadores											
Colocar-se no lugar do outro											
Equilíbrio pessoa-profissional											
Saber argumentar e se posicionar											
Cumprir prazos de entrega											
Conhecimentos gerais											

ENTRE NA RODA! **309**

Além das atividades criadas especificamente para desenvolver as habilidades mais necessárias para o grupo, falar das dificuldades no grupo ajudava a criar soluções através das partilhas. Um exemplo: com o grande crescimento da empresa, faltava espaço físico para encontros de grupo, e muitos supervisores identificavam esse como um fato real que os impedia de "colocar em prática o que foi planejado", como o de "fazer Rodas semanais" e em cadeia, que dificultava terem ocasiões para "utilizar Rodas também para o desenvolvimento pessoal", itens esses listados como "desafios do gestor interno".

As partilhas no grupo os ajudavam a encontrar soluções, e também a sair da "posição de vítima" (apesar de ser originada por uma dificuldade *da empresa*, e não deles), favorecendo-os a olhar as crises como oportunidades. Algumas perguntas com as quais eu os desafiava: "Que oportunidades estariam escondidas naquela crise?" "O que poderiam fazer para suplantá-la?"

Rafael, supervisor, e Anderson, um dos operadores de sua equipe, contam como vivenciaram a solução encontrada e a oportunidade descoberta:

> A ideia surgiu em uma Roda de supervisores com a Cecília, em que conversamos sobre a falta de salas disponíveis. Resolvi colocar em prática no dia seguinte. Fomos à Praça Roosevelt e lá sentamos à sombra e fizemos a nossa Roda. Uma alternativa sustentável que tivemos para um problema com a falta de espaço físico para realizar a Roda. O pessoal gostou bastante, foi bem legal! Também fizemos brincadeiras para que todos interagissem e se conhecessem melhor, já que a equipe é nova e a maioria tem menos de trinta dias na empresa. Fiz uma dinâmica e usei os próprios hobbies e características deles para eles adivinharem quem eu estava descrevendo.
>
> *Rafael, supervisor*

> Foi bem inovador! Tivemos poucas Rodas até agora, por nosso grupo ser relativamente novo. Esta Roda foi novidade para nós e uma grande surpresa. É engraçado, senti mais liberdade, como se a reunião fluísse de uma forma mais leve. Claro que tem diferença entre os ambientes, o fato de ser mais aberto, ter mais ar e todo aquele verde ao redor, foi bem confortável. Debatemos diversos assuntos e acabou dando mais do que certo! Além das pautas, o Rafael fez uma brincadeira e o pessoal aceitou bem, todos se conheceram melhor, riram e conversaram mais, transformando o trabalho em algo ainda melhor.
>
> *Anderson, operador*

A atividade do "Meu Gestor Interno" foi replicada por vários supervisores nas Rodas de suas equipes, levando em seguida um relato para nossa Roda, com seus pares. Ali contavam como a executaram, se tiveram dificuldades, como foi recebida pelos operadores, e que resultados tiveram na melhoria da motivação e da produtividade propriamente dita. Tabelas de desafios feitas por analistas de uma equipe circularam entre os supervisores, enriquecendo e acelerando o processo nas Rodas em Rede de Formação.

Camila criou com sua equipe uma nova tabela, inspirada na dos supervisores, mas adequada à realidade de trabalho de seu grupo. Depois, contou como foi o processo na Roda dos supervisores, mostrando a nova tabela e passando-a a seus pares. O Quadro 19.4 reúne o resultado de "Aprender Trocando":

Quadro 19.3 – Desafios dos gestores internos de uma equipe de analistas

SUPERVISOR INTERNO

COMPETÊNCIAS	Giovana	William	Gabriel	Bruna	Pierre	Roberta	Simone	Nay	Tchunchuk	Juliana
1 Organização										
2 Cordialidade										
3 Foco										
4 Pontualidade										
5 Ambição										
6 Responsabilidade										
7 Comprometimento										
8 Trabalho em equipe										
9 Agilidade										
10 Paciência										
11 Proatividade										
12 Atenção										
13 Persistência										
14 Determinação										
15 Motivação										
16 Conhecimento técnico										
17 Bom ouvinte										

Comitê das T!s

O Comitê das T!s, já citado, era formado por um membro de cada área da empresa e reunia-se semanalmente com a função de criar conteúdo para as T!s, quando se verificou que Pedro não poderia mais estar presente em todas. Seu primeiro coordenador foi o Rafael, diretor da área de Inteligência Estatística, assessorado por mim em um período anterior à criação da área de Pessoas na empresa. Quando essa área foi criada, o papel e a dinâmica desse Comitê já haviam se delineado e a sua coordenação passou a ser feita por membros dessa nova área.

Esse Comitê era uma oportunidade formativa uma vez que propiciava o desenvolvimento de algumas habilidades caras à cultura da empresa, a saber: colocar-se no lugar de outras pessoas (ao criar as atividades a serem oferecidas a todos da empresa, identificando perfis e interesses específicos), organização e planejamento (treinando a definição de objetivos, conteúdos e estratégias), organizar-se no tempo (distribuindo as atividades criadas no tempo disponível, ou adequando-as para que fossem realizadas em uma hora), saber falar, ouvir e debater, lidar com frustrações (por exemplo, quando suas ideias não são aprovadas ou, quando colocadas em prática, não dão certo, habilidades estas ligadas à "inteligência emocional"), dividir tarefas, entre outras.

O caráter rotativo de seus membros propiciava a ampliação dessa oportunidade para outras pessoas da empresa. E Rafael, mesmo tempos depois de sua participação como coordenador, aproveitava, enviando os novos colaboradores da área de Inteligência Estatística, recém-contratados, a participar desse Comitê, como forma de entender e se engajar mais rapidamente na cultura da empresa, como citou em sua entrevista.[1] O jornal interno descrevia desta maneira as ações do Comitê enquanto convidava interessados em participar:

Figura 19.2 – Trecho do jornal interno

> Em uma única reunião de comitê são criadas uma ou mais T!s, programadas com antecedência no decorrer do ano a partir de temas definidos pelo próprio comitê ou sugeridos pela diretoria, pensando em meios de tornar as T!s mais divertidas e que desenvolvam o aspecto pessoal de cada colaborador. Esse comitê não é restrito e está aberto a todos os funcionários que tenham interesse e disponibilidade para participar dessa construção e melhoria constante.
>
> Por isso, se você gosta das T!s ou não gosta do formato atual, mas acredita que pode contribuir com novas ideias, envie um e-mail para nós da equipe da UAH!, com cópia para o seu gestor, que deverá validar a sua participação no comitê. Lembrando que poderá participar um representante de cada área por vez, por isso seguiremos a ordem de envio dos e-mails.
>
> O comitê é rotativo, portanto se você não puder participar agora é só aguardar na lista de espera. A troca acontece a cada três meses, dessa forma todos poderão participar e contribuir. Aguardamos sua participação!

Grupos de afinidades

O crescimento da CS não se restringia a um maior número de funcionários, mas também representava uma diversidade crescente, para dar suporte à inovação: novos produtos, novas habilidades requeridas de seus colaboradores, tanto para criá-los quanto para conseguir colocá-los em operação. Habilidades que incluíam as relacionais

---

1. Refiro-me à entrevista citada no Capítulo 17 deste livro, "Das resistências iniciais à prática de Roda & Registro: o caso da área de Estatística".

e ligadas à sensibilidade humana, para trabalhos colaborativos e de avaliação de riscos, por exemplo. Seu fundador também tinha como sonho "propiciar a felicidade", por meio de atividades com as quais as pessoas se identificassem e se desenvolvessem como seres humanos. Às vezes, Pedro falava sobre seu sonho de abrir uma escola ou de fazer da empresa um polo de desenvolvimento das famílias dos funcionários. Esse sonho poderia não só gerar um ambiente muito motivador de trabalho (e não repetir o que vivera no passado, quando perdera quase todos os funcionários de uma vez, atraídos por outras empresas) como ser sua forma de contribuição social, acreditava ele. Aos poucos, cursos de diferentes tipos ganhavam as salas da empresa, em horários alternativos. Alguns tendo como professores os próprios colaboradores, como nos casos de aulas de Jiu-jítsu, danças de salão, zumba, japonês, violão, teatro ou com profissionais contratados, como no caso das aulas de inglês e de iniciação musical, coral, corrida de rua, entre outros. Além de cursos, outras atividades eram oferecidas, como excursões, "Dia dos filhos", palestras sobre cidadania, nutrição, com alguma semelhança ao modelo de "atividades extracurriculares" oferecidas por escolas. Pedro também sonhava com um certificado, no qual as atividades e habilidades pudessem ser registradas, o que passou a ser um dos projetos da área de Pessoas.

Foi nesse contexto que foram criados os "grupos de afinidades". Pedro imaginou a existência de grupos de pessoas que se encontrariam por outros motivos, diferentes do trabalho que faziam na empresa, de modo a criar vínculos pessoais, que poderiam favorecer ajuda mútua no caso de problemas de ordem pessoal. Sua ideia circulou por várias Rodas, até que o modelo dos "grupos de afinidades" foi criado, assim como uma logística que os viabilizasse. O projeto foi apresentado a todos os funcionários, que fizeram um levantamento de temas de interesse. A partir dali os grupos se constituíram, sendo que novos poderiam ser criados e batizados pelos colaboradores, passando também a contar com ajuda logística da equipe da gestão da UAH!, responsável também por dar apoio às outras atividades de desenvolvimento humano na empresa. As equipes de gestão da UAH! e de comunicação interna ajudavam a divulgar os novos grupos, convidando outros colaboradores a participar na medida de seu interesse comum pelo "tema da afinidade".

Alguns exemplos de grupos: "Avatar" (cinema), "Os antenados" (entretenimento), "Tomates verdes fritos" (cinema), "Arena CS" (futebol), "Beleza pura" (estética), "Zouk" (dança), "Corpo e movimento" (dança), "De tudo um pouco" (música), "Ser cristão é muito louco" (religião), "Sensibilização musical" (música), "Buchada de soja" (gastronomia), "Deixa disso" (estética), "T! *music: no music, no life*" (música), "O quinto elemento" (cinema).

Um aspecto que identifico como de grande potencial formativo era o fato de seus coordenadores serem, em sua maioria, operadores, isto é, funcionários da base da empresa, tendo em seus grupos supervisores, gerentes ou diretores de áreas diversas como membros, o que subvertia a linha hierárquica formal da empresa e propiciava outro tipo de relação de poder. Além disso, as vivências nesses grupos não eram controladas pela empresa, abrindo um espaço de liberdade para propiciar a descoberta de novos interesses, como hobbies ou projetos profissionais, ou de habilidades, como a de gestão de grupos. O coordenador era escolhido pelo próprio grupo e exercitava sua liderança como em um laboratório, intermediando as conversas, se necessário, além de organizar as ações para colocar em prática os projetos que surgissem dessas conversas. Também era sua atribuição promover avaliações periódicas sobre o andamento do grupo em busca de melhorias e orientação da equipe de gestão da UAH! quanto ao apoio necessário aos seus projetos. Essas avaliações não poderiam ser utilizadas por gestores da empresa para a busca de qualquer informação, para garantir os objetivos desses grupos e a liberdade daquele espaço. Os grupos podiam escolher novos coordenadores de tempos em tempos, para que outros pudessem passar pela experiência, mas podiam também manter o mesmo durante longos períodos.

Essa alternância de coordenadores, a possibilidade de mudar de grupo e as constantes avaliações de seu andamento podem ser consideradas como oportunidades para "desenvolvermos o *potencial* de liderança existente em todos nós", como propõe Peter Senge.[2] Mas esse potencial será mais ou menos aproveitado, à medida que cada um *escolha* (ou consiga) viver esse tipo de experiência como formativa, pois pode preferir ter uma participação menos atuante e reflexiva. A Autoformação depende daquele que se forma. Depende "do que eu faço com o que os outros quiseram (ou querem) fazer de mim": uma famosa frase de Sartre, frequentemente repetida nos textos de especialistas na abordagem da Autoformação pelas narrativas de vida. E que também se aproxima da atitude existencial de sair da posição de vítima e se colocar como autor da própria vida.

Para ajudar a formação dos coordenadores desses grupos, muitos sem qualquer experiência anterior nesse papel, havia o apoio de mentores, que eram alguns colaboradores mais experientes na gestão de grupos, com os quais podiam trocar ideias. E também Rodas de formação comigo, a cada três meses, nas quais relatavam suas experiências para os outros coordenadores de grupos, contando suas dificuldades e pedindo sugestões aos demais. Essa era outra instância do "Aprender Trocando".

A Figura 19.1 exemplifica a divulgação de um novo "grupo de afinidade":

---

[2]. Trecho do texto da introdução escrita por Peter Senge ao livro *Sincronicidade*, de Joseph Jaworski. Comentei a ideia no Capítulo 15 deste livro.

Figura 19.3 – Divulgação de "grupo de afinidade"

Los Violeros!

Bom dia!

Já ouviu falar do novo grupo de afinidade **Los Violeros**?
Não? Então conheça agora os motivos que levaram os participantes a formar esse grupo.
Nosso **objetivo** é **aprender** a tocar violão, para isso contamos com um integrante que é nosso **professor**, e também nos **dedicamos** a horas **extras** de estudo.

Por que aprender a tocar violão?

Por hobby: Fazer algo útil e bacana durante as T!s e horas vagas.
Para preencher o vazio: aliviar o estresse do dia a dia, ter uma válvula de escape.
Para conquistas: essa é somente para solteiros e solteiras!
Por achar que é um instrumento fácil: não se engane. É pura ilusão.
Para poder tocar em algum lugar: é bom sentir-se útil.
Porque é um sonho pessoal: "Sempre sonhei em aprender a tocar violão."
Porque os colegas tocam: fogo de palha não, hein!
Profissão: apaixone-se e vire um profissional.

Importante! Seja qual for o motivo, você pode participar do grupo, desde que siga duas regras básicas para alcançar um objetivo comum:

Regra 1: ser pontual, dedicado e responsável com prazos e tarefas combinadas em grupo, de forma a não comprometer a boa convivência.
Regra 2: treinar para contribuir e acompanhar a
aprendizagem do grupo, assim ninguém fica para trás.
Encontros: terça às 10h.

Deu vontade de participar? Envie um e-mail para a **UAH!**

As conversas dos grupos de afinidades podiam levar à criação de pequenos projetos, o que potencializava ainda mais o caráter formativo do grupo, pela mobilização de habilidades necessárias para colocá-lo em prática. Habilidades de tipos diversos, desde as relacionais até as ligadas ao planejamento, avaliação, resolução de problemas, lidar com o imprevisto, entre outras. A seguir alguns relatos de participantes desses grupos:

> A última T! do Buchada de Soja foi mais um remake de outra T! em que o Diego ensinou o grupo a fazer temaki, que é basicamente um sushi em formato de cone para comer com a mão. Ele é bem prático de ser feito, além de ser saudável. Como a ideia fez sucesso, resolvemos repetir a dose, fazendo temakis de salmão e tilápia. Organizamos as coisas um pouco em cima da hora, mas o resultado ficou bem legal, barato e saboroso. Depois do temaki, estamos escolhendo o próximo prato para a T!. Aguardem!
>
> *Vinicius*

> Algumas terças atrás o grupo T! *Music – no music, no life* resolveu pôr seu tema em prática. Para isso, precisávamos de espaço mais adequado. Assim, fomos para a Praça Roosevelt com dois violões, cifras e letras de músicas. Não podia também faltar comidas e bebidas. Fizemos o primeiro piquenique musical do nosso grupo! Foi bem divertido. Selecionamos músicas de estilos variados, que incluíam Mamonas Assassinas, César Menotti e Fabiano, Green Day e muitas outras coisas. As pessoas estavam meio tímidas, mas isso não impediu de fazer um som legal. Achei bom ter feito isso em um ambiente diferente. Nós já estamos planejando outras atividades ligadas à música que podem ser feitas fora da CS, no horário da T! ou mesmo fora do horário de trabalho.
>
> *Maurício*

20.
Uma história sem fim

> *"É necessário acrescentar que somos, em certa medida, aquilo que fazemos, e que nos criamos continuamente a nós próprios. Esta criação de cada um por si próprio é, aliás, tanto mais complexa quanto mais se pensa naquilo que se faz."*
>
> Henri Bergson

Acompanhei o processo de construção do ambiente formativo na ACS durante cinco anos. Nesse período, tivemos picos de crescimento, crises e atropelos. Mas a estrutura das Rodas em Rede se constituía continuamente, possibilitando recursos para enfrentar os momentos de crise pelo espaço garantido para refletir, ouvir, olhar a distância, avaliar a partir de vários pontos de vista e criar soluções para os novos momentos.

Após esses cinco anos, eu já não era a única especialista em Roda naquele ambiente, e poderia me afastar, dando autonomia para a empresa seguir sem mim, enquanto eu própria poderia iniciar novos projetos de vida e de trabalho que se mostravam significativos, como a escrita deste livro.

Antes de sair, propus quatro meses com carga horária menor para "passar o bastão" das Rodas que eu ainda coordenava, assessorando quem me substituía e provendo a empresa de subsídios para a nova etapa. A própria Metodologia Roda & Registro deu suporte para esse período de transição, ao fazer das Rodas oportunidades para a escuta das ansiedades com relação à minha saída e levantamento das necessidades de cada novo coordenador e de seus grupos. Também nesse momento os Registros tiveram papel muito importante, tanto para evidenciar o que haviam incorporado da metodologia no cotidiano da empresa, quanto para destacar os aprendizados individuais, em um processo "de dentro para fora", dando origem a novos materiais de apoio, que por sua vez poderiam estimular os futuros leitores a aceitar o convite de entrar, eles também, nas Rodas da nova etapa.

Do ponto de vista da formação, cada um se apropria a sua maneira das experiências vividas, faz aprendizagens específicas e as leva consigo, atribuindo sentidos próprios em seu percurso de vida. Sentidos que poderão, inclusive, se alterar no tempo, quando analisados no contexto mais amplo da história de vida de cada um. Por isso essa é uma história sem fim. Sem fim e plural, pois as várias vozes falam de pontos de vista diferentes, baseadas em suas experiências anteriores, que "dão o tom" ao que é vivido no presente. E que posteriormente serão levadas a outros locais de trabalho e de vida, aprofundando-os ou revendo-os, de forma mais ou menos consciente, na continuidade de seus percursos de formação.

A seguir, apresentarei algumas dessas visões, aprendizados e registros individuais, partilhados em diferentes momentos de Rodas, evidenciando a diversidade individual e o patrimônio coletivo, que, por sua vez, é suporte e estímulo para novas voltas na espiral dos aprendizados, individuais e coletivos.

Bernardo, o VP das áreas de Operação e Inteligência Estatística, fez um Registro explicitando sua visão do ambiente formativo da empresa, baseado em suas próprias experiências. Esse Registro foi levado para a Roda de diretores, na ocasião em que faziam um balanço do entendimento de cada um na época em que preparávamos minha saída da empresa:

UAH! – Simples e tangível (minha visão)

A UAH! é o ambiente formativo da empresa. Muitas empresas são naturalmente ambientes formativos profissionais. A UAH! estruturou um método para que a ClearSale seja também um ambiente formativo pessoal. Por formação pessoal, entendo a capacidade de um ser humano de conhecer-se a si mesmo e estar cada vez mais em paz com sua própria subjetividade.

A UAH!, como metodologia, parte de alguns princípios e crenças, alguns listados e explicados a seguir:

- Por melhor que seja a intenção dos líderes de uma empresa, não se pode "entrar na cabeça de alguém" e contribuir com sua formação pessoal sem o seu consentimento. Logo, a UAH! limita-se a tentar construir um ambiente de formação, que poderá ser aproveitado se a pessoa que convive neste ambiente estiver aberta para isso. É uma crença da UAH! que a melhor maneira de se formar uma pessoa é, portanto, de dentro para fora.

- A relação entre profissionais se dá, invariavelmente, por relações pessoais. As mesmas tendem a ser extremamente facilitadas se há algum vínculo pessoal entre as pessoas envolvidas, seja entre os colaboradores, seja com os clientes. Todo CNPJ é um conjunto de CPFs, e a relação subjetiva destas pessoas é muito importante.

Outros princípios da UAH! são também descritos como estações. Seguem os respectivos nomes e conceitos envolvidos:

- SER ACOLHIDO: O senso de pertencimento a um grupo gera vontade de colaboração. Muitas vezes pessoas exercem seu comprometimento em uma empresa pelo grupo a que pertencem, ou pelo amigo do grupo. Como já descrito, as relações de profissionais são relações, antes, pessoais. Neste sentido, a afetividade está na base.

- **Aprender Fazendo:** Aprende-se mais facilmente uma tarefa através da prática, com consultas teóricas quando necessário.

- **Aprender Trocando:** Por mais desenvolvida intelectualmente que seja uma pessoa, a conclusão obtida através da troca de informações de um grupo de pessoas que tenham conhecimento acerca do assunto muitas vezes é uma conclusão melhor que a isolada, com ideias melhores, mais completas e de menor risco e impactos indesejáveis.

- **Aprender Crescendo:** Um tempo voltado para o ser humano (para si próprio) pode ajudar a pessoa a realizar mais conexões e a gerar reflexões acerca de sua formação. Tais momentos podem ser estimulados pela arte, por dinâmicas, por textos ou outras formas. A terça-feira é na ClearSale um momento em que cada colaborador para por uma hora para "aprender crescendo".

- **Certificar Praticando:** O resultado prático de um trabalho no dia a dia é sempre melhor para avaliar o desempenho da pessoa do que proxies que tenham este objetivo, como títulos, provas, certificações etc.

Permeiam o dia a dia de um ambiente formativo a valorização de 5 conceitos para os quais foram buscadas palavras com S para descrevê-los:

- **Subjetividade:** Muitas vezes é menosprezada a subjetividade nas reações humanas, e isso pode apresentar sérios riscos para tais relações. Todo indivíduo é complexo, vem de princípios, valores e crenças diferentes. Compreender esta subjetividade facilita muito a aproximação pessoal e profissional das pessoas, bem como a comunicação, que pode ser adaptada conforme o contexto.

- **Saber:** O ambiente formativo, como o próprio nome sugere, busca aprendizado contínuo, profissional e pessoal.

- **Sensibilidade:** Desenvolver a sensibilidade em suas diversas formas (para a arte, para a subjetividade humana, para as emoções) pode ajudar a facilitar as interações humanas.

- **Socialização:** Ainda que muito difícil para algumas pessoas, a convivência com outras é fonte de desenvolvimento humano, pelo desenvolvimento da sensibilidade e muitas vezes pelo próprio desconforto contido neste aspecto social.

- **Sabor:** Esta é uma palavra que começa com S que representa o prazer. O ambiente profissional é marcado em sua maioria por: excesso de tarefas, falta de afinidade entre pessoas etc. É uma escolha do indivíduo ter prazer no dia a dia, divertir-se durante as tarefas ou realizar tudo isso sem o devido prazer. Muitas vezes o prazer é confundido na cultura com "a não necessidade de realizar a tarefa", o que está totalmente errado.

As Rodas

As Rodas assemelham-se às reuniões, porém têm elementos que as completam para que assim possam ser definidas como Rodas:

- A existência do coordenador;
- A periodicidade fixa com os mesmos membros;
- A pauta aberta para todos inserirem assuntos;
- O Registro dos assuntos tratados;
- O estímulo à opinião pessoal de cada um, independentemente da hierarquia;
- O fechamento.

O objetivo principal da Roda é gerar confiança no grupo. É bastante útil também para o alinhamento de decisões menos impositivas, ideias mais trabalhadas etc.

Rodas em Rede

As Rodas em Rede são as Rodas em todos os níveis da organização. A primeira Roda seria do presidente com seus colaboradores diretos. Cada um desses líderes, por sua vez, tem sua Roda com seus respectivos liderados, e assim por diante, cobrindo toda a empresa. As Rodas em Rede acabam sendo uma ferramenta importante na guarda da cultura e na comunicação eficiente da empresa.

No trecho a seguir, Mauro, VP das áreas de TI e Pessoas, explicita seus aprendizados. Ele conduzia uma das Rodas mais heterogêneas da empresa, o que lhe pareceu, inicialmente, ser um impeditivo para fazê-la. Pessoas de diferentes áreas, níveis de maturidade e níveis na hierarquia dos cargos: o advogado da empresa, o responsável pela segurança predial, o diretor de TI, a coordenadora de recrutamento e seleção eram alguns deles.

Grupos heterogêneos trazem crescimento, pois possibilitam que pessoas com diferentes visões expressem o seu ponto de vista. O que também pode gerar, em parte, alguns "conflitos" durante a Roda. Sendo assim, a habilidade do coordenador de Roda é muito importante para fazer com que esses "conflitos" aumentem ainda mais a qualidade das discussões, em vez de gerar desconforto para as pessoas.

A principal importância da Roda, do meu ponto de vista, é a troca entre as pessoas, principalmente a troca de experiência, pois as pessoas podem vivenciar situações parecidas.

Um dos pontos de atenção que se deve ter durante a construção de uma Roda é o nível de confiança que os participantes possuem uns com os outros. Caso não haja, os participantes podem não se sentir confortáveis para expor o que de fato eles pensam ou em compartilhar as suas experiências, principalmente experiências que por algum motivo não deram certo. Uma vez que a confiança é quebrada, o objetivo da Roda fica comprometido.

É interessante que durante a Roda seja oferecida aos seus participantes a possibilidade de expressar suas ideias de maneira livre, livre de julgamentos.

Podemos relacionar isso com o conceito do "S" da sensibilidade, ou seja, a capacidade de se colocar no lugar do outro e entendê-lo. Entender que a opinião do outro pode não estar errada, mas apenas pautada nas experiências que ele teve, contextualizada com aquilo que ele já viveu.

Para que a sensibilidade ocorra em sua melhor forma é importante que haja o "S" da subjetividade, ou seja, para entender e se colocar no lugar do outro a pessoa precisa, primeiramente, se entender, se perceber.

Dessa forma podemos pensar que a subjetividade e a sensibilidade auxiliam na construção do S da sociabilidade, pois entender a si mesmo e entender o outro geram uma maior capacidade de viver harmonicamente em sociedade.

Para finalizar, na minha opinião, o coordenador profissional preserva a metodologia de desenvolvimento que foi escolhida pela empresa, pois faz com que os conceitos e a essência da metodologia não sejam perdidos.

Também nas Rodas de coordenadores de TI as análises das experiências geraram registros, ali partilhados:

> A Roda tem me ajudado muito a conhecer melhor as pessoas. Depois de uma determinada Roda, comecei a olhar diferente para uma pessoa do meu time, me fez pensar diferente sobre ela e assim consigo entendê-la mais. Isso aconteceu depois de uma Roda na qual falamos sobre nossa vida pessoal. E, com o que ela falou, me fez entender seu jeito e atitudes, antes estranhos para mim. As Rodas têm me feito olhar para o pessoal antes

> do profissional. Quando acontece algo, agora paro para pensar que fatores externos, educação e outras coisas fora da empresa podem contribuir para tais atitudes.
>
> *Fernanda, coordenadora de projetos de TI*

> Fazer uma reunião com minha equipe sempre me deixou apreensiva quanto aos resultados e à forma de comunicação. Apesar de ter um bom relacionamento no dia a dia, pouco conhecia deles e pouco me mostrava como pessoa. A inclusão de brincadeiras e, sutilmente, de dinâmicas em que nos expúnhamos aos outros fez com que Rodas e reuniões se tornassem divertidas. Os segredos e risadas compartilhados dentro da sala ficam com o grupo e são relembrados no cotidiano, fortalecendo as relações humanas e facilitando a abordagem de fatores profissionais.
>
> *Elisângela, coordenadora de qualidade de TI*

Guilherme entrou na CS como analista de risco, sendo promovido a supervisor e depois a coordenador de Operações, chegando a cuidar de oitenta analistas. Guilherme viveu as Rodas desde sua introdução na CS e permanecia após minha saída:

> Tenho bem vívida na memória uma Roda em que falamos sobre perdas, e a partir dos relatos que lá foram feitos passei a valorizar muito mais as coisas que tenho, como a família, os amigos, a saúde etc. Falar sobre os lados sombrios e obscuros que existem em todos nós faz parte do processo de amadurecimento. Ter uma organização de horário, pautas, priorização de temas etc. faz com que os assuntos importantes estejam sempre no radar e sejam tratados nos encontros. Aprendi também que cada pessoa tem um tempo diferente, e isso em quase todos os âmbitos. Entender e respeitar isso melhora também as relações e resultados que eventualmente podem ser almejados. Refletir sobre os encontros após a realização dos mesmos depois de passar pelo "calor" do momento nos faz

pensar e observar vários aspectos que às vezes passam despercebidos. Como nesta reflexão que estou fazendo agora. Enquanto reescrevo o texto, vou enriquecendo-o com exemplos.

Damare também entrou como analista, passou a multiplicadora da Operação, com a função de acompanhar no dia a dia o desenvolvimento dos novos analistas. Formou-se em Pedagogia e foi promovida a supervisora. Encontrou no trabalho com sua equipe a oportunidade de avançar em seu próprio desenvolvimento pessoal e profissional:

Aquele momento, talvez o momento mais complexo na nossa vida, em que nos perguntamos o porquê de tudo, qual a razão da nossa existência ou qual missão carregamos nos ombros. Vivemos em busca da felicidade e caímos no engano de que felicidade é estar alegre e realizado 100% do tempo. Eu cheguei a esse nível. Cheguei a questionar o que poderia me fazer feliz, não 100% do tempo, mas a maior parte dele. Eu sabia que podia mais, eu queria poder fazer mais, por mim, pelas pessoas. Sentir que por alguma razão eu deixei a vida de alguém mais leve, mais alegre, mais feliz. A partir desse princípio passei a procurar afazeres que me proporcionassem satisfação, paz, alegria. E, por uma razão do destino, conheci a CS. Foi paixão à primeira vista. Finalmente eu me encontrei e me deparei com uma cultura que valoriza o ser humano e suas qualidades. A Metodologia Roda & Registro, Aprender Fazendo, na prática, a troca de experiência, a conversa, a transparência... Enfim, tudo passou a fazer sentido! É isso que eu quero, que eu amo fazer! Ouvir e falar, me arriscar, superar desafios, me desenvolver e ajudar o outro com minhas próprias experiências de vida. Saber que, em algum lugar do planeta, uma vida foi transformada, ou que eu pude passar algum ensinamento que fez toda a diferença.

Eu me lembro do quanto eu tinha medo de me expor, de falar em público, da minha crença em achar que eu estava certa o tempo todo. E quando comecei a refletir e aplicar meu aprendizado no dia a dia, mudar minhas

> atitudes, minha forma de falar, me colocando no lugar do outro, passei a perceber a mudança nas atitudes das pessoas à minha volta. Lembro-me de uma vez, quando tive que mudar de equipe e alguns analistas se reuniram para agradecer a minha dedicação, e de outra, quando um deles, ao receber uma promoção, me agradecia pelas horas de acompanhamento. Ou ainda quando ouvia se referirem a mim como uma pessoa "humana", ou verificava a confiança em pedir conselhos, os olhos brilhando de alguns com os relatos de meu aprendizado e minhas conquistas. Com certeza, eu sou outra pessoa. Mais confiante, mais humilde, mais respeitosa. Às vezes, as coisas começam a ficar difíceis, então eu paro e relembro todos os motivos bons que me levam a seguir em frente e sei que tenho muito a desenvolver e a aprender sempre. Agradeço as pessoas que encontrei em meu caminho e as oportunidades magníficas que me foram confiadas.

A história de Ariadne também nos fala de seu percurso de formação, que se dá em todos os espaços e tempos, em uma continuidade sem fim. Ariadne começou na CS como analista de risco, seguiu para a área de Treinamento e Desenvolvimento. Já era formada em Psicologia, fazia pós-graduação em Psicopedagogia. Quando terminou, saiu da CS para fazer atendimento de crianças nessa área:

> Não podia ficar de fora um pedacinho da minha evolução nessa minha história dentro da CS. Posso afirmar com propriedade que cresci junto com a empresa. Sorri, falei, pensei, sonhei, realizei e amadureci. Foi através das Rodas que pude desenvolver esses processos. Ouvir e aprender com a experiência dos demais, agregar valor, emoção nas ações e nas palavras para conseguir trabalhar e atingir resultados, não só numéricos, mas também individuais e profissionais. Resultados pessoais e coletivos que me dão prazer em olhar para trás e ver quantos degraus avancei, alguns que recuei e depois tornei a pousar sobre eles e quantos ainda poderei subir. Participar e coordenar Rodas, participar de eventos, de elabo-

rações e de construções de processos me dá a oportunidade de me sentir parte e a liberdade de continuar na opção de permanecer até o que me cabe nesta troca do crescimento pessoal e profissional.

Quatro anos depois de sua saída, quando a contatei para contar deste livro e pedir sua autorização para expor seu depoimento, ela o completa:

> Ao reler meu depoimento anterior vejo o que não mudou apesar de estarmos em constante mudança. Quatro anos se passaram e até hoje eu tenho insights dos conteúdos das Rodas. Percebo o quanto foi válido participar desse processo. Consigo repensar e enxergar erros e acertos que fizeram parte do meu crescimento, e me permitem permanecer em constante evolução. Posso usar hoje em meu dia a dia, tanto na vida pessoal quanto na profissional, já que ambas convergem, muito do que foi internalizado e de uma maneira natural e sincera, isto é, de dentro pra fora. Acredito que é isso que não mudou, o constante aprendizado.

Também Lúcia entrou na CS como analista de risco, depois optou pela área de Pessoas, para poder utilizar e desenvolver outras habilidades, como as ligadas ao teatro. Apesar de estar realizando-se profissionalmente naquela área, pediu demissão, pois tinha outros projetos: o de casar-se e morar fora de São Paulo. A vida avança e o percurso de formação prossegue.

> Da Clear eu levo mais integridade, mais senso de organização, física e de ideias. Muito do que vivi lá era o que eu gostaria de ter tido na minha casa, uma delas é a liberdade para sermos nós mesmos... Mas com responsabilidade, isso significa que uma tarefa pode ser feita no refeitório, na sala de descompressão, assistindo a filme. Pode ser feita no meio de uma aula de dança, enfim, a forma não importa... Mas haverá uma cobrança do trabalho bem-feito.

Daniela também expõe como identificou e aproveitou oportunidades oferecidas, dando outro curso à sua história profissional, em busca de mais sentido para si. Iniciou na CS como analista de risco (função exercida por cerca de 80% dos colaboradores) e acabou montando um negócio próprio. Os percursos são vários e podem ser criados a partir de recursos que encontramos no caminho, muitos deles imprevisíveis no ponto de partida. Criatividade, conversas, pesquisas, experiências – e mais conversas – podem iluminar os próximos passos das histórias individuais. E coletivas.

> Eu me enturmei muito rápido e logo já conhecia quase todos os funcionários de diversos departamentos e aproveitando essas amizades comecei a oferecer os meus docinhos, que na época eram brigadeiros, morangos recheados, beijinhos, entre outros. E, para minha surpresa, todos adoraram e as vendas cresciam dia após dia. Entrava todos os dias fora do meu horário de trabalho para atender à demanda e isso me fazia muito feliz, porém ainda não estava realizada.
>
> Foi então que vi no hall um cartaz bem grande com diversos nomes de pessoas que estavam dispostas a conversar, pessoas com experiências que poderiam ser compartilhadas. Entre as pessoas que estavam nesse painel escolhi o Mauro, por ter presenciado uma T! feita por ele e gostar muito da inteligência emocional e intelectual que ele tinha, sem contar a humildade, que é muito exposta.
>
> O Mauro me orientou a fazer um plano de negócio e me aconselhou muito. Eu estava muito feliz por sentir que meu sonho estava se tornando realidade. Ele me orientou a abrir um CNPJ para que pudesse solicitar ao banco outras formas de pagamento, procurar um espaço físico e a me capacitar através de cursos.
>
> Quando percebi que já não poderia continuar minhas funções na CS, pois o que eu queria era vender meus doces, ele novamente me aconselhou a pedir demissão e me concedeu um espaço onde estou até

hoje fazendo o que mais gosto, que é vender meus doces e lanches e continuar me sentindo parte dessa empresa que me ajudou muito e continua me ajudando.

Renata também fala de seu percurso na CS, de suas experiências e aprendizagens ao passar por várias áreas da empresa e da maneira como foi aproveitando as oportunidades que apareciam. Em sua reflexão, destaca como o olhar para trás a ajudou a atribuir sentido ao seu percurso.

Já passei por tantas áreas e setores na empresa que outro dia brinquei que sou uma trainee da CS. Em 2010, comecei como estagiária, junto com o Alberto; fui efetivada à Sustentação Técnica (TI) e promovida ao time de Integração, com a gestão do Vinicius, quando tive a oportunidade de aprender SQL, além de ter contato direto com os nossos clientes.

Depois de abrir mão da carreira de TI, fui convidada pela Ligia para integrar a equipe de Marketing. Troquei os números pelas letras e, gostando de escrever, publiquei textos corporativos em veículos de comunicação relevantes no comércio eletrônico, como a revista *E-Commerce Brasil*, além de atuar nas redes sociais da CS.

Em junho deste ano, reforcei as ações de Relacionamento, sob a gestão da Cláudia, pensando em métodos de fidelização dos clientes e em maneiras de construir um relacionamento significativo com cada um deles, tornando-os menos sensíveis aos preços dos nossos produtos. Na última semana, fiquei contente com o convite do Mauro e da Cecília para trabalhar como coordenadora da UAH!, tendo a chance de atuar diretamente com a minha grande paixão: as pessoas!

Considero fundamental a preocupação da nossa empresa em enxergar a pessoa existente em cada profissional. Todos nós somos de carne e osso, temos medos, desejos, limitações e sonhos... Valorizar isso é o grande diferencial e marca registrada da CS! Pretendo me empenhar para encontrar maneiras de espalhar alegria e motivação na rotina da nossa empresa, que, sim, visa ao lucro, sem deixar de honrar uma cultura edificada sobre conceitos humanísticos – como autenticidade, respeito, alegria e crescimento pessoal (e não apenas o profissional, como a maioria das outras empresas).

Steve Jobs dizia que o processo de "conectar os pontos" – aquele insight que indica o sentido para as coisas que fazemos – pode ocorrer somente depois que os fatos acontecem. Para mim, agora há conexão entre os últimos fatos de minha vida profissional: ter sido contratada inicialmente para TI tendo cursado Filosofia iria me conduzir ao caminho das humanidades e do desenvolvimento das pessoas. A felicidade, no final de tudo, é o que importa, e a UAH! existe justamente para que possamos manter o ambiente de trabalho cada vez mais agradável e humano. *Challenge accepted!* [Desafio aceito!]

Apesar dos esforços de construir um ambiente rico em oportunidades formativas que contemplasse a grande diversidade de pessoas, a CS não era uma unanimidade. Sua realidade complexa era permeada por antagonismos que por vezes dificultavam a compreensão, o desenvolvimento e a formação de algumas pessoas, em vez de favorecê-las. Antagonismos que estão, sempre, na base de uma realidade complexa, seja a vida de uma empresa ou de uma pessoa. Luzes e sombras avançam juntas.

Não só nas Rodas, como pelos corredores, havia conversas sobre as dificuldades e contradições da cultura que se pretendia na empresa e os limites de colocá-la em prática. Algumas vezes, críticas foram colocadas diretamente ao presidente da empresa. Cheguei a ler alguns e-mails que foram encaminhados a ele, com cópia para mim. Pude também acompanhar as respostas e ajudar os dois lados a refletir, considerando as contradições, os dilemas, analisando as situações específicas e ajudando-os a buscar soluções. Essa abertura de um diálogo com gestores de outras áreas ou níveis hierárquicos superiores, sem passar pelo gestor direto da área, era estimulada. Mas isso nem sempre acontecia, e muitas vezes pelo receio das consequências. De fato, os gestores também estavam em sua formação quanto a uma nova maneira de gerir e de viver as relações de poder, de modo que os receios tinham fundamento.

A construção de um ambiente formativo em uma organização é acompanhada de questões, dúvidas e dilemas. Muitas vezes de difícil solução, pois os antagonismos estão sempre presentes, mesmo na melhor das situações, quando os objetivos convergem e a boa-fé existe.

> O antagonismo é entendido aqui em um sentido amplo, de oposição entre diversas forças, tanto no interior das pessoas quanto no das organizações, com relação a valores, construções de mundo, interesses e projetos. Os antagonismos estão na base, renascem sem cessar e, como Sísifo, somos condenados a enfrentá-los todos os dias.[1]

Identifico a seguir alguns dos antagonismos, presentes no cotidiano da CS, que se tornaram temas de algumas Rodas, nas quais seus participantes expunham suas vivências, suas percepções, conversavam sobre elas e, a partir dali, buscavam maneiras de enfrentá-los, juntos. Antagonismos entre a pessoa e o profissional, entre o projeto pessoal e o projeto da instituição, entre a unidade e a diversidade, entre a concentração e a descontração, entre a cooperação e a meritocracia, entre a prescrição e o discurso de autonomia, entre o ritmo de crescimento da empresa e o ritmo de formação das pessoas. Também aqui vale lembrar Edgar Morin: "Não se pode reformar a instituição sem uma prévia reforma das mentes, mas não se pode reformar as mentes sem uma prévia reforma das instituições."[2] O desenvolvimento organizacional e os processos de formação individuais são concomitantes e interdependentes.

---

1. Perrenoud, Philippe. *Ensinar: agir na urgência, decidir na incerteza*. Porto Alegre: Artmed Editora, 2001, p. 35.

2. Morin, Edgar. *A cabeça bem-feita: repensar a reforma, reformar o pensamento*. Rio de Janeiro: Bertrand Brasil, 2000, p. 99.

Apesar de estarmos "condenados" à complexidade, Perrenoud identifica algumas linhas de conduta promissoras para enfrentá-la: 1) reconhecê-la e não pretender dominá-la sozinho; 2) analisá-la e domesticá-la de forma conjunta; 3) construir instituições sistêmicas.[3] Tratemos um pouco de cada uma.

Reconhecer a complexidade como algo sempre presente já é um grande desafio, porque nossa cultura aceita que as coisas sejam complicadas, mas nega que haja contradições intransponíveis. E, com isso, frequentemente caímos na ilusão tecnocrática de "pensar o mundo sem pensar em si mesmo como pessoa complexa, feita de ambivalências, de emoções, de representações enraizadas em uma experiência, em uma cultura, em uma rede de relações",[4] e somos levados a fazer "um esforço considerável para descobrir os processos e as regras elementares subjacentes ao funcionamento do universo, dos seres vivos, das pessoas, e das sociedades humanas",[5] em vez de aceitar que estamos definitivamente atravessados por contradições, paradoxos, incertezas fundamentais e conflitos. Sempre haverá contradições e elas podem aparecer em forma de dilemas no cotidiano, seja de um professor ou de um gestor em uma empresa. "Esses dilemas não conseguem ser totalmente superados pela experiência nem pela formação. No entanto, a consciência de que eles ocorrem ajuda a *conviver com a complexidade.*"[6]

Em segundo lugar, Perrenoud propõe analisar a complexidade e domesticá-la de forma conjunta. E, para isso, "deve haver lugares onde seja possível conversar, ações regulares em que se possa praticar não só uma eventual consulta, mas *um trabalho cooperativo sobre os problemas de fun-*

---

3. Perrenoud, Philippe, *op. cit*, p. 46.
4. *Idem*, p. 47.
5. *Idem*, p. 46.
6. *Ibidem* [grifos do autor].

do".[7] É pensando nisso que insisto nas Rodas como prática recorrente, para analisar os contextos contraditórios, os sentimentos ambivalentes e as soluções possíveis a cada nova situação. Essa prática é semelhante à de preparar e fertilizar o terreno – o ambiente –, de modo que essas contradições possam ser enfrentadas, em vez de, pelo contrário, nos pegar desprevenidos e gerar reações inconscientes e indesejadas.

Em terceiro lugar, Perrenoud defende a criação de instituições capazes de pensar de forma sistêmica, pois toda instituição *é* um sistema e faz parte de um sistema mais amplo, mesmo que não saiba ou que não pense nisso. E, como consequência, uma instituição capaz de pensar de forma sistêmica é também uma instituição capaz de se pensar em "sua complexidade interna e em suas dependências externas, de construir uma visão de conjunto de seu funcionamento e de seu ambiente, bem como de propor linhas de ação coerentes".[8]

Procurei mostrar de que forma a Metodologia R&R atua no cerne da complexidade, trazendo os antagonismos à tona e pensando-os conjuntamente, enquanto atua de forma sistêmica na relação entre as pessoas e os grupos. Entre as necessidades do mundo do trabalho e as de formação das pessoas.

Entendo que essas são pistas para avançarmos na construção de ambientes mais humanos por onde passamos no desenrolar de nossas histórias de vida, desenhando durante o caminho percursos únicos, individuais, mas também coletivos, de reforma das mentes e das organizações.

---

7. *Idem*, p. 49 [grifos do autor].

8. *Ibidem*.

Posfácio[1]

MARIE-CHRISTINE JOSSO[2]

RODAS DE VIDA, RODAS EM VIDA, RODAS COM A VIDA:
UM CAMINHO SOLITÁRIO, ACOMPANHADO DE PESQUISA,
DE APRENDIZADO E DE CRIATIVIDADE SEM FIM

Antes de começar a homenagem que desejo prestar a Cecília Warschauer pelo seu trabalho de pesquisa, de intervenção e de acompanhamento que o presente livro nos convida a partilhar, gostaria de falar da Roda que Cecília e eu iniciamos há vinte anos em Portugal, em torno das narrativas de histórias de vida em formação. Tratava-se de um seminário que eu apresentava, com a presença de Maria do Loreto Paiva Couceiro, em Troia, uma quase ilha em frente de Setúbal, ao sul de Lisboa. Com sua curiosidade habitual,[3] Cecília desejava conhecer essa metodologia de pesquisa e formação e o que dela poderia extrair para suas práticas de pesquisa e sua pedagogia. Ela havia intuído o potencial dessa abordagem a partir dos comentários de seu amigo António Nóvoa, que

---

1. Tradução de Maria do Carmo Pagano.

2. Profa. Dra. na Universidade de Genebra, socióloga e antropóloga. Autora de livros e artigos publicados em vários idiomas. No Brasil: *Experiências de vida e formação* e *Caminhar para si*.

3. Em áreas muito variadas, como a saúde, as línguas, as redes sociais, as relações com seu pai, a alimentação, a situação de seu país, a psicologia, o esporte, a mudança nas empresas, a dança, o canto, a vida cultural etc.

havia convivido com nossa equipe na Universidade de Genebra, quando trabalhava em sua tese de doutorado.

O caráter solar e aberto da personalidade de Cecília, seu engajamento apaixonado para compreender a vida e o lugar da educação em nossas sociedades, para aproveitar as oportunidades de desenvolvimento de suas competências em matéria de Pedagogia, e a "capa" de mistério que envolve os encontros de amigos fizeram com que uma relação de irmãs de coração e de espírito se tenha desenvolvido entre nós, apesar da distância que separa Genebra de São Paulo. Ao longo dos anos, criamos situações de encontros, às vezes feitos também de trabalho,[4] tanto no Brasil como em Genebra e até em Paris. Graças aos novos recursos da informática, preenchemos os meses de separação com trocas pessoais e intelectuais profundas. Como minhas entradas no Brasil eram feitas exclusivamente por São Paulo, aproveitamos essas oportunidades para nos encontrarmos no hotel, em sua residência ou no aeroporto durante algumas horas.

Quase vinte anos de idade nos separam, e este laço intergeracional foi e continua sendo uma fonte de admiração e mesmo de encantamento quando observo o caminhar de Cecília em direção a si mesma, mostrando sempre mais autenticidade e lucidez. Eu acredito sinceramente que se trata de uma "alma gêmea" e escuto com atenção os ecos que ela pode fazer repercutir em meu próprio caminho. Sem dúvida, uma Roda existencial, uma Roda de amizade e de carinho, uma Roda de compartilhamento do sentido de nossas vidas, na trajetória de cada uma de nós, uma Roda nos une.

Consideremos agora os propósitos e as análises sobre os quais, neste livro, Cecília nos convida a refletir, ao relatar experiências de intervenções e de acompanhamentos variados, mostrando assim a riqueza dos contextos de utilização de sua Metodologia Roda & Registro.

---

4. Dentre essas situações, destaco a elaboração e defesa de sua tese de doutorado, um seminário que ela me pediu para dar aos professores de sua escola, o importante trabalho que empreendeu para a tradução e publicação de meu livro *Experiência de vida e formação* e as trocas que tudo isso promoveu entre nós.

Há neste livro cinco palavras-chave, isto é, cinco palavras que encerram em si o espírito de conjunto do livro, seja qual for a maneira como são declinadas ao longo dos capítulos. Essas palavras contêm a epistemologia e os valores da formadora, pesquisadora, "acompanhadora" e autora e, quando postas em relação umas com as outras, à semelhança de uma constelação, permitem-nos compreender o investimento intenso na evolução impressionante da pesquisadora, visando ao alargamento progressivo dos contextos de aplicação de sua metodologia, da escola à empresa, passando pela maneira de levar sua vida privada.

A primeira palavra, "Roda", para mim, faz referência ao cuidado que Cecília Warschauer tem para que a formação e a gestão da mudança das representações e das práticas se façam em um ou mais círculos de diálogos múltiplos que acolham os pontos de vista dos atores, por mais antagônicos que sejam. Subjacente a essa palavra há uma concepção profundamente democrática da gestão de mudanças individuais e coletivas, concepção essa associada a um enorme respeito pelas pessoas implicadas no processo específico do contexto no qual trabalha e que ela *met en œuvre* (põe em prática)[5] em cada situação. Mas é preciso acrescentar a concepção da "co"formação que qualquer "trans"formação traz em seu bojo, principalmente em uma organização ou em uma instituição.

O "Registro" faz com que entre em cena uma dupla curva em espiral[6] entre o ator na Roda e a pessoa diante de si mesma. Vê-se aqui a marca do respeito pelas pessoas, que são as únicas a poder fazer o cami-

---

5. Mantivemos a expressão em francês para melhor compreensão da informação, indicada por M.-Christine Josso: "A ideia de pôr em prática (em obra) não significa apenas começar um trabalho e concluí-lo bem. Significa que há uma verdadeira 'obra'. Cecília é uma artista no sentido forte do termo. Ela constrói suas intervenções e seus acompanhamentos como uma artista que se empenha, não apenas em exprimir alguma coisa, mas também para que a forma seja coerente, elegante e, sobretudo, instigante." [*N. da T.*]

6. Essa dupla curva em espiral (símbolo do infinito) toma a forma de uma elipse aberta, mais entrelaçada, como a dupla hélice de DNA. O entrelaçamento é o ponto de junção da interioridade com a exterioridade.

nho das mudanças de representações de suas práticas. Esta dupla curva mostra-se como a única via que pode implicar em profundidade as pessoas (alunos, estudantes, professores, formadores, executivos assalariados, chefes de equipes ou CEOs, a pessoa na sua vida privada), dando-lhes, ao mesmo tempo, poder e responsabilidades em uma atitude ativa e dinâmica. Mas é também a marca de seu cuidado em desenvolver a consciência de si, graças à tomada de distância de si mesma, pelo viés da escrita. O "Registro" é, enfim, a testemunha do desenvolvimento pessoal, da colocação em perspectiva temporal da mudança, além de facilitar a nomeação das aquisições.

A terceira palavra é "o acompanhamento ativo e humanista" do processo de aprendizagem da mudança. Uma forma de acompanhamento que pressupõe, entre outras competências, a de compreender e de trazer à luz (desvelar) os conflitos escondidos que criam resistência. O acompanhamento é o fundamento de um trabalho de *reliance*[7] e de resiliência.[8] *Reliance* entende-se aqui como a palavra que denota uma vontade de criar laços, de propiciá-los, de descobri-los onde não eram visíveis, de transformar o laço conflitual em um laço produtivo de valor agregado. É ajudar a transmutar a competição agressiva em alegre cooperação. A equipe ganha se faz dessa cooperação lúdica e respeitosa uma condição ganhadora por meio de um consenso escolhido conscientemente. Todos os esportes são esportes de equipe, mesmo que os espectadores vejam em campo apenas um jogador, como no tênis ou no golfe, por exemplo. Eles ilustram a referida *reliance*, sendo os "coachs" os acompanhadores desse processo de coesão, produzido com base em uma coerência orientada e bem-compreendida por cada um. Essa maneira de acompanhar faz parte de um humanismo que também poderíamos chamar de em-

---

7. Ver o sociólogo Marcel Bolle De Bal. Nota da tradutora: optamos por manter o termo original, cujo sentido específico é explicitado pela autora, logo a seguir.

8. Ver Boris Cyrulnik.

patia, que está profundamente ancorado no viver, no agir, e no sentir do outro, na obra de Cecília.

O quarto termo é a "Autoformação permanente", tanto da parte do coordenador da Roda ou das Rodas que se superpõem no seio de uma instituição ou de uma organização como da parte dos atores implicados na mudança. Essa Autoformação permanente remete à inventividade cotidiana, sustentada por uma criatividade exercida de diferentes maneiras, mas metodicamente integrada à sua vida. Sem elas, é quase impossível estar a par das particularidades de cada contexto e da singularidade dos atores.

É por isso que o quinto termo é a "criatividade lúdica". Eu posso testemunhar, independentemente do que o leitor descobriu ou descobrirá neste livro (no caso de não terminar a leitura assim que o livro lhe cair nas mãos), que, partindo da tese de doutorado de Cecília, passando pelo que ela compartilhou comigo sobre a concepção de seus livros, sua maneira de trabalhar nas Rodas, sua maneira de organizar, de gerir, de harmonizar sua vida profissional e sua vida privada, que Cecília é uma pesquisadora incansável de modalidades inovadoras de trabalhar, de pensar, de agir e de se comunicar, para estar o mais perto possível das necessidades oriundas da situação de trabalho ou da situação pessoal e de seus respectivos desafios.

O esquema que proponho para sintetizar as relações que observo entre as cinco palavras-chave, presentes em todas as atividades de Cecília, baseia-se em sua criatividade lúdica, uma vez que ela está incluída em todos os outros níveis e cada um deles permanece em contato com os demais pelo seu ponto de junção. Cada palavra-chave está presente em todas as experiências e a elas são associados o agir, o pensar, o sentir (afetividade e emoções).

Figura 1 – As cinco palavras-chave

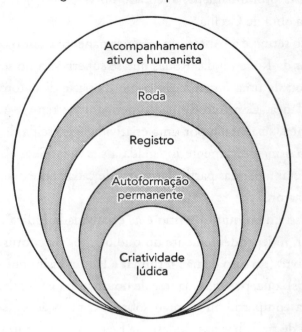

É preciso acrescentar uma última leitura deste esquema se levarmos em consideração, de um lado, o trabalho de Cecília e, de outro lado, o aprendizado que será dirigido às pessoas que trabalham com ela. Cecília parte de sua criatividade lúdica, fonte de Autoformação permanente, apoiando-se em diversos "Registros" que dão testemunho de seu trabalho nas diferentes Rodas que ela vivencia. É com essa bagagem que ela pode construir um acompanhamento ativo, humanista e original quando um novo contrato de trabalho se apresenta. Como em uma imagem inversa, as pessoas que ela se dispõe a acompanhar em seu processo de mudança devem compreender o sentido da Roda e suas regras de funcionamento, assim como a utilidade do Registro para os objetivos do trabalho e também para elas mesmas, o que lhes oferece a oportunidade de entrar em um processo de Autoformação que elas compreenderão, na melhor das hipóteses, como um processo permanente, alimentado pela descoberta de sua própria criatividade. Para elas, esses cinco níveis de atuação (criatividade lúdica, Autoformação permanente, Registro, Roda e acompanhamento ativo e humanista) podem ser vistos apenas como técnicas de formação ou, de um ponto de vista mais amplo, resultar na tomada de consciência de que eles podem fazer parte, dali em diante, de seu próprio modo de vida.

Figura 2 – Níveis de interação

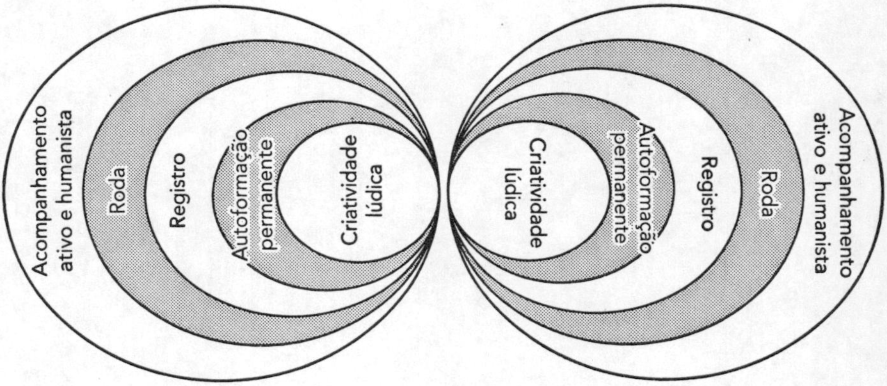

Os cinco níveis (representados pelas cinco palavras-chave), em interação uns com os outros e fomentados na interação entre Cecília e as pessoas com quem trabalha.

Agradecimentos

Este livro é fruto de inúmeras conversas com pessoas que entraram nas Rodas, em diversos contextos, e partilharam suas reflexões, sua voz e seus escritos. E muito me ensinaram. Não poderia citar todas aqui. Menciono alguns nomes, como representantes das diferentes Rodas nas quais partilhamos pedacinhos de vida.

Aos amigos, colegas e mentores que me ensinaram tanto e contribuíram de diferentes formas para o conteúdo deste livro: António Nóvoa, Luis Carlos de Menezes, Marco Antonio Spinelli e Marie-Christine Josso.

A meus queridos alunos do Crie, hoje adultos, que entraram nas Rodas durante a infância e não deixaram morrer a disposição de conversar de peito aberto e aprender sempre. Tem sido imensa a alegria de poder vê-los pais e mães tão bacanas com seus filhos e saber de seus projetos e realizações de vida. Em nome de todos, cito os que estão aqui neste livro: Âmata Teixeira, Beatriz Paranhos Velloso, Carolina Maria Berra, Carolina Pellicano, Isabella Marchetti de Oliveira, Jiddú Pinheiro, Luana Massi Scartezzini, Marcello de Camargo Ribeiro, Otto Frederico Carneiro, Ricardo de Lucia Leite, Sami Storch, Thiago Taboada e Yan Pinheiro.

Aos educadores e educadoras dos vários tempos da Escola NANE, que têm insistido na conversa como forma de trabalho e caminho para a formação e a educação. Em nome de todos: Ana Lucia Pierri (Uxa), Malena Calixto, Miriam Tramutola, Rita Rizzo Lima, Silvia Viegas, Stella Martins Pereira e Suely Robusti.

À querida amiga Maria Cristina Ribeiro, que conheci na NANE e esteve presente, de diferentes formas, nos três livros, com sua energia e disponibilidade intelectual e afetiva.

A todos os que fizeram parte da Rede de Formação e cuidado nos últimos anos de vida de meu pai: Alberto Hiroshi Kawakami, Alice Warschauer, Ana Célia Rodrigues, Ana Claudia Arantes, Anita Cecília Pacheco, Antonio Carlos Feresin, Beatriz Rodrigues Warschauer, Cida Roquete, Daniel Rodrigues Warschauer, Edilene Ferreira da Silva, Hélcio Feresin, Jaqueline Nery Santana, José Maria Whitaker Neto, Marcos Warschauer, Nair Nery Santana, Paulo Warschauer, Rodolfo Capelle e tantos outros.

A alguns, muito queridos, que se foram antes de ver o livro concluído: Claus Leon Warschauer e Jorge Guitti. Continuo conversando com vocês...

Às coordenadoras de Educação Infantil, diretores e diretoras do CEI do NAE-4 da Prefeitura de São Paulo, que nos anos 2001 e 2002 se dispuseram a viver o caminho da Autoformação em Roda, enquanto formavam as professoras nas escolas. Em nome de todos: Amélia Santana, Clélia Pompeu, Dirce Sestaroli, Dulcelina Pereira di Nardo, Eliana Dias Gonçalves, Helena Mazza Borges, Kazue Saita, Laurici Vita, Leonice Foja, Márcia Gobbi, Maria Luiza Reis, Marcia Panisi, Robson Cândido, Valéria Comerlatte, Vera Bruno e Waldete Tristão.

A Maria do Carmo Galiazzi, Moacir Langoni de Souza e todos os que participaram da Formação On-Line, constituindo no Rio Grande do Sul uma grande Rede de Formação, recriando as Rodas com professores de várias áreas e diferentes níveis de ensino.

A todos os educadores e alunos que participaram dos projetos e portfólios no Colégio Madre Alix, representados aqui pela Sônia Peirão, cujo texto do processo vivido está no livro.

A todos os que participaram das Rodas em ambientes corporativos, ajudando-me a organizar situações de formação nos ambientes de trabalho. Entre eles, e representando todos, Agnes Nam Matsuo, Altay Lino de Souza, Alvarim Couto Filho, Haim Dror, Sabina Augras e Yoav Joffe. Em especial, a Chetan Bangera, que me surpreendeu ao mergulhar fundo em seu interior e conseguir transformar práticas e resultados de sua equipe, formando laços de confiança e amizade.

A Bernardo Lustosa, Mauro Back e Pedro Chiamulera pela imensa confiança que depositaram em mim e pela ousadia do projeto que estão realizando na ClearSale, em conjunto com os colaboradores. Espero que gostem da minha versão da nossa história contada neste livro! São muitos os protagonistas que contribuíram para essas narrativas. Não daria para citar todos. Elegi, como representantes, alguns dos que contam partes dessa história coletiva, pela via de seus registros: Anderson Souza da Silva, Ariadne Ramos, Damare Lopes, Daniela Carvilhe, Elisangela Henrique, Fabiane Jeronymo, Fernanda Faria, Guilherme Borges, Guilherme Rolim, Henrique Bacellar, Kendy Ueno, Lucia Marques, Rafael Lourenço, Rafael Prieto, Renata Fortes, Ricardo Souza e Rogério Santana.

A Maria do Carmo Pagano, por sua generosidade e cuidadosa tradução do texto da Marie-Christine Josso, no posfácio deste livro. E por tantas outras partilhas.

Ao querido Reginaldo Ribeiro Soares, que me recebeu em sua morada suíça, criando condições especiais para eu poder me dedicar à escrita deste livro. Poder afastar-me do meu cotidiano foi ótimo. Sua amizade e companhia, excelentes. Obrigada, de coração!

À equipe da Editora Paz e Terra, pela dedicação e pelo trabalho cuidadoso, lidando com os limites que a realidade nos coloca com criatividade e disponibilidade incríveis. Foi um enorme prazer fazer parte da Roda virtual que foi a produção conjunta deste livro. Nomeadamente Andréia Amaral e Leticia Feres. Também Ana Clara Werneck, Fábio Martins, Miriam Lerner e todos os que participaram do processo.

Este livro foi composto nas tipologias Adobe Garamond,
Caecilia e Avenir e impresso em papel off-white
no Sistema Cameron da Divisão Gráfica da Distribuidora Record.